XINSHIDAI YINGYONGXING GAOXIAO SHANGWU YINGYU
RENCAI PEIYANG MOSHI YANJIU

新时代应用型高校商务英语
人才培养模式研究

吴耀熙　著

中国纺织出版社有限公司

图书在版编目（CIP）数据

新时代应用型高校商务英语人才培养模式研究／吴
耀熙著 . -- 北京 ：中国纺织出版社有限公司，2024. 9.
ISBN 978-7-5229-2094-8

Ⅰ . F7

中国国家版本馆 CIP 数据核字第 202497NU76 号

责任编辑：罗晓莉　国　帅　　责任校对：王蕙莹
责任印制：王艳丽

中国纺织出版社有限公司出版发行
地址：北京市朝阳区百子湾东里 A407 号楼　邮政编码：100124
销售电话：010—67004422　传真：010—87155801
http：//www.c-textilep.com
中国纺织出版社天猫旗舰店
官方微博 http://weibo.com/2119887771
三河市宏盛印务有限公司印刷　各地新华书店经销
2024 年 9 月第 1 版第 1 次印刷
开本：710×1000　1/16　印张：14.5
字数：220 千字　定价：98.00 元

前　言

在当今全球化的新时代，商务英语已成为国际商务交流中不可或缺的工具。随着中国经济的快速发展和对外开放的不断深化，培养具备扎实商务英语能力和专业素养的商务英语应用型人才，对推动我国经济的持续增长和提升国际竞争力具有重要意义。

本书旨在探讨新时代商务英语人才培养的理念、方法和实践，首先介绍了新时代应用型高校商务英语人才培养的概述，包括新时代应用型高校发展的背景、商务英语人才培养发展历程以及新时代应用型高校商务英语人才培养的现状。在此基础上，结合市场的调查数据对新时代商务英语人才的需求进行了深入分析，针对新时代商务英语人才的特点与需求，从课程体系、师资队伍、教学资源平台、教学评价体系等方面提出了建设的意见，最后，结合新时代商务英语人才培养的挑战与机遇，展望新时代商务英语人才培养的趋势与方向，提出新时代商务英语人才培养的策略，旨在为教育界提供有力支持。

笔者在重庆对外经贸学院外语外贸学院从事教学管理工作，常与同行交流探讨商务英语的教学经验。在编写过程中，充分借鉴了国内外相关领域的最新研究成果，并结合了实际教学经验和商务实践需求，力求本书内容充实、实用，既注重理论探讨，又关注实践应用，旨在帮助读者更好地理解商务英语人才培养的重要性和方法，同时希望为商务英语人才的培养提供有益的参考和借鉴。

我们希望本书能够成为广大商务英语教师、学生和研究者的重要参考资料，为培养适应新时代需求的高素质商务英语人才做出贡献。同时，我们也希望通过本书的出版，促进商务英语领域的学术交流与合作，推动商务英语人才培养的不断创新与发展。

最后，感谢所有参与本书编写和出版的人员，以及给予我们支持和帮助的各界朋友。我们相信，在大家的共同努力下，新时代商务英语人才培养必将取得更加辉煌的成就。

著　者

2024 年 8 月

目　录

第一章　新时代应用型高校商务英语人才培养模式概述

第一节　应用型高校的发展背景

21 世纪的今天，世界面临百年未有之大变局，随着各国之间的经济联系日益紧密，经济全球化使国际竞争更加激烈。在这种背景下，企业需要具备国际视野、创新能力和实践技能的高素质人才，以应对全球化市场的挑战。应用型高校作为培养应用型人才的重要基地，应紧跟经济全球化的步伐，调整人才培养模式，培养出能够适应国际市场需求的专业人才。当下我国正处于产业结构调整和升级的关键时期，传统产业向高端制造业、现代服务业、战略性新兴产业等领域转型。这些新兴产业对人才的需求更加注重实践能力、创新精神和跨学科知识。应用型高校应紧密结合产业发展需求，优化专业设置，加强实践教学环节，为产业升级和转型提供有力的人才支撑。随着时代的发展和进步，我国高等教育进入了新的发展阶段。新时代应用型高校的崛起，是适应经济社会发展需求、回应国家战略布局、推动教育改革创新的必然选择。近年来，国家高度重视应用型高校的发展，出台了一系列政策文件，为应用型高校的发展提供了政策支持和保障。例如，教育部等三部委印发的《关于引导部分地方普通本科高校向应用型转变的指导意见》《国家教育事业发展"十三五"规划》将加强应用型高校建设作为高等教育分类管理、特色发展的重要举措，《教育部关于"十三五"时期高等学校设置工作的意见》明确将应用型作为高等教育的一个重要类型纳入院校设置工作，《国家中长期教育改革和发展规划纲要（2010-2020 年）》明确提出，要建立高校分类体系，实行分类管理，引导高校合理定位，在不同层次、不同领域办出特色，争创一流。教育部、国家发展改革委、财政部等三部委联合印发的《关于引导部分地方普通本科高校向应用型转变的指导意见》进一步明确了应用型高校的发展方向和任务，为地方本科高校向应用型转变提供了具体指导。因此，深入研究新时代应用型高校的发展背景，对明确其发展方向、提升教育质量、更好地服务社会具有重要的现实意义。

一、我国应用型高等教育的发展过程

追溯我国应用型高等教育的发展历程，包括初步探索、规模扩张、转型发展、内涵提升四个阶段，我国的应用型高校在不断适应时代需求，不断探索创新，为国家培养了大量的优秀人才。

（一）初步探索阶段（20世纪80年代至90年代初）

上世纪80年代，我国改革开放初期，为满足经济发展对人才的迫切需求和人们接受高等教育的强烈愿望，党和政府通过多种方式大力发展高等教育，复建、改建、新建了一批新型大学。这部分高校充分认识到传统学术型教育与社会实际需求之间的差距，逐步尝试应用型人才培养模式。部分学校调整专业设置，增加与实际生产、生活紧密相关的专业。在教学中，注重实践教学环节的设置，建立实习基地，让学生有机会接触实际工作场景。同时，加强与企业的合作，邀请企业专家参与教学，为学生带来实际工作经验和行业最新动态。这个阶段虽然规模较小，但为应用型高校的发展奠定了基础，开启了我国高等教育多元化发展的新方向。例如，1922年成立的（原）上海大学，在抗日战争和解放战争时期，多次被迫停办或迁移。在改革开放的初期，上海市人民政府决定将复旦大学分校、上海外国语学院分院、华东师范大学仪表电子分校、上海科学技术大学分校、上海机械学院轻工分院、上海市美术学校合并，复办的上海大学。1994年5月27日，新的上海大学由上海工业大学（成立于1960年）、上海科学技术大学（成立于1958年）、复办的上海大学（成立于1983年）和上海科技高等专科学校（成立于1959年）合并组建。（原）上海大学根据国家经济建设的需要，重点发展了工科、理科和师范等学科。学校积极引进优秀教师，加强教学设施建设，提高教学质量。同时，学校还注重与企业和科研机构的合作，开展产学研结合的教学模式，培养了一批具有扎实理论基础和实践能力的应用型人才。在机械制造、电子工程等领域，（原）上海大学与上海的一些大型企业合作，建立了实习基地，让学生在实践中掌握专业技能。学校还积极开展科学研究，为国家的工业建设和科技进步做出了贡献。

改革开放以来，（原）上海大学进入了快速发展的时期。学校积极响应国家的改革开放政策，不断推进教育教学改革，加强国际交流与合作，提高学校的综合实力和国际影响力。在教育教学改革方面，（原）上海大学积极探索应用型人才培养的新模式。学校实行学分制、主辅修制等教学管理制度，鼓励学生跨学科学习，培养学生的综合素质和创新能力。同时，学校加强了实践教学环节，建立了一批高水平的实验教学中心和实习基地，为学生提供了良好的实践条件。在学科建设方面，（原）上海大学不断优化专业结构，加强重点学科建设。学校在保持传统优势学科的基础上，积极发展新兴学科和交叉学科，如计算机科学、生物技术、金融工程等。学校还加强了学科团队建设，引进和培养了一批高水平的学科带头人，提高了学科的科研水平和教学质量。

1985 年成立的上海工程技术大学，在应用型高校发展之路上走出了一条特色鲜明的路径。该校成立之初，1985 级学校纺织学院新生在学生自愿选择的基础上，开展了为期 4 年的产学合作教育试点。该学校紧密结合区域经济发展需求和产业结构特点，深入调研上海及周边地区的重点产业，如汽车、航空、轨道交通等，设置了与之对应的机械工程、车辆工程、航空运输等专业。通过精准的专业布局，为地方产业输送了大量专业对口的应用型人才。实践教学是上海工程技术大学应用型发展的关键环节。学校采用每学年三学期制，其中一个学期安排学生在合作工厂进行工作教育。与众多企业建立了稳定的实习基地，让学生在真实的工作环境中锻炼实践能力。同时，积极开展毕业设计真题真做，使学生能够将所学知识应用于实际项目中，提高解决实际问题的能力。产学研合作也是该校的重要发展策略，该校与上海汽车工业总公司联合兴办汽车工程学院，依托企业的技术和资源优势，共同培养汽车领域的专业人才。与电业管理局等企业开展合作办学，通过产学研合作项目，促进科技成果转化，提升学校的科研水平和社会服务能力。

我国应用型高校初步探索阶段在应用型人才培养方面取得了一定的经验和成效，但由于各种因素的影响，应用型高等教育的发展仍面临诸多挑战和困难，培养应用型人才需要既有扎实理论基础又有丰富实践经验的教师队伍，但在初步探索阶段，高校教师大多从学术型高校毕业，缺乏实践经验，难以满足应用型教学的需求。同时，由于学校应用型教学需要大量的实践教学设施和实习基地，但在这一阶段，学校资金有限，难以投入足够的资源建设实践教学场所，与企业的合作也处于初步阶段，实习基地的数量和质量难以保证。当时社会大众对应用型高校的认知存在偏差，导致学校在招生、吸引师资等方面面临压力，针对应用型高校的发展尚未形成广泛的共识和成熟的发展模式。

（二）规模扩张阶段（20 世纪 90 年代中叶至 21 世纪初）

随着我国经济的快速发展和高等教育大众化的推进，对应用型人才的需求急剧增加，应用型高校进入了规模扩张阶段。

这一时期，政府加大了对高等教育的投入，鼓励地方和社会力量举办高校，许多地方本科院校应运而生。这些院校为了适应地方经济发展的需求，纷纷将培养应用型人才作为自己的办学目标，积极扩大招生规模，增加应用型专业的设置。例如，一些地方院校根据当地产业结构和市场需求，开设了诸如机械制造、电子信息、工商管理、旅游管理等应用型专业，以满足地方企业对各类专业人才的需求。

同时，为了提高应用型人才的培养质量，高校不断加强与企业的合作。一方面，通过与企业签订合作协议，建立实习实训基地，为学生提供实践机会，让学生在实践中掌握专业技能和工作经验；另一方面，邀请企业技术人员和管理人员到学校担任兼职教师，参与教学和人才培养过程，使教学内容更加贴近实际工作需求。此外，一些高校还积极开展产学研合作，与企业共同开展科研项目，促进科技成果转化，为地方经济发展提供技术支持。

例如，1983 年复办的（原）广州大学；2000 年，该校与广州教育学院（1953 年创办）、广州师范学院（1958 年创办）、华南建设学院西院（1984 年创办）、广州高等师范专科学校（1985 年创办）合并组建成立新的广州大学。2004 年，广州大学首批进驻大学城校区，次年整体搬迁大学城，保留桂花岗校区。2005 年广州艺术学校、广州芭蕾舞团、广州歌舞团成建制划归广州大学。该校通过合并重组的方式，在专业数量、办学规模等方面得以迅速增长，也满足了社会对应用型人才数量上的需求。期间该校与传统老大学错位发展，举起了"培养应用型人才"的大旗。例如，在专业设置方面，深入调研地方人才需求，灵活设置专业，开展多样化办学模式，以培养地方急需的应用型人才。同时积极开展教育教学改革，深入工厂车间调研，科学制定培养计划，编写特色教材，加强实践教学，建立"早期实习、多次实习"机制，确保人才培养质量。当然应用型高校的数量和在校生人数都得到了快速增长。然而，也出现了一些问题，如在专业设置上存在盲目跟风现象，导致与其他学校之间专业重复率较高，个别专业人才过剩，使毕业生在就业市场上面临激烈竞争，专业优势难以凸显；由于学校快速扩张，教师教学任务繁重，具有丰富实践经验的教师数量增长相对缓慢，对教学质量的保障存在诸多弊端；由于规模的迅速扩大使学校的管理难度加大，在教学管理、学生管理、后勤保障等方面容易出现漏洞。同时，不同专业、不同层次学生的需求差异较大，学校难以做到精准化管理和个性化服务，影响学生的学习体验和学校的整体发展。总体而言，在规模扩张阶段，应用型高校在数量和规模上取得了显著成就，为社会培养了大量的应用型人才，对地方经济发展起到了积极的推动作用，但也面临着一些需要进一步解决的问题和挑战。

(三) 转型发展阶段 (21 世纪初至 2010 年)

进入 21 世纪，我国经济结构调整和产业升级步伐加快，对应用型人才的素质和能力提出了更高的要求，应用型高校面临着转型发展的紧迫任务。

在这一阶段，国家层面高度重视应用型高校的发展，出台了一系列政策文件，引导和推动地方本科高校向应用型转变。例如，教育部等三部委印发的《关于引导部分地方普通本科高校向应用型转变的指导意见》，明确了应用型高校的办学定位、人才培养模式、师资队伍建设等方面的要求，为地方本科高校转型提供了政策指导。

地方政府也积极响应国家政策，纷纷出台相关政策措施，支持本地高校的转型发展。许多地方本科高校结合自身实际，制定了转型发展的战略规划和具体实施方案。在办学定位上，更加明确地聚焦于应用型人才培养，突出服务地方经济社会发展的功能；在专业设置上，紧密围绕地方产业需求，对传统专业进行改造升级，同时积极增设新兴产业相关专业；在人才培养模式上，进一步加强实践教学环节，增加实践教学比重，推行产教融合、校企合作的育人模式。

例如，1980 年建立的（原）合肥联合大学，在当时新中国放射化学奠基人杨承宗先生倡导下，当时由中国科学技术大学、合肥工业大学、安徽大学共建合肥联合大学，实行"适当收费、不包分配、按社会需求设置专业、后勤社会化"的办学模式，在中国高等教育改革方面发挥了引领探索作用，是新中国第一所自费走读大学，被誉为中国高等教育改革的"小岗村"，是应用型高校第一次引领国内高等教育改革的重大创举。学校被誉为地方院校第一方阵的排头兵。1985 年，学校成为德国在中国重点支持建立的两所示范性应用型高校之一。2002 年 3 月，经教育部批准，与合肥教育学院、合肥师范学校合并，成立合肥学院。该校在应用型转型发展期间，展现出积极进取的态势。专业设置上，合肥联合大学紧密结合地方经济发展需求，对传统专业进行改造升级，积极建设食品科学与工程、环境工程、通信工程、网络工程、粉体材料科学与工程、生物技术、信息与计算科学、金融学、会计学、新闻学、公共事业管理、资源环境与城乡规划管理、艺术设计、物流管理、动画、建筑学等与地方经济社会发展密切相关的新专业，形成了"工、经、管为主，文、理、教协调发展"、为地方经济社会发展培养急需人才的专业体系，以适应科技发展的趋势，为地方产业升级提供人才支持。在师资队伍建设方面，学院和 30 多家企业建立了"双挂"（教师到企业，企业高级人才到学校）、"双聘"制度（院、系两个层面聘任企业人才），成立了由学院教授和企业界人士组成的专业指导委员会，参与人才方案制定。同时，借助产学研一体化这一平台，校企双方开展技术合作，教师深入企业，开展课题研究，帮助企业解决一些技术问题，同时又提高了教师自身的科研水平和实践能力，实现校企双赢。

此外，该校在课程体系改革、教学方法创新等方面也进行了积极探索。该校通过增加专业导论课、增设认知实习学期（安排在大二年级第二学期末四至五周和暑假）、逐步推进模块化教学改革等改革举措，重构课程体系，加强专业建设，实现了由"学科导向"向"专业导向"和由"知识传授"向"能力培养"的两大转变。该校还通过实行"N+2"考试改革、开展项目驱动教学法、试行学生"TA"制度、实施公共体育课"俱乐部式"教学、实行第二课堂学分管理、增加实践教学课时、改进实践教学方法、推行实习教学新模式（实习就业一体化、多专业组团实习和管理方式一体化、产学研一体化）等多项改革，提高学生的学习能力、实践应用能力、创新能力和创业就业能力。

21 世纪初至 2010 年，通过转型发展，应用型高校的办学水平和人才培养质量得到了显著提升，培养出的学生更加符合社会和企业的需求，毕业生的就业竞争力明显增强。同时，高校与地方经济社会的联系更加紧密，服务地方发展的能力不断提高。然而，转型发展过程中也存在一些问题，如部分高校在转型过程中过于注重形式上的改变，而忽视了内涵建设；一些高校在与企业合作中，由于双方的利益诉求不同，合作的稳定性和可持续性面临挑战等。

（四）内涵提升阶段（2010 年至今）

近年来，随着我国经济进入高质量发展阶段，对应用型人才的创新能力和综合素质提出了更高要求，应用型高校发展进入内涵提升阶段。

在人才培养方面，应用型高校更加注重培养学生的创新精神和实践能力。通过优化课程设置，增加创新创业教育课程，将创新创业教育贯穿于人才培养全过程；同时不断加强实践教学平台建设，打造高水平的实验实训中心、创新创业基地等，为学生提供更多的实践机会和创新条件；积极组织学生参加各类学科竞赛、创新创业大赛等活动，培养学生的团队协作能力、创新思维和解决实际问题的能力。例如，一些高校设立了创新创业学院，专门负责学生的创新创业教育和实践指导，通过开展创新创业训练营、创业项目孵化等活动，培养了一批具有创新意识和创业能力的优秀学生。

同时这期间内涵提升成为应用型高校学科建设的重要内容。应用型高校更加关注自身特色学科和优势学科的建设，不断围绕地方产业发展需求，打造具有竞争力的学科品牌。加大对学科建设的投入，引进和培养学科带头人及学术骨干，提升学科团队的整体水平。通过学科建设带动专业建设，提高人才培养质量和科学研究水平。例如，一些高校在传统优势学科的基础上，结合新兴产业发展趋势，培育交叉学科和新兴学科，为地方经济发展提供新的技术和人才支撑。

在社会服务方面，应用型高校逐渐开始发挥自身的人才和科技优势，积极为地方经济社会发展提供智力支持和技术服务。通过与地方政府、企业建立长期稳定的合作关系，开展产学研合作项目，解决地方产业发展中的关键技术问题和实际困难。例如，位于重庆大学城的重庆科技大学是一所全日制公办普通本科院校，学校前身是创办于 1951 年的原中央部委属学校重庆工业高等专科学校和重庆石油高等专科学校，2004 年 5 月，教育部批准两校合并设立重庆科技学院。2023 年 11 月，教育部同意重庆科技学院更名为重庆科技大学。该校与重庆市共建生活垃圾资源化处理协同创新中心 1 个、重庆市协同创新中心 2 个，复杂油气田勘探开发、纳微复合材料与器件、制药过程数字化、输变电工程防灾减灾和非常规油气绿色高效开发等 9 个省部级重点实验室，工业过程在线分析与控制、复杂金属矿产资源增值处理与清洁提取等 2 个重庆市高校重点实验室，非常规油气开发全国重点实验室（筹）、城市再生资源循环利用工程研究中心 2 个重庆市高水平科研创新平台。2014 年以来，该校承担了国家重点研发计划、国家重大专项、国家自然科学基金和国家社会科学基金等 180 余项国家级课题，获授权专利 1300 余件。参与完成的"超深水半潜式钻井平台'海洋石油 981'研发与应用"获国家科技进步奖特等奖，牵头完成的"机械炉排式生活垃圾焚烧发电关键技术及应用"获中国产学研合作创新成果奖。学校将自身学科研究成果与国家发展相结合，通过与地方共建实验室、研究中心、科研成果转化等方式，将学校自身发展成果应用于国家、地方、企业的生产实践，促进了国家、地方产业的升级和发展。

同时，该校也积极开展海内外合作办学和科学研究，引进国外先进的教育理念和教学方法，提高学校的国际化水平，该校与英国爱丁堡龙比亚大学、美国伊利诺伊大学芝加哥分校、加拿大里贾纳大学、芬兰哈格-赫利尔应用科学大学、荷兰格罗宁根汉斯应用科技大学等 60 余所高校建立了教学、科研、人才培养等合作关系。通过开展中外合作办学项目、学生交换项目、教师互访等活动，拓宽师生的国际视野，提升学校的国际影响力。

在内涵提升阶段，应用型高校在人才培养、学科建设、社会服务和国际交流等方面都取得了长足的进步，综合实力和社会影响力不断增强。但同时也面临着一些新的挑战，如何在激烈的竞争中保持特色和优势，如何进一步提高人才培养质量和社会服务能力等，需要不断探索和创新，以适应新时代经济社会发展的需求。

二、应用型高等教育发展的启示与展望

随着我国经济社会的快速发展，对应用型人才的需求日益增长。应用型高校作为培养应用型人才的重要阵地，在推动经济发展、促进社会进步方面

发挥着不可替代的作用。前文提及的合肥学院、上海大学、广州大学、重庆科技大学等高校作为具有代表性的应用型高校，在多年的发展过程中积累了丰富的经验，为我们研究应用型高校的发展提供了一个很好的样本。

追溯应用型高校的发展历史，在创办初期，应用型高校面临着诸多困难和挑战，如资金紧张、师资匮乏、教学设施简陋等问题严重制约了学校的发展。然而，学校领导和全体师生并没有被困难吓倒，他们积极探索适合自身发展的道路。在专业设置上，紧密结合当地经济社会发展的需求，开设了一些具有地方特色的专业，如机械制造、电子信息、师范专业等。同时，学校积极引进优秀教师，加强师资队伍建设，提高教学质量。随着国家对高等教育的重视和投入的不断增加，应用型高校迎来了快速发展的机遇。学校加大了对教学设施的投入，改善了教学条件。同时，学校还加强了与企业的合作，建立了一批实习实训基地，为学生提供了更多的实践机会。在专业建设方面，学校不断优化专业结构，加强特色专业建设，提高专业竞争力。此外，学校还积极开展国际交流与合作，引进国外先进的教育理念和教学方法，提高学校的国际化水平。近年来，应用型高校进入了内涵提升阶段。学校以提高人才培养质量为核心，加强学科建设，提升科研水平，强化社会服务能力。学校注重培养学生的创新精神和实践能力，积极推进教学改革，探索多样化的人才培养模式。近几年应用型高校开始加强重点学科建设，培育新兴学科和交叉学科，提高学科整体水平，并不断加大科研投入，鼓励教师积极开展科研活动，提高科研成果的转化率。在社会服务方面，学校充分发挥自身的人才和科技优势，积极为地方经济社会发展提供智力支持和技术服务。

（一）创新办学理念

应用型高校从萌芽到高速发展的过程中有起伏，同时也面临诸多挑战，从应用型高校的发展历程中我们也得到一些启示。首先在办学理念方面，与传统的高等教育观念注重学术研究不同，人们认为应用型高校对学术研究的重视程度相对不足，在这种观念的影响下，应用型高校在招生、师资引进、科研项目申报等方面面临着一定的困难。面对观念转变和社会的质疑，应用型高校在不断壮大自身的同时也在逐步提高社会对应用型高校的认识和认可度，让更多的人了解应用型高校的重要性和优势。应用型高校应把面向应用作为专业建设的基本指导思想，在科研、教学等方面以需求、应用为导向，坚持为地方经济社会发展服务。因此，在专业建设方面应认真调查研究，根据地方经济社会发展规划，设定人才培养结构，并据此形成重点专业设置和专业层次，同时根据重点产业、龙头产业，集中学校力量，使高等教育和应用型本科教育相结合、相配合，组建专业群，实现人才培养、科技开发、社会服务为一体的组合功能。通过教育教学改革，创新应用型教育的教学模式和方法，培养地方经济社会发展所需的高质量应用型人才。

（二）明确办学定位

应用型高校在应对发展过程中的困难和挑战时，尽管采取了很多措施和办法，国家为推动部分地方普通高校向应用型大学转型，也出台了一系列指导意见和政策文件，明确了转型目标、思路和主要任务。有关部门也配套联合启动了牵引性的产教融合项目，还专门设置了机构平台，制定了实施细则并开展高校试点，积极稳妥地落实部分政策配套，但应用型高校要持续性发展应进一步明确办学定位。紧密结合地方经济社会发展的需求，培养具有实践能力和创新精神的应用型人才。这一办学定位能为学校的发展指明方向，也能为学校赢得了良好的社会声誉。应用型高校应根据自身的优势和特色，确定人才培养目标和专业设置，为地方经济社会发展服务。例如，沈阳大学是沈阳市唯一的市属综合性大学，于 2015 年被辽宁省教育厅确定为首批 10 所转型发展试点高校之一。学校配套制定了《关于加快推进学校转型发展的实施意见》。该校定位明确，主动服务地方。学校紧紧围绕省市两级政府重大决策部署，对接沈阳建设国家中心城市和老工业基地的发展需要，主动融入全面创新改革试验区、国家自主创新示范区、中德装备制造产业园，服务地方经济社会发展和产业振兴。学校提供管理团队、资源和理念，与所在区政府共建从幼儿园到高中的大学前学校，让地方报社在校建立合作基地和大学生记者站，服务地方公共服务，也为相关专业建立实习实训平台。学校的定位就是培养"动手能力强，综合素质好"的应用型人才。

（三）加强师资队伍建设

同时为不断提高教学质量，应用型高校应加强师资队伍建设，师资队伍是高校发展的核心竞争力。应用型高校可以通过引进具有企业工作经验的优秀人才、鼓励教师到企业挂职锻炼、开展教师培训等方式，加强师资队伍建设，提高教师的实践能力和教学水平。为应用型人才培养提供有力的保障。

例如，重庆文理学院为建设高水平"双师型"队伍。学校在人才引进标准上适当调整，对一些有丰富理论知识和管理实际经验的行业人士，在学历和年龄上适当放宽，纳入事业编或聘任为实践导师、兼职教授，柔性聘任企业骨干、公司总监等进学校。学校专门制定了教师参与社会实践管理办法，通过与地方政府和企业合作，鼓励老师利用暑假时间挂职跟班、参加社会服务团体或参加行业资格考试。在人才评价考核方面较早开展分类评审，设置教学高级职称岗，对一些教学经验丰富的老师，在职称评审上改变单一看论文、项目的取向。重庆对外经贸学院明确双师型老师认定的三种标准，一是获得双证认证，二是从事相关技术工作三年以上，三是主持过两项以上应用技术研究且成果被企业采纳，其中后两种打破了唯证书的弊病。学校在考评时对双师双能型老师额外加分，在评岗定级上予以政策倾斜。

（四）创新人才培养模式

应用型本科高校处于研究型大学与高职（专科）院校之间的"夹心层"，要想办出自己的特色、提高人才培养质量，必须创新人才培养模式。例如，广东财经大学不断深化应用型人才培养模式改革，在校内建设和完善综合实验实训平台体系，初步健全校内外大学生创新创业教育平台（创业孵化园、创业梦工厂）体系，与行业企业组建人才培养战略联盟，服务学生实习实训和创新创业及教师培养实践。打造一批高质量的通识课程群、互联网+课程群、创新创业课程群、商法融合课程群、综合试验实践课程群和国际化全英语课程群。按照"能力本位"理念加强应用型课程教学模式改革，探索实施行业真实或仿真项目模拟体验式教学、案例式教学。学校特别重视应用文科类仿真实践教学和创新创业教育。校内仿真实习实行举校体制，在四年级上学期集中利用五周时间，让学生模拟企业经营管理四年的业务，仿真模拟包含社会和市场系统的各种机构，覆盖20多个专业近千名学生。特别重视创新创业教育，专门设置创新教育学院，规划建设了比较完整有特色的创新教育课程体系，其中开放式课程是学生校外的有关科研和创意活动，有关成果也可申请转化为学分。

（五）深化产教融合

产教融合是应用型高校发展的必由之路。应用型高校通过与企业建立实习实训基地、开展产学研合作项目、共同制定人才培养方案等方式，深化产教融合，提高人才培养质量和社会服务能力。应用型本科高校培养的是面向地方、面向大众的应用型人才，而产学研结合是实现应用型人才培养的根本途径。因此，强调产教紧密融合，建立产学研合作机制，是保证应用型本科高校健康、可持续发展的关键。应用型本科高校可以通过建立产业学院、产学研合作平台（中心）、校外实习基地等多种途径，鼓励教师与企业加强产学研合作，在合作中掌握经济社会发展和行业、产业发展的最新动态，提高科研和技术服务能力，为地方经济社会发展服务，并把这种服务能力和科研优势转化为教学优势，实现校企共赢。例如，沈阳大学与北方重工集团有限公司、远大集团有限责任公司、万豪国际集团、中国联合网络通信集团有限公司等大企业，成立了 12 个学校层面的企业命名班，推动产教融合、校企合作。校企双方根据企业需求、学校专业学科优势联合制定人才培养方案。例如，远大集团的玻璃幕墙技术在国际上处于领先地位，但教育部专业目录中没有对应设置，学校整合相关专业成立了远大班，共同制定培养方案，从企业工程师和学校老师中共同遴选师资，校企双元授课。学生毕业论文和设计的题目来自在企业实习学习过程中发现的一线实际问题，由校企双导师指导。美术学院采取工作室模式，把企业设备、首饰工艺的示范性生产、地方非物质文化遗产"匠人"请到工作室，平时学生在工作室轮培，与企业员工和"匠人"一起工作和研发。学生掌握基本工艺，企业提供成本、选择成果并给予回报。共建二级学院方面，交通运输专业牵头和沈阳浑南现代交通产业集团有限公司共建了现代轨道交通学院，公司负责人兼学院副院长，课程大多开在建设一线；外国语学院和沈阳东软睿道教育服务有限公司（以下简称"东软"）联合成立涉外服务外包学院，在学校专门投资建实训室，增加所需课程，强化外语类学生的计算机能力，学生毕业后直接进入东软工作，补充东软员工的能力短板；学校与盛京银行合建微金融体验中心，银行派专职员工指导，学生可模拟体验创新创业相关融资、财务事项。

（六）加强教学监督

教学质量是应用型高校的立身之本。当前，大部分应用型本科高校的教学质量监督管理范围主要是教学过程，对人才培养方案的评估审核、教学方案与计划的督导审核以及实验实习开展条件的现场抽查等方面的监督管理很少涉及，对教学过程结束后的分析反馈、成绩分布分析、教学达成度等的监督管理更是不够，毕业生跟踪调查反馈缺乏，没有形成闭环式的教学质量监管体系。此外，实践教学质量监控往往只注重对课堂教学的考察，缺少对实践教学实施过程与实施效果的检查，难以保证实践教学效果。在应用型人才培养中，实践教学环节尤为重要。应用型高校通过加大对实践教学的投入、加强实践教学设施建设和实践教学基地建设、完善实践教学管理体系等方式，强化实践教学，能有效提高学生的实践能力和创新精神。例如，安徽新华学院提出把实践教学建设与改革工作列入学校重要议事日程，统一领导，统筹规划；学校提出要在学习和专题调研的基础上，在人事、经费投入、教学质量评价与保障制度等方面进行有益探索，不断完善实践教学的各项规章制度。学校不断加大实践教学改革的经费投入，分批组织实施校级实践教学改革研究及试点项目，重点支持实验教学体系重组、实验课程结构优化及实验教学内容更新、实践教学方法和手段改革、实践教学管理机制创新等方面的研究和试点工作，做到实践教学领导投入、教师投入、学生投入和经费投入到位，形成全校上下高度重视实践教学、积极投身实践教学的良好氛围。同时该校不断完善实验、实训、实习、社会实践、课程设计、毕业论文（设计）等实践教学环节的质量监控体系及质量标准；进一步充实实践教学督导力量，实行实验实习教学的听课指导及抽查制度，加强对实践教学质量的监控和对指导教师教学质量的考评，完善评价信息反馈机制；进一步完善学生实践成绩的考核评定办法，激发学生转变学习方式，形成自主学习、主动实践的良好氛围，促进实践教学质量的全面提高。

应用型高校在多年的发展过程中积累了丰富的经验。通过对应用型高校的发展历程、面临的挑战、发展的启示和发展路径的分析，我们可以看出，应用型高校要明确办学定位，加强师资队伍建设，深化产教融合，强化实践教学，不断提高人才培养质量和社会服务能力。只有这样，应用型高校才能在激烈的市场竞争中立于不败之地，为我国经济社会发展做出更大的贡献。新时代应用型高校的发展是经济全球化、产业结构调整、科技创新以及国家政策支持等多方面因素共同作用的结果。在新的发展背景下，应用型高校应明确自身定位，坚持以服务地方经济社会发展为宗旨，以培养高素质应用型人才为目标，不断深化教育教学改革，加强产教融合，提高人才培养质量和服务社会的能力。同时，应用型高校应积极适应经济社会发展的新需求，不断创新人才培养模式，为我国经济社会发展和国家建设培养更多的优秀人才。总之，新时代应用型高校的发展前景广阔，任重道远。只有不断探索创新，才能在新时代的高等教育领域中发挥更大的作用，为实现中华民族伟大复兴的中国梦做出更大的贡献。

第二节 商务英语人才培养的发展历程

一、商务英语的发展历程

（一）商务英语的历史沿革

商务英语（business english，BE）的发展在我国已有百年的历史，最早可追溯到晚清的洋务运动。由于清政府当时开放了上海、广州、宁波、泉州等通商口岸，对商务英语的需求开始出现。据考证，京师大学堂开设的"富国策"就是基于内容的"经济英语"，晚清的私塾堂采用《华番贸易言语通晓》开展贸易英语教学。1949年后，商务英语发展至今，大致经历了四个历史阶段。

1. 外贸英语阶段（1951～1977年）

1951年，为满足外贸英语人才的需求，我国创办了对外贸易专科学校，开设了外贸英语系，专门培养新中国的外贸干部。当时，全国范围内成立了数所外贸学院，直属国家外经贸部，如北京外贸学院（现对外经济贸易大学）、广州外贸学院（现广东外语外贸大学）、上海外贸学院（现上海对外经贸大学）、天津外贸学院（现南开大学国际商学院）等。学生毕业后获得本科文凭和学士学位，或外派到驻各国使馆经济商务参赞处工作，或分配到国有外贸公司，代表我国与各国开展外贸活动。这一时期的外贸带有很浓的国有和计划经济体制色彩，"外贸英语"的概念恰恰反映出那个时代的特征和烙印。

2. 经贸英语阶段（1978～2000年）

1978年，中国宣布实行改革开放和社会主义市场经济，与各国的经贸往来倍增，外贸不再是国家垄断行业，中国的改革开放经历了从计划经济向社会主义市场经济转型的二十多年。在这个时期，国家出台了一系列措施和文件，鼓励个人和民营企业扩大经贸业务，个体外贸公司如雨后春笋般涌现。市场经济极大地促进了经贸英语的发展。经贸英语具有很鲜明的时代特色，我国对外贸易领域著名的高等学府——北京外贸学院也将校名改成了对外经济贸易大学，经贸英语的出现宣告了一个时代的结束和一个崭新时代的开始。

3. 商务英语阶段（2001~2017 年）

2001 年，中国加入世界贸易组织（WTO），中国经济快速发展，经济总量跃居世界第二，并开始深度融入全球化进程。我国履行 WTO 入世承诺，商务活动、人员交流、资本流动在全球范围内不断增多，商务活动成为国家发展和社会生活的主旋律，现代服务业发展迅猛，旅游、金融、交通、电信、教育等各行各业的开放使商务英语人才需求不断扩大。根据商务部和教育部发布的人才需求信息，我国对国际贸易投资、跨国经营管理、海外市场营销、国际商事仲裁、国际商务谈判等人才需求强烈，现有从业人员存在复合性低、外语能力差、国际竞争力弱等不足。即使在北京和上海等这样的特大城市，懂法律、通经贸、会外语的高层次人才也严重不足。在 5000 名律师当中，能开展跨国诉讼业务的人数可能不足 50 人。培养合格的商务英语高级专门人才、满足中国经济国际化的需要是我国高等外语专业教育肩负的重要使命，商务英语专业的设立正是应对这种挑战的有效途径。

4. 新时代商务英语阶段（2018 年至今）

党的十八大以来，中国特色社会主义进入新时代。面向开放经济的复合型和应用型外语产业人才的需求会进一步加大，中国特色鲜明的商务英语专业教育将会迎来历史上难得的发展机遇期。

（二）商务英语专业教育历史

1. 本科教育

截至 2024 年，商务英语本科教育与人才培养在我国已有 72 年的历史。1951 年，在北京成立了中央高级商业干部学校（后更名为北京对外贸易专科学校、北京对外贸易学院、对外经济贸易大学），设立了外贸英语系，培养商务英语的专门人才，形成了完整的人才培养体系和模式。当时的外贸英语本科专业为 5 年制，学生既学外语又学外贸业务知识，毕业后授予英语专业学士学位。于 2006 年对外经济贸易大学向教育部申请设立商务英语本科专业并获得批准，2007 年，其作为目录外试办专业开始招生。2012 年，商务英语专业成为目录内正式专业（专业代码为 050262）。根据教育部公布的数据，到 2019 年年初，全国共有 393 所高校开办了商务英语本科专业，年招生数达到 3.5 万人，在校生人数接近 10 万人。此外，全国还有 540 多所高校的英语专业都设有商务特色方向。2017 年，教育部对近三年申报最多的新专业的数据分析显示，商务英语专业名列文科专业申报数第一名，在全国十大热门申报专业中名列第四，表明高校的英语专业正在实施向"外语+"的复合型人才培养转型和改革，商务英语存在巨大的市场潜力、就业需求和广阔的发展前景，毕业生就业普遍向好。

2. 硕士生教育

商务英语研究生教育在我国也有 40 多年的历史，国内部分高校从 20 世纪 80 年代初开始招收商务英语硕士生，如对外经济贸易大学、广东外语外贸大学、上海对外经贸大学、东北财经大学等。近年来，湖南大学、上海财经大学、西南财经大学、天津外国语大学、四川外国语大学等高校也加入商务英语硕士生培养的行列。据不完全统计，依托英语语言文学或外国语言学及应用语言学二级学科，培养商务英语方向研究生的国内高校已达 29 所，培养毕业生累计近万人。2007 年开始，国内高校开始尝试设立翻译硕士专业学位授权点，对外经济贸易大学等部分高校也在翻译硕士专业学位点开设了商务翻译、商务口译、商务法律翻译等方向，培养应用型和复合型的商务英语专业人才，商务英语研究生教育实现了从科学学位培养到专业学位培养的转变。

3. 博士生教育

商务英语专业开办后，原有的语言文学类背景的教师面临转型，高层次的商务英语骨干教师短缺现象严重。2012 年，国内部分高校开始尝试商务英语博士生的培养，如广东外语外贸大学在外国语言文学一级学科下目录外自主设置了商务英语研究二级学科博士点；对外经济贸易大学尝试跨学科培养模式，在应用经济学一级学科下目录外自主设置了商务外语研究二级学科博士点；中国海洋大学则在工商管理学一级学科下目录外自主设置了国际商务语言与文化二级博士点。经过多年的努力，博士论文体现出跨学科和商务英语的特点，如《英美 CEO 风险认知话语对企业绩效预测的建模研究》《企业谈判综合竞争力对外贸出口绩效的影响研究》《商务会议冲突管理过程中的高效信息交换》《英语商业广告语篇隐性连贯的认知识解机制研究》《基于语料库的中美上市公司年报中"管理层讨论与分析"印象管理研究》《中美上市公司年报话语质量对资本市场反映的影响对比研究》《语言与文化障碍度对我国"一带一路"投资选址的影响研究》等，选题聚焦语言的经济和管理价值或应用，体现了语言如何服务国家经济发展及其在商务行业中的应用。

二、商务英语教育体系的发展

改革开放 40 多年来，特别是近 10 年，商务英语教育在专业体系、学科体系、理论体系、学术体系等方面不断发展完善，取得可喜成绩。

（一）商务英语专业体系发展

商务英语专业发展的关键是专业体系建设，而专业体系的建设需要明确以下问题：专业定位与内涵是什么？培养目标、知识、能力和素质构成是什么？培养模式和课程体系是什么？2014 年，教育部启动了本科专业国家标准的制定工作，英语专业教学指导分委员会组织全国商务英语专业教学协作组的专家历时 4 年，完成了商务英语专业的国标起草工作。2018 年 1 月 30 日，教育部颁布实施全部 92 个专业类共 587 个专业的本科教学质量国家标准，商务英语专业也列入外国语言文学类专业国家标准。教育部制定和颁布的各专业本科教学质量国家标准，以《中华人民共和国高等教育法》《国家中长期教育改革和发展规划纲要（2010—2020 年）》《教育部关于全面提高高等教育质量的若干意见》《高等学校创新能力提升计划》《中国教育现代化 2035》等一系列精神、文件为指导，对进一步提高高等教育质量、坚持质量发展和内涵建设具有重要意义。《普通高等学校本科专业类教学质量国家标准（外国语言文学类）》是指导我们开展专业教育和人才培养的纲领性文件，《普通高等学校本科外国语言文学类专业教学指南（英语类）》（简称《指南》）由教育部普通高校英语专业教学指导分委员会修订和完善，并于 2019 年年底正式发布。

（二）商务英语学科体系发展

商务英语学科体系经过 40 年的发展，在学科理论、研究对象、研究方法、研究队伍等方面不断完善。从学科理论看，专门用途英语理论（english for specific purpose，ESP）、话语分析、外语教育学、跨文化交际学、语言经济学、语言管理学等构成了核心学科理论；从研究对象看，商务英语教育教学、国际经济话语、国际商务文化、国别商业环境等构成了核心研究领域；从研究方法看，话语分析、叙事分析、修辞分析、案例分析、语料库方法、统计方法、计量模型等定量和定性方法构成了核心研究方法；从研究队伍看，商务英语师生、商务专家学者、国际商务从业人员等构成研究主力。

商务英语学科实践在我国有三种不同模式：外国语言文学模式、应用经济学模式、工商管理学模式。广东外语外贸大学依托外国语言文学设立商务英语研究二级博士点，开设了商务语言研究、商务英语教育、商务文化与交际三个方向；对外经济贸易大学依托应用经济学设立商务外语研究二级博士点，开设了商务英语研究、商务翻译研究、跨文化研究三个方向；中国海洋大学依托工商管理学设置了国际商务语言与文化二级博士点，开设了国际商务语言学、国际商务跨文化两个方向，以上三种模式的商务英语学科体系和人才培养体系都是我国学科建设的有益尝试。

希望设置交叉学科的高校，要思考学科交叉领域和重点，应用经济学交叉模式可由外国语言学及应用语言学与国际商务、国际贸易或世界经济等二级学科交叉，形成交叉学科方向，如与国际商务交叉，形成国际商务话语研究；与国际贸易交叉，形成语言服务贸易研究；与世界经济交叉，形成国际语言经济研究。

工商管理学交叉模式由外国语言学及应用语言学与企业管理、财务管理、文化产业管理等二级学科交叉，形成交叉学科方向，如与企业管理交叉，形成企业话语管理研究；与财务管理交叉，形成财务叙事与沟通研究；与文化产业管理交叉，形成跨文化管理研究。

商务英语应用涉及多个领域，如商务英语教育、商务翻译服务、国际商务沟通、企业语言管理、国际经济贸易、跨国公司治理、跨境电子商务、商务法律服务、语言咨询服务等。这些学科交叉方向拓宽了商务英语研究和应用的领域，是学术研究的增长点，部分有条件的学校可以先行试点，成熟后逐步推广。可以预见，未来学科的交叉性将更加突出，以问题为导向的交叉学科方向为商务英语应用研究开辟了广阔的天地。

（三）商务英语理论体系发展

商务英语的概念具有中国特色，国际上并没有对应的表述，国际通用的概念是商务通用语（business lingua franca）。商务英语指跨国贸易投资和经济外交等各类交往中使用的英语，涉及贸易投资、国际金融、海外营销、国际旅游、国际新闻、涉外商事仲裁、跨国公司治理、海商海事等各个领域，表现出职业话语和专门用途的鲜明特点。需要指出的是，商务英语是一个不可拆分的完整概念，商务和英语不是主要与次要或修饰与被修饰的关系，而是跨学科形成的特有话语体系，包含普通英语、通用商务英语、专业商务英语三个层次，相互联系，层层递进，语言和商务融为一体，形成有机的整体。由此可见，商务英语是英语语言和国际商务知识和技能融通的话语体系，需要跨学科地去探索教什么、用什么、如何教和如何用。

商务英语学科的核心理论基础是话语语言学，话语语言学研究特定场合的连贯性话语，指任何在内容和结构上构成一个整体的言谈或文字，包括整段讲话、对话、整段篇章等。商务话语不仅将语言看成一个词汇语法系统，更强调语言和语境的相互关系和作用，强调商务语境中口头和书面语言的功能和使用。商务话语包含商务词汇句法、商务体裁、商务沟通、商务语用、商务认知等。此外，商务英语学科理论还包括外语教育学（foreign language pedagogy）、语言经济学（economics of language）、语言管理学（language management）和跨文化交际学（intercultural communication studies）。

商务英语理论体系包含三个层次和若干核心要素。学科理论层次横跨文学、经济学和管理学学科门类，涉及外国语言文学、应用经济学、工商管理三个一级学科，具体二级学科理论是外国语言学及应用语言学、国际贸易学、企业管理三个学科，具有很强的跨学科理论性。理论层次涉及话语理论、体裁理论、评价理论、语用理论、认知理论、语言经济学、语言管理学等，理论重点涉及商务领域的语言问题。如以话语理论视角，分析商务谈判的会话结构；以体裁理论视角，分析企业或商业文本与篇章的体裁特点（如语步结构等）；以评价理论视角，研究网站话语或总裁话语的态度和情感；以语用理论视角，研究电商客户投诉和代理商请求等商务言语行为；以认知理论视角，研究经济隐喻的使用；以语言经济学视角，考察语言的经济价值与关系；以语言管理学视角，探讨企业话语管理和沟通障碍对跨国公司治理的影响等。

（四）商务英语学术体系发展

1. 学术成果丰富

国内有组织和规模的商务英语学术研究开始于 1999 年。当时，在商务部中国国际贸易学会支持下，中国国际商务英语研究会成立，截至 2024 年已经成立 26 年，累计召开 13 次全国商务英语学术研讨会，参与院校达几百所，会员上万人。此外，2011 年成立了中国专门用途英语专业委员会，加强了学术研究和师资培养，分别出版了《商务外语研究》《商务英语教学与研究》《中国 ESP 研究》等学术辑刊，商务英语学术体系不断完善。

商务英语学术论文发表量逐年增加。改革开放 40 多年来，共发表商务英语论文 25680 篇，其中核心期刊论文 1651 篇，近 5 年发表 CSSCI 期刊论文 125 篇。商务英语论文呈现跨学科、经济学、教育学和语言学跨学科交叉性等特点，经济学和教育学更加关注如何有效培养英语学生的商务专业知识，如何设置商务知识课程。然而，外语界对商务英语关注不够，商务英语论文在选题、学术性、研究性、学术写作上仍需加强。

学术专著出版也空前繁荣。2014 年，上海外语教育出版社引进了国外原版的商务英语学术专著《商务英语教师学养丛书》，涉及商务谈判话语、商务体裁、商务语用、商务话语、法律话语、财经新闻话语等多个研究领域。2016 年，清华大学出版社引进了《专门用途英语教学与研究学术文库》，涉及商务英语教学、学术英语、专门用途英语等多个领域。外语教学与研究出版社出版了《商务英语研究丛书》，主要为国内学者原创性的专著和文集。对外经济贸易大学出版社出版了《商务语言与文化研究学术丛书》，包含《商务话语名物化研究》《英美总裁风险认知话语对企业绩效的预测建模研究》等学术专著。学术专著的出版对商务英语学科建设、学术研究和师资教研能力提高起到了推动作用。

高级别科研立项开始出现。据不完全统计，近 10 年来，该领域的国家社科基金和教育部人文社科立项总数达 19 项，如"商务英语名物化的语料库考察与研究""中外上市公司年报话语对资本市场的影响预测对比研究""基于体裁的商务英语话语研究""基于语言经济学的商务英语教育研究""英美总裁风险认知的评价话语特征研究""商务话语的批评隐喻分析：基于语料库方法""中美贸易纠纷话语研究"等,研究内容的范围也在不断拓宽,涉及商务话语研究、商务翻译研究、跨文化商务交际研究、商务语用学、语言经济学等,反映出国家和相关专家对商务英语的认可度和支持力度不断增加,同时也反映出高级别课题立项的质量还有很大提升空间。

2. 学术研究重点形成

商务英语研究形成了以下重点领域:商务英语教育教学,包括教材教法、商务英语测试、教师教育、课程研究、教学理论等。

国际经济话语,主要关注国际经济组织话语、国家经济话语、企业经济话语、个人经济话语,如经济政策话语、央行降准降息话语、企业年报话语、组织管理话语、企业网站话语、总裁话语、话语的经济价值、话语与经济的关系及相互影响等。

国际商务文化,主要研究商业文化、行业文化、企业文化、涉外文化产业、对外文化贸易等。

商务翻译,主要研究翻译理论在商务翻译中的应用,商务翻译的规律和特点,商务翻译的经营模式和经济价值,翻译项目管理、产品营销翻译等。

国际商务沟通,重点关注跨文化交际理论、国际商务沟通、国际商务谈判、国际商务礼仪、跨文化管理等。

国别与区域营商环境,重点研究世界主要经济体如美国、欧盟、独联体、拉美、中东、东南亚等的商务环境,研究社会、政治、经济、历史、宗教、外交、媒体、文化等对投资环境、经贸关系和环境保护等的影响。

语言服务产业,重点研究语言服务经济、语言的经济价值、语言与经济的关系、语言服务产业链和价值链、语言服务贸易、贸易和投资中的语言成本等。

语言管理,研究跨国公司的语言规划、语言审计与评估、语言障碍管理、企业语言管理成熟度、语言服务标准化等。

第三节 新时代应用型高校商务英语人才培养的现状

当前,中国经济创新增长的主要路径是数字经济,互联网技术的革新为数字经济的发展提供了有效的保障。高校教育对发展数字经济的作用越来越明显，国家教育部门也在持续加大力度，对高校教育技术技能型、复合型专业优秀人才培养模式进行深入改革。高校开展商务英语专业是为了能够更好地向数字经济互联网企业输送高质量优秀人才，该专业的人才培养模式已经从教育理念上逐渐进行转变，对人才培养目标、课程体系设置进行改革完善，加大实训教学力度，但是高校商务英语专业人才培养模式仍存在诸多问题，需要在实践教学过程中进一步改革与创新。

一、数字经济背景下应用型高校商务英语人才培养的现状

（一）课程设置缺乏合理性，与企业复合型人才需求相背离

传统的高校所开设的商务英语专业只能满足教学发展的需要，但是针对提升学生职业能力、专业核心竞争力的教学内容更新速度则较慢，导致高校商务英语专业教学体系与企业岗位工作实践之间存在巨大的差异。很多高校商务英语课程教学内容已经过于陈旧，且与用人企业商务英语工作实践要求不相符，从而导致学生就业难的现实问题。这一现状引发教育部门及社会的广泛关注，学校必须对高校商务英语人才培养课程设置改革高度重视，对课程设置缺乏合理性、教学内容与企业复合型人才需求相背离的问题进行深入探究，从教学内容、教材更新、实时案例、实训内容等方面重新对高校商务英语课程设置进行革新。

（二）教学模式缺乏多元性，人才培养目标相对单一

很多高校在进行商务英语专业人才培养时，继续沿用传统的应试教育理念，只重视学生的英语语言能力，忽略了商务英语专业的商务性及学生跨文化交流能力的提升，不仅教学模式单一，而且人才培养目标也相对单一。一方面，高校商务英语教学通常是采用课堂理论教学模式进行，教材内容主要是对学生的英语听、说、读、写能力进行教学，以英语语言理论教学居多，这样机械重复的教学模式不仅无法适应现代高校教育的发展需要，同时也不利于为国家和企业培养复合型的优秀商务英语专业人才。另一方面，传统高校商务英语的人才培养目标较为单一，培养出的人才只具备一定的英语语言能力，但是缺乏商务英语的商务实践能力、商务活动策划能力、商务谈判及商务文书写作能力等，不具备企业所要求的优秀职业能力。

（三）教师队伍缺乏实践性，商务英语教师综合素养有待提高

对于现代高校教育而言，构建一支具有核心竞争力的高素质商务英语教师队伍刻不容缓，这也是推动现代高校商务英语教学发展的重要动力之一。在数字经济飞速发展的现代社会，商务英语专业的教育教学只借助教材内容是远远不够的。数字经济时代，人们通过互联网、数据分析、电子商务营销等进行在线贸易，需要学生掌握的不单是优秀的英语语言能力。高校商务英语教师要具备较强的国际商务知识储备、商务英语实践运用能力、跨文化交流能力等。总之，现代的高校商务英语教师自身需具有很强的综合素质，以及过硬的技术技能，才能真正地实现高校商务英语教学的时效性。

（四）校企合作缺乏紧密性，双方教学资源衔接分配亟须优化

当前，我国高校商务英语正处于深化改革与创新阶段，国家教育部门除了要求高校商务英语在教学体系、课程设置、教学模式、教学目标等方面进行改革外，对积极推进校企合作协同育人模式也极为重视，要求高校院校积极发挥资源整合的优势，协同数字经济相关企业在校内外建立商务英语协同育人机制。一方面，将高校商务英语课堂教学的内容与企业用人需求标准有效地结合起来，实现教学内容与岗位需求之间的紧密联系，明确人才培养的目标；另一方面，企业与高校要重点开辟形式多样、内容丰富、机制灵活的校内外商务英语实训课程，帮助高校学生在进行理论知识学习的同时，能够有相应的平台进行实训学习，真正做到学以致用，知行合一。

二、语言经济学背景下应用型高校商务英语人才培养的现状

（一）人才培养效率有待提高

高校为商务英语设立专门的专业课程，有助于商务英语专业的学生有更多学习英语语言的便捷条件和机会，同时在语言经济学的角度下，商务英语这门课程也变得更加有方向性。在很长一段时间以来，语言经济学概念对商务英语人才培养方面的指引是存在缺失的，因此，高校英语专业人才的培养模式会比较单一，且存在落后和固化的弊端。而随着时代的发展与进步，在语言经济学的基础上，开展高校商务英语人才的培养，有助于打破僵化、单一的人才培养模式，使人才的培养效率更高，同时也能够满足社会发展对该

方面人才的需求。另外，在语言经济学角度下，为了满足高校商务英语人才培养的要求，相关的教师也需要具备更强的职业能力和素质。例如，需要不断学习教育学、经济学以及语言学等方面的知识。因此，语言经济学有助于强化商务英语专业教师的综合能力，从而为培养出更高质量的、综合性的人才提供助力。

(二) 英语语言教学有待加强

语言作为一种交流与沟通频繁使用到的工具，学生在学习语言的过程中，需要通过对其的使用来创造财富或实现更多样的经济价值，然而当下应用型高校在开展语言类专业课程时无法满足学生的学习需求以及社会发展对语言人才的要求，不利于优化对人才培养的效果，同时也彰显该专业课程的落后性。在语言经济学视角下，对商务英语专业进行清晰的定义，有助于高校更加系统地培养英语专业的人才。例如，使商务英语专业的人才能够与社会财富创造相适应，这在某种程度上会优化高校人才输出的效率，也能够促进英语专业的发展。

(三) 教育改革有待突破

从商务英语专业设立以来，越来越多的教育者以及高校都逐渐明确培养商务英语人才的重要性和必要性，开始投身于对该专业课程设置等方面的改革。事实上，促进商务英语人才培养效率的提升，一方面有助于英语语言专业与社会接轨；另一方面也能够满足企业对商务英语人才的需求，而这两个方面的共同结合，才能够更有效地促进教育事业的改革，从而加快教育改革步伐。例如，在改革的过程中诞生了校企合作这种人才培养模式，该培养模式不仅能够带给学生更多的学习资源，而且学生也可以通过各种到企业实践的机会充分将理论知识完成内在转化，提升发现问题、解决问题的能力，真正将英语专业知识落实到语言经济价值以及经济利益的创造当中。

三、跨境电商背景下应用型高校商务英语人才培养的现状

(一) 人才缺口危机加剧

当前，全球经济正面临百年未有之大变局，其核心矛盾表现在国际格局正在发生深刻变化，大国竞争日趋激烈，贸易保护主义抬头，世界多边贸易

体制遭到破坏，贸易摩擦和冲突频发，国际治理体系难以发挥有效作用，致使全球经济增长速度显著放缓。为拓展市场规模、提升自身经济效益，我国企业尝试通过互联网平台减少中间环节，实现企业对消费者的"点对点"式服务，并最终促成了跨国电商的繁荣发展。国家发展和改革委员会《关于数字经济发展情况的报告》中指出，2021年我国跨境电商进出口规模高达2万亿元，与16个国家签署了"数字丝绸之路"合作谅解备忘录，并与24个国家建立了"丝路电商"双边合作机制。然而，产业发展必然会伴随着人才需求的扩大，且跨境电商业务内容和形式的进一步丰富，也会导致企业的人才选聘标准进一步提升，进而加剧商务英语方面的人才缺口问题。

（二）人才供给与需求不匹配

部分高校在制订人才培养方案时，缺乏对企业的实地考察，且对毕业生就业情况的动态追踪不足，难以准确获取企业和人力市场的反馈信息，导致高校人才培养方案存在盲目性，与企业的人才需求难以形成有效衔接。与此同时，商务英语专业的人才培养模式也相对陈旧，没有深刻剖析和预测跨境电商行业的发展形势，导致在实际教学过程中仍然沿用传统教学模式的底层逻辑，存在着重理论、轻实践的问题，难以真正培养出可供跨境电商实际需求的商务英语人才。此外，教师群体普遍缺乏跨境电商企业实践经验的问题也导致了其难以营造拟真的工作情景，不利于培养学生的工作思维和岗位实践能力。

（三）课程设置存在盲目性

在商务英语教材的选择上，我国高校普遍存在随意性、盲目性问题，对于教材的选用标准未形成统一意见，这就导致各大高校虽然课程设置大致相同，但在人才培养方向却存在明显差异。与此同时，很多学校因缺乏对跨境电商行业发展动态的了解，在教材的迭代上容易与行业发展需求相脱节，且课程设置的更新周期较长，容易出现学生所学知识落后于行业发展的问题。此外，部分高校对电子商务与商务英语之间关系的探索不够深入，在商务英语教学中较少引入电子商务的相关知识，也会造成学生能力不满足工作岗位需求的局面。

（四）课堂内容枯燥乏味

商务英语专业教师大多缺乏外贸企业的工作经验，在教学过程中普遍以讲解本专业知识为主，较少涉及相关的经典案例，且案例大多也是教材内容的拓展，形式较为单一、内容较为乏味，难以帮助学生消化和吸收知识点。部分高校虽然尝试通过 B2C 电商试验项目培养学生的实践能力，但由于管理机制不够健全，缺乏对项目的持续跟踪关注，导致 B2C 电商项目的实战属性大幅下降，科研属性则相应上升，难以让学生在实践中总结经验教训。此外，商务英语教师普遍缺乏工作经验的特点，决定了其构建的模拟情景往往会与现实存在偏差，致使情景演练的教育效果大打折扣。

四、"一带一路"背景下应用型高校商务英语人才培养的现状

（一）商务英语复合型人才培养方案落后

人才培养模式定位脱离行业发展需要。商务英语专业课程目标，一是学生在国际商务贸易活动中能够熟练地运用英语，即商务英语；二是学生能够熟练地用英语从事国际商务贸易活动，即英语商务。由此可见，商务英语专业的人才培养模式是一种复合型人才培养模式。"一带一路"倡议的明确提出不仅为中国拓宽对外贸易市场提供了机遇，而且也拓宽了当今大学生的就业环境。在这一背景下，我国高校担负着培养一批既精通英语，又熟识商务接待标准并具有商业管理水平的商务英语复合型人才的重任。但是从目前高校商务英语人才的培养情况来看，高校商务英语专业人才培养模式存在定位错误、办学理念不清晰的情况。培养体系课程设置通常效仿传统式的外语人才培养方式，多为文学类和经济类课程作主导，在教授模式上侧重基础知识，忽视与企业单位相联系的实践实习工作，导致培养出的学生缺少对具体业务方面、具体内容的认识，从而无法胜任具体岗位。面对"一带一路"背景下的发展机遇，高校需要优化传统的人才培养模式，加强复合型人才培养模式的建设工作。

（二）商务英语复合型人才教学模式欠完善

当前，大部分高校在商务英语复合型人才培养过程中过度偏重于理论基础教学，缺乏完善的教学模式培养体系，教材内容、课程设计落后，脱离社会的实际发展需要。在"一带一路"倡议稳步推进、世界各国经济文化大沟通、大发展的背景下，英语交流方式及专业词汇也在不断变化，而商务英语内容却无法实时更新，大部分高校在商务英语教学中依然采用的是传统教材、

传统课件。在实际的课堂设计中也未添加最新商贸案例和语汇、教学实例，与最新的国际金融贸易市场的发展趋势脱轨，导致基础知识与实践应用脱节，使学生所学的知识无法跟上产业发展的脚步，因此商务英语专业的教学内容建设需要加强。

在长期的商务英语教学中，通常是以教学为重，高度重视学生阅读文章及其创作能力的提升，课堂教学中的教学实例与最新的金融贸易行业发展趋势脱轨。在教学环节中偏重于基础理论教学，忽略了社会实践实习活动的展开，从而导致出现商务英语专业基础理论课程时间长、课程内容压力大、学习考核周期短等问题，使学生缺乏足够的时间和精力去企业单位进行商务英语专业相关的见习和实践活动，从而造成大学毕业生求职难而企业无法找到应用性强的商务英语复合型人才的尴尬局面。因此，要打破人才培养和社会实际需要相脱节的困境，就需要加强学生的实践锻炼，优化商务英语复合型人才教学模式，让课程内容和社会对接。

（三）商务英语教师能力不足

商务英语专业具备交叉学科特性，是一门基础学科。这就要求教师不仅具备技能过硬的语言表达能力还要具有很强的商务实践能力。但就当前大部分高校商务英语专业师资力量而言，虽然有金融商务贸易专业教师、英语语言专业教师以及国际金融贸易专业教师，但商务英语专业教师比较少。与此同时，高校大部分商务英语专业教师缺乏商务英语行业或企事业单位的工作背景，实践经验匮乏，并且参与国际贸易活动的经历也较少。因此，即使我国高校商务英语专业教师具有扎实的商务英语教学技能，但因为缺乏充足的工作经历和社会实践经历，也会使其在专业知识授课环节中出现高度重视基础理论知识学习、忽视实践教学、难以将产业发展的最新动向融进课堂教学当中的情况，也无法对学生进行具体指导。与教学实际相违背的实践活动，很容易出现课程内容与行业发展实际需求脱轨的现象，从而导致学生的实践能力较弱、综合能力较低、令学生不能将其在课堂上所学到的知识，行之有效地应用到商业活动中的实际问题上，不能满足实施"一带一路"倡议下对商务英语人才的现实需求。

五、双创教育导向下应用型高校商务英语人才培养的现状

(一) 对创业教育理念认识模糊

双创教育背景下应用型高校商务英语专业学生和教师在对双创的认知和理解上具有偏差，而且双方对于双创的核心思想认识不到位，认知观点具有片面性和局限性。商务英语专业的教师在教学中仍然使用传统的教学模式，该模式以语言和商务知识为主，目的在于帮助学生提高对商务领域专业词汇的掌握，熟悉各种商务活动内容。虽然双创的口号打得很响亮，但是属于雷声大雨点小，在专业层面上基本理论多、实践行动少。而且，大多数应用型高校商务英语专业未把创新意识和创业能力归到商务英语专业人才能力培养上；缺少对创业创新精神的培养，其实很难真正做到将商务知识与双创素质同步，难以适应双创模式下商务英语专业面临的市场。

(二) 课程设置与职业需求脱节

双创教育改革的具体实效取决于应用型高校对双创教育课程的设置。目前，我国应用型高校双创教育属于初步发展阶段，许多应用型高校还没有为双创教育设置专业的课程，即使有开设相关课程的院校，也是将其作为不重要的公共课，并未将双创教育真正归于商务英语专业的课程体系。当前，应用型高校商务英语专业主要开设的课程为纯语言课程（国际商贸英语、商务英语口语、商务谈判英语等）。语言课程可以帮助学生提高商务活动中英语的运用，但并不能帮助学生积累创业经验、提供创业平台，即使学生具有一定的双创想法，但也会缺少实际的双创能力。

(三) 师资力量缺乏

当前，我国应用型高校商务英语专业的教师大多具备高水平的专业知识，但是在创业实践经验上却相对缺乏，在双创背景下是无法满足教学需求的。大多数商务英语专业的教师为英语教学专业毕业，具有高水平的英语知识，但是并未取得剑桥商务英语证书、商务英语培训师等相关商务领域的证书，在国际贸易实务和商务知识方面较为欠缺。同时，他们也没有公司工作的实践经验，在创业创新教育上更是经验不足。因此，该类教师讲述的商务英语知识与双创教育理念只是纸上谈兵，根本无法为学生提供实际的创业指导。

（四）教学评价体系缺少创新元素

创新是学校发展的动力，同时也是推动应用型高校课程改革的促进者。教学评价体系是衡量一个学校教学成果的重要指标，是教学优化改革的依据来源。在双创教育背景下，应用型高校需要将创新元素渗入课程改革中，将传统的教学体系进行改革和扩充，使课程设置更加适合社会的发展需要。

第二章 新时代商务英语人才的需求分析

改革开放以来，随着全球经济一体化的加速发展，中国在国际贸易中的份额不断增加，中国制造业和外贸出口迅速增长，商务英语人才需求缺口加大。尤其是货物进出口量居于全国领先地位的沿海地区近几年对商务英语人才的需求一直是稳中有升，因此对商务英语人才的需求量尤其大。同时，随着国家战略调整，对于制造业的要求逐步转型到高品质制造，创新创造，相应地，对于商务英语人才也提出了更高的要求，不仅是"量"的需求，也是"质"的要求。面对每年大量的商务英语专业毕业生，很多出口型企业还是觉得招不到合适的高质量的商务英语人才。显然，供应和需求之间出现了不平衡现象。本章节通过对从不同行业和领域的商务英语人才从业现状的调研，进一步了解社会经济发展对商务英语人才的需求和要求，总结新时代商务英语人才的需求特点以及商务英语人才自身面临的机遇和挑战，进而厘清商务英语人才发展的趋势和方向。

第一节 新时代商务英语人才的特点与需求

本次调研试图通过需求分析理论，找出企业需求与商务英语专业人才培养之间的差异，以期给商务英语专业人才培养和教学活动提供有力的支持和参考，促进专业的改革和创新，从而提高商务英语专业的办学质量，使毕业生更适应企业和市场的需求。需求分析（needs analysis）是指（在语言教学和语言课程设计过程中）确定学习者对语言学习的需求的过程。需求分析利用学习者的主观需求和客观需求（从调查问卷、测试、访谈或观察报告中获得的数据），确定学生学什么和怎么学。在外语教学领域，需求分析的重要性等同于医生对病人开处方前的诊断。而需求分析的关键就是要找出学习者现有的语言能力和知识水平与社会和他们自身所期望达到的程度之间的差距，因此需求分析对于商务英语本科专业人才培养非常重要。本次调研以需求分析相关理论为依据，调研走访了十多家外贸型企业，通过访谈的形式对用人单位展开调研，了解他们对于商务英语人才的真正需求。同时为了保证调研结果的相对准确性，作者还将毕业生常用智联招聘网、前程无忧网、猎聘网收集用人的招聘数据用于结果分析。（智联招聘网是中国权威求职和招聘平台。它还拥有政府颁发的人才服务许可证和劳务派遣许可证，被授权为大学毕业生提供真实准确的全国招聘信息；前程无忧网是一家专业的人力资源服务机构，被评为"中国最具影响力的人才招聘网站"，整合了包括传统媒体和新兴媒体在内的多种媒体资源；猎聘网是一家通过 ISO 国际信息安全管理体系认证，强调毕业生与招聘的互动体验的企业。）本次调研的数据采集时间为 2022 年 9 月 1 日至 2022 年 11 月 30 日，2023 年 3 月 1 日到 2023 年 5 月 31 日，因为这两个时间段是秋季和春季毕业生招聘的高峰期。在三家招聘网站的"求职"一栏中，笔者以"商务英语"为关键词收集招聘信息。此外，为了确保数据的准确性，从不同网站搜索到的相同招聘信息被视为相同，只筛选出本科生的招聘信息。通过这种方式，收集了 156 条符合条件的招聘信息。

为了做好调研问卷的设计，笔者在设计了商务英语本科生问卷后，对重庆对外经贸学院 10 名商务英语高年级学生进行了试点研究，其中 5 名来自三年级，5 名来自四年级。为了避免不必要的误解，调研问卷采用中文。在收到问卷之前，10 名学生被告知，他们的答案只是为了测试，调研的目的是使最终问卷更合适、更方便使用。更重要的是，他们都被要求完成每一项，不留任何空白，一旦他们有任何问题，只需举手告诉调研人员。调研研究的结果是三年级和四年级的学生都认为问卷对他们来说是合适的，而且很容易完成。因此，笔者在试点问卷的基础上，最终确定了商务英语专业的本科生调研问卷的 10 个问题（调查问卷见附录）。本次问卷调查分两个阶段进行：首先，作者于 2022 年 10 月 15 日，为商务英语 60 位本科生毕业年级的学生发放问卷，学生以匿名的方式完成问卷调查，所有学生完成问卷调查后，作者在两名学生的帮助下立即收回所有问卷，经过仔细检查，共收集到 60 份有效问卷，有效率为 100%。其次，笔者于 2023 年 6 月 25 日向 65 位三年级学生发放问卷，最后，共收集有效问卷 64 份，有效率为 98%。收集数据后，作者将问卷结果输入计算机，并通过社会科学统计包 24.0（SPSS24.0）程序进行分析。对收集到的数据进行了描述性统计分析，如毕业生就业目标下商务英语学生的频率分布、实习活动需求、学习偏好需求等，研究商务英语学习者为了在目标情境中有效发挥作用而必须掌握的知识和技能。为了确保调查结果的准确性，作者将调研数据输入软件 SPSS 24.0 后对问卷的可靠性进行了测试，克隆巴赫（Cronbach's Alpha）系数的结果如表 2-1 所示。

表 2-1　问卷可靠性分析

	参与者人数	检测目数	克隆巴赫系数
商务英语本科生问卷可靠性分析	179	67	0.971

克隆巴赫系数用于检验问卷的可靠性，问卷的可靠性通常在 0 到 1.00 之间。克隆巴赫系数越高，所获得的结果就越可靠。总的来说，如果克隆巴赫系数高于 0.80，那么问卷更具可靠性、更容易被接受。如表 2-1 所示，表明商务英语本科生问卷的信度系数是 0.971，这意味着调查表的可靠性是高度可接受的。

本次调研作者邀请了两位具有商务英语背景的研究人员对招聘信息进行独立编码。笔者首先使用 Excel 的 RANDBWEEN 函数随机提取了 10% 的招聘信息和 50% 的编码节点。参考"开放编码描述表"，两名研究人员对招聘文本进行编码，并使用 NVivo 12.0 软件中的"编码比较"功能来测量原始材料的一致性。结果如表 2-2 所示，随机选择的 9 个自由节点的一致性百分比在 87.64% 到 99.57% 之间，表明编码合理，具有可信度和有效性。

表 2-2　编码一致性百分比

自由节点	外国语言文学常识	语言应用能力	商务实践能力	沟通能力	团队协作能力和领导能力
一致性百分比	90.23%	88.47%	87.64%	96.59%	97.88%
自由节点	情绪控制力	职业态度	从业意愿	海外经验	
一致性百分比	99.57%	94.58%	89.12%	95.56%	

一、目标需求

（一）商务英语学习者的"必需"

本次针对学生的问卷调查主要是想了解商务英语专业学生的目标需求和

学习需求，商务英语学习者的"目标需求"即"职业发展"，这是一个持续演变的过程，受多种因素的影响，包括经济、社会、技术和文化等方面的变化，同时也受个人知识学习和能力发展情况的影响。商务英语学习者的学习需求分析是"职业发展"规划过程中至关重要的一环，通过对学习者个体的学习需求分析研究，可以为学习者提供明确的学习方向和策略，以确保其在职业生涯中保持竞争力。例如，如果商务英语学习者需要在商业环境中进行有效沟通，他们可能需要写商业信函，从销售目录中获得必要的信息。具体而言，问题 1 调查了关于学习者目标工作职位的信息；问题 3 调查了学习者与商务英语相关的实习经历的情况；问题 4 和问题 6 调查商务英语学习者为了在目标情况下有效发挥作用必须掌握的知识和技能。

首先，问题 1 调查了有关学习者目标工作的信息，调查结果见表 2-3。

表 2-3　商务英语本科生就业目标岗位调查（多选题）

目标工作岗位	问卷回收情况统计		占参与问卷调查的学生总人数的比例
	回收问卷数量	占全部问卷的比例	
外贸/外企公司职员	114	29.6%	63.13%
政府/事业单位人员	59	15.3%	32.96%
学校教师	82	21.3%	45.81%
商务英语翻译人员	25	6.5%	13.97%
管理人员	62	16.1%	34.64%
秘书	16	4.2%	8.94%
金融业务人员	13	3.4%	7.26%
会计业务人员	4	1.0%	2.23%
其他	10	2.6%	5.59%
合计	385	100%	214.53%

注　基于《商务英语本科学生学习需求问卷调查》第 1 道问题的分析。

如表 2-3 所示，63.13% 的学生选择在外贸行业工作；45.81% 的学生选择在学校担任教师；34.64% 的学生选择成为管理人员；32.96% 的学生选择在政府等公共机构工作。上述行业深受学生的青睐，是因为商务英语专业本科生相信他们在大学四年内学到的东西是可以应用到以上提及的就业市场中，这也表明，在商务英语课程设计中，"商务""外贸""管理"和"外语"缺一不可。另外，问题3调查了有关学习者与商务英语相关的实习经历的情况，调查结果见表2-4。

表2-4　商务英语本科生实践经验调查（多选题）

选项	人数	比例
实践经验丰富	5	4.05%
有一定的实践经验	41	33.06%
没有实践经验	78	62.90%
合计	124	100%

注　基于《商务英语本科学生学习需求问卷调查》第3道问题的分析。

众所周知，实习就是将理论知识运用到实践中，在实践中检验，从而提高实践技能和工作能力。张伟炎（2014）认为，高校毕业生的专业实习可以让学生获得实践经验，提高就业能力，也可以让用人单位提前选择所需人才，降低招聘和培训成本，聘用合格人才，实现毕业生与用人单位的"双赢"。因此，如果商务英语毕业生想在外贸、管理等感兴趣的领域找到理想的工作，积极寻求与专业相关的实习机会是实现学习"目标需求"的必要过程。然而，从表2-4中我们可以看出，62.90%的学生没有与商务英语相关的实习经历；33.06%的学生有过与商务英语相关的实习经历，但经验并不丰富。只有4.05%的学生具有丰富的商务英语相关实习经验。调查数据显示，商务英语学习者参与专业相关的实习情况并不理想，这需要相关开办了该专业的高校引起高度重视。

问题4和6调查了商务英语学习者为了在目标情境中有效发挥作用必须掌握的知识和技能。问题4的调查结果如表2-5所示，问题6的调查结果如表2-6所示。

表2-5　商务英语本科生商务技能调查（多选题）

选项	人数	比例
听力和口语（如电话交流、产品介绍）	62	50.00%

续表

选项	人数	比例
阅读（如各类商务文件）	3	2.41%
写作（如合同、信函、报告等）	5	4.03%
翻译（能在各类商务活动中进行口、笔译）	25	20.16%
商务技能（有关商务操作的实际技能如报价、谈判等）	29	23.40%
合计	124	100%

注　基于《商务英语本科学生学习需求问卷调查》第 4 道问题的分析。

从表 2-5 中我们可以发现，50.00% 的学生认为在商业环境中，在电话沟通和产品介绍过程中，特别是在商务报价、商务谈判等方面，有必要掌握听说技能。此外，20.16% 的学生认为，具备在各种商业环境中进行翻译和口译的技能也很重要；只有 4.03% 的学生认为知道如何在未来的工作环境中编写各种业务文档非常重要，2.41% 的学生认为精通阅读在未来工作环境中的各种业务文档很重要。从以上数据分析可以看出，商务英语专业的本科生认为未来工作环境所需的技能集中在听说和商务技能，这也为商务英语本科生的课程设计提供了一定价值的参考。

问题 6（表 2-6）旨在探讨应用于目标情境的商务英语本科生所需的证书，即探讨哪些商务英语相关证书是必要的和有用的，以帮助学生找到一份满意的工作。Mean（平均值）表示考试的作用，数据越大，表示考试越有用。Std. D（标准差）表示样本数据的分散程度，标准差越小，数据的聚合程度越高。因此，如表 2-6 所示，对于商务英语本科生来说，BEC 证书（平均值 = 4.05，标准差 = 1.08）、TEM-4 证书（平均值 = 4.13，标准差 = 0.99）、TEM-8 证书（平均值 = 4.57，标准差 = 0.82）、英语口译/翻译证书（平均值 = 4.09，标准差 = 0.91）比其他证书更为必要和有用，因为所有这些证书都在 4.00 以上，标准差很小，尤其是 TEM-8 证书（平均值 = 4.57，标准差 = 0.82）。此外，从表 2-6 中可以看出，不同证书之间的平均值的数据浮动率相对较大。例如，TEM-8 证书的平均值为 4.57，而 TBEM-8 证书的平均值为 3.35；TEM-4 级证书的平均值为 4.13，而 TBEM-4 级证书的均值为 3.07。研究结果表明，商务英语四级和八级考试作为一种新型的商务英语测试，仍处于发展阶段。与 TEM-4、TEM-8 和 BEC 测试相比，TBEM-4 和 TBEM-8 的就业市场认可度较低。因此，如何增强 TBEM-4 和 TBEM-8 的市场信誉，使商务英语专业的毕业生在求职中更有优势，是一个值得深入研究的问题。

表 2-6　商务英语本科生相关证书有用度调查（多选题）

证书名称	有用度	标准差
剑桥商务英语证书	4.05	1.08
专业英语四级证书	4.13	0.99
专业英语八级证书	4.57	0.82
商务英语专业四级证书	3.07	1.18
商务英语专业八级证书	3.35	1.30
英语口译/笔译证书	4.09	0.91
计算机证书	3.29	1.19

注　基于《商务英语本科学生学习需求问卷调查》第 6 道问题的分析。

（二）商务英语学习者的"想要"

如果"必需品"是客观意义上考虑的目标需求，那么"想要"就是商务英语学习者发挥积极作用的目标需求。也就是说，学习者也有自己的需求。不能忽视学习者感知的需求，因为学习者的观点可能与其他相关方，如课程设计者、赞助商和教师等有关联。本次调研详细调查了学习者对各种形式的实习活动的需求，以提高他们的商务实践能力，问题 9 详细调查了商务英语本科生的这种学习需求，调查结果如表 2-7 所示。

表 2-7　商务英语本科生实习形式调研（多选题）

实习形式	问卷回收情况统计		占参与问卷调查的学生总人数的比例
	回收问卷数量	占全部问卷的比例	
企业观摩实习	130	25.4%	72.63%
请企业相关人员进行培训	75	14.7%	41.9%
校内实训，如模拟谈判、模拟交易会	65	12.7%	36.31%
顶岗实习	144	28.2%	80.45%
通过交易会或者展会实习	97	19.0%	54.19%
合计	511	100%	285.48%

注　基于《商务英语本科学生学习需求问卷调查》第 9 道问题的分析。

从表 2-7 中我们可以发现，有三种类型的实习选择率超过 50%，其中顶岗实习占 80.45%，企业观摩实习占 72.63%，参加交易会、展览会占 54.19%。从以上结果可以看出，商务英语本科生并不满足于传统的毕业实习实习形式，如校内培训、模拟谈判、模拟交易会等。他们希望学校能够提供多种实习实习形式，让学生体验企业的真实运营环境，以达到提高学生商业实践能力的目的。从表 2-7 中我们还可以看出，41.9% 的学生仍然选择了"企业人员进行培训"的实习形式，36.31% 的学生选择了"校内培训"的实习生形式。因此，传统的校内实习可以与校外实习相辅相成以促进商务英语学生商务实践能力的提高。

（三）商务英语学习者的"缺乏"

学习者的不足是指学习者当前的知识和技能与目标情境要求之间的差距。仅仅识别必需品是不够的，因为你还需要知道学习者已经知道了什么，这样你才能决定学习者缺少哪些必需品。例如，商务英语学习者的必要性可能是阅读特定主题领域的文本，而目标熟练程度需要与商务英语学习者现有的熟练程度相匹配。换句话说，无论学习者是否需要做到这一点将取决于他们已经能做到多好。具体来说，问题 8 调查了商务英语本科生在商务知识和技能方面的不足，问题 8 的调查结果为如表 2-8 所示。

表 2-8　商务英语本科生知识、技能、素养欠缺调查（多选题）

选项	人数	比例
商务实践能力	62	50.00%
商业专业知识	20	16.13%
语言知识与技能	15	12.09%
跨文化交际能力	16	12.90%
人文素养	11	8.87%
合计	124	100%

注　基于《商务英语本科学生学习需求问卷调查》第 8 道问题的分析。

从表 2-8 可以看出，50.00% 的学生认为自己缺乏商业实践能力，该选项的选择率远高于其他选项。例如，16.13% 的学生认为自己缺乏商业知识；12.10% 的学生认为自己缺乏外语文学知识；12.90% 的学生认为自己缺乏跨文化交际能力；10%的学生认为自己缺乏人文素质知识。鉴于上述结果，重庆对外经贸学院的商务英语本科生普遍掌握了良好的理论知识，但缺乏将商业和语言知识应用于实际工作的实践能力。因此，如何在商务英语课程设计中增加实践训练，提高学生的商务实践能力，是一个值得深入探讨的问题。

二、学习需要

上一节中讨论的是商务英语本科生的起点（缺乏）和目的地（必需），尽管对于目的地应该是什么（想要）可能存在一些争议。但是现在，我们应该考虑如何从起点到终点，即进行学习需求分析。学习需求分析旨在确定商务英语学习者对商务英语的学习期望以及他们对现有商务英语课程的评估。

（一）商务英学习者的学习动机

问卷调查中的问题 2 是调查商务英语学习者的"学习动机"。在学习过程中，动机是一个非常重要的因素。国外学者 Gardner 认为"动机具有非常明显的特征，并与语言学习过程有着明显的联系"。国内学者蒋志雄（2013）认为，"学习动机是激发个体学习的一种活动，它促使个体向目标学习，这是一种内在的启动机制。因此，我们应该考虑很多因素，例如，学习者为什么要参加课程？学习者认为他们将取得什么成绩？问题 2 的调查结果如表 2-9 所示。

表 2-9　商务英语本科生学习动机调研（多选题）

选项	人数	比例
从事商务相关工作	65	52.42%
考研	10	8.06%
出国留学	8	6.45%
考取商务英语相关证书从而获取就业竞争优势	15	12.10%
个人兴趣	26	20.97%
合计	124	100%

注　基于《商务英语本科学生学习需求问卷调查》第 2 道问题的分析。

从表 2-9 中我们可以发现，52.42% 的学生学习商务英语从事业务相关工作的目的；20.97%的学生出于兴趣选择商务英语课程；12.10%的学生通过获得相关证书来提高就业竞争力；8.06%的学生将继续攻读研究生；6.45%的学生以留学或移民为目的。鉴于上述情况，超过一半学生的学习动机是为了在未来找到一份与专业相关的工作，三分之一学生的学习动机是满足他们的学习兴趣。因此，对于高校的商务英语课程设计来说，满足就业市场需求和学生需要是重中之重。

（二）商务英学习者的学习挑战

问卷调查中的问题5是调查商务英语本科生的"学习挑战"，问题5的调查结果如表2-10所示。

表2-10　商务英语本科生学习挑战调研（多选题）

选项	问卷回收情况统计		占参与问卷调查的学生总人数的比例
	回收问卷数量	占全部问卷的比例	
掌握管理、金融和法律等商务专业知识	135	36.7%	75.42%
用英语学习商务专业知识的语言障碍	100	27.2%	55.87%
语言与实际的结合，对商务英语实践能力的培养	129	35.1%	72.07%
其他	4	1.1%	2.23%
合计	368	100%	205.59%

注　基于《商务英语本科学生学习需求问卷调查》第5道问题的分析。

从表2-10中可以发现，75.42%的学生认为管理、金融和法律等商业知识难以掌握；72.07%的学生认为找到商业理论与实践相结合的方法具有挑战性；55.87%的学生认为用英语学习商业知识很困难。总的来说，在微观层面，对于商务英语本科生来说，掌握商业知识是最大的学习挑战。此外，组合商业理论知识和商业实践技能的学习也给商务英语本科生带来了挑战，这同时也反馈出高校商务英语课程设计也面临挑战。

（三）商务英语学习者的学习偏好

问卷调查中的问题7和10是为了调查商务英语本科生的"学习偏好"，问题7的调查结果显示在表2-11。

表 2-11　商务英语本科生应掌握能力调研（多选题）

选项	问卷回收情况统计		占参与问卷调查的学生总人数的比例
	回收问卷数量	占全部问卷的比例	
良好的商务英语语言应用能力	169	26.5%	94.41%
掌握扎实的商务专业知识	135	21.2%	75.42%
商务交际能力	115	18.0%	64.25%
良好的商务实践能力	108	16.9%	60.34%
良好的跨文化商务交际能力	111	17.4%	62.01%
合计	638	100%	356.43%

注　基于《商务英语本科学生学习需求问卷调查》第 7 道问题的分析。

从表 2-11 中可以发现，94.41% 的学生倾向于具有良好的商务英语语言应用能力；75.42% 的学生倾向于掌握扎实的商业知识；64.25% 的学生倾向于掌握商务交际知识，从而具有良好的商务交际能力；62.01% 的学生倾向于掌握跨文化交际知识，从而具有良好的跨文化交际能力；60.34% 的学生倾向于接受商业实践培训，从而具有良好的商业实践能力。总的来说，学生们希望获得多种知识和技能，这符合《普通高等学校本科专业类教学质量国家标准》中提及的商务英语人才应具备英语应用能力，商业实践能力和跨文化沟通能力。

问题 10 是一个开放式问题，主要调查了 BE 本科生对其 BE 项目学习偏好的具体建议。通过对答案的分析，笔者认为学生更喜欢学习更多的课程，包括商业理论和商业实践活动，更喜欢在课堂上寻求更多的机会，在真实的商业案例中练习他们的听说能力。此外，学生们还希望学习一些职业认证课程，如"商务英语证书""特许公认会计师公会（ACCA）""特许管理会计师公会（CIMA）证书"和"特许金融分析师（CFA）证书"可以植入学习课程中。

三、社会需求

为了解新时代社会对商务英语人才的需求情况，笔者从权威招聘网站上收集招聘商务英语人才的广告文本，然后采用定性研究的方法从中提取"职位要求"的描述，并进行综合分析。一般来说，"工作要求"的描述至少涵盖两个方面的内容：一方面，涵盖了"工作属性"的内容，如职位、内容、目标、任务、要求、工作时间和地点等；另一方面，涵盖了工作资格的内容，如求职者为获得工作资格所应具备的才能、智力、性格、兴趣、个人技能、素质、灵活性和适应性。

在对网络招聘广告文本进行分析编码的过程中，笔者借鉴了国内外学者的研究成果作为国内外相关研究领域的重要参考。

第一，国外学者 Mcclelland（1973）在《美国心理学家》杂志上发表了一篇题为《检验能力而非智力》的文章，标志着"能力"研究。在文章中，他将个人的核心能力分为知识、能力和技能、自我概念、特质和动机，具体内容如表 2-12 所示。

第二，国内学者郑学豹和孙建民（2005）认为，优秀的大学毕业生至少应拥有五大核心能力，包括知识、能力和技能、素质、个性、身体和心理素质。具体内容如表 2-13 所示。

表 2-12　麦克利兰对个人核心能力的分类

知识	计算机科学、管理、统计学、金融、文学知识等
能力和技能	计算机技能，组织和计划能力，沟通能力，自学能力，决策能力
自我概念	自我评价意识、自信、乐观等
特质	责任感，人性化，果断
动机	生理需求、物质需求、社会需求、安全需求、自我实现需求、竞争感

表 2-13　郑学豹和孙建民对大学生核心能力的分类

知识	政治理论知识，法律法规知识，科学技术知识，人文哲学知识，专业知识
能力和技能	语言适应用能力、写作能力、逻辑思维能力、综合分析能力、人际沟通能力、计划能力、学习能力、执行力、创新能力、专业技能
素质	思想政治素质、道德素质
性格	个性特征、工作方式、气质、生活方式
身体和心理素质	身体素质、心理素质

第三，作者还参考了中华人民共和国教育部、国家语言文字工作委员会发布并于2018年6月1日实施的《中国英语能力等级量表》。语言能力标准由六个部分组成：语言表达能力、语言理解能力、语言知识、语用能力、翻译能力和语言使用策略。它是对英语语言能力的一系列统一描述，对作者完成编码有重要参考意义。

第四，"软技能"的概念是由美国劳工部组织成立的职场基本素养达成秘书委员会提出的。关于"软技能"的定义，根据美国劳工经济学家奥尼尔和查普曼的说法，软技能是明确表达自己观点、与他人合作以及在社会和工作场所互动的能力。根据百度百科的定义，"软技能"也称为非技术技能，是"情商"的社会学术语。国内学者徐赛英（2018）将软技能概括为以下六种基本能力，包括沟通技能、人际关系、积极态度和动机、领导力、批判性思维与决策、团队建设。徐赛英认为，除了学习英语和掌握必要的商业知识外，"软技能"的培养对商务英语学生来说也非常重要，这也为进行编码提供了重要的参考信息。

第五，关于"质量"的定义，作者认为在不同的研究领域，对"质量"概念的理解和研究内容是不同的。在国外，国外学者的研究主要集中在人力资源开发与管理领域。例如，Charles Woodruff（1993）将质量分为两类：第一类是"硬质量"，指的是人们期望达到的工作标准。第二类是"软素质"，是指支持人们胜任工作的行为和人格维度，如职业兴趣和职业奉献等。在国内，国内学者的研究主要集中在大学生素质。研究内容主要体现在对大学生素质结构的探讨、大学生素质评价体系的建立、大学生素质教育的有效途径和方法等方面。例如，教育部1998年4月10日发布的《关于深化教学改革，培养适应21世纪需要的高质量人才的意见》提出，高校要加强素质教育，注重学生思想道德素质、文化素质，职业素质和身心素质。国内学者肖明正（2004）认为，素质可以分为身体素质和心理素质。身体素质包括身体素质，心理素质包括文化素质、道德素质、人格和心理健康。

因此，通过综合上述研究成果，结合网络招聘广告文本，同时参考"国标"和"重庆对外经贸学院人才培养方案"对商务英语本科生的要求，作者首先将网络招聘广告文本分为"知识""能力"和"素养"三种类型，每种类型都作为NVivo 12.0中的一个自由节点编码。通过开放编码过程，共获得

18 个开放代码，包括 3 个"知识"开放代码、9 个"能力"开放代码和 6 个"质量"开放代码。其次，结合"开放编码"的研究成果以及"国家标准"和"大学标准"对"知识要求"和"能力要求"的分类，将"开放编码"表的所有描述重新分类，并整合为"轴向编码"表。最后，根据"国家标准"和"重庆对外经贸学院人才培养方案"中的"素养要求"，作者将结果整合到"轴向编码"表中，以获得"选择性编码"表。

（一）社会对知识的要求

社会对商务英语本科生"知识要求"的开放编码为如表 2-14 所示。

表 2-14　社会对商务英语本科生的"知识要求"的开放性编码

类别	编号	要求	数量	具体内容
知识要求	1	商业知识	203	"精通英文商务信函和电子邮件写作"；"熟悉商务合同和外贸操作流程"
	2	语言文学知识	185	CET-6 或 TEM-4 证书；TEM-8 或高级口译证书；通过雅思、托福、经企管理研究生入学考试、留学研究生入学考试，剑桥商务英语高级的优先考虑
	3	跨文化知识	50	了解外国文化；具有与外国客户直接沟通的能力；具有国际贸易的相关专业商业知识

从表 2-14 可以看出，在知识要求方面，203 家公司（53.49%）对商业知识有要求，185 家公司（49.20%）对语言文学知识有要求，50 家公司（13.46%）有对"跨文化知识"有要求。首先，在商业知识要求方面，用人单位对商务英语本科生提出了"具有贸易专业知识""熟悉商业合同和外贸操作流程"等具体要求。从调查结果可以看出，超过一半的受访公司对商业知识有要求。因此，商业知识是商务英语本科生求职的基本要素之一，我们也可以在表中发现，公司更注重学生将商业、金融和管理领域的抽象和理论专业知识应用于特定职位的能力，这意味着商务英语本科生需要将扎实的商业基础知识将知识灵活地应用到工作中。其次，近一半的公司需要语言文学知识，这表明商业知识和语言文学知识同等重要。此外，我们可以从表中发现，与语言学习过程相比，用人单位更重视语言学习的学习成果，如获得英语六

级证书、英语专业八级证书、BEC证书、雅思和托福等。从调查数据分析我们可以看到商务英语本科生需要获得各种类型的证书，需要广泛地储备和积累语言文学知识。只有这样，他们才能在就业市场上获得优势。最后，尽管只有13%左右的企业对掌握跨文化知识有要求，但具体要求更高。学生不仅需要熟悉外国文化和习俗，还需要有坚实的跨文化知识体系，才能直接与外国客户沟通并进行出口贸易操作。这项调查结果也符合"国家标准"的要求：商务英语项目旨在培养具有扎实的英语知识和能力、国际视野和具备从事国际商务工作的人文素质。

（二）社会对能力的要求

社会对商务英语本科生"能力要求"的开放编码为如表2-15所示。

表2-15　社会对商务英语本科生的"能力要求"的开放性编码

类别	编号	要求	数量	具体内容
能力要求	1	语言应用能力	318	精通英语听、说、读、写，具有良好的英语谈判、英语口语表达能力
	2	商务实践能力	227	具有海外工作经验、擅长商务策划、熟悉亚马逊、eBay等国际交易平台、有丰富的商务工作经验
	3	团队合作能力和领导力	205	擅于团队合作；有良好的合作和组织能力以及领导力
	4	沟通能力	184	良好的与他人沟通能力
	5	情绪控制能力	166	能在压力下工作，勇于接受挑战，热情、大方、乐观，具备卓越的应变能力，能够应对紧急突发情况
	6	逻辑思维和学习能力	129	思维清晰，逻辑性强，具备独立思考和学习能力，热爱学习，有较强的市场洞察力和市场分析能力
	7	执行	72	执行力强
	8	创新力	49	具备自主创新力
	9	跨文化交际能力	11	能与外国客户沟通交流

根据表 2-15 的描述，318 家公司（85%）对"语言应用能力"有要求，227 家公司（61%）对"业务实践能力"有要求，205 家公司（55%）对"团队合作能力和领导力"有要求；184 家公司（49%）对"沟通能力"有要求，166 家公司（44%）对"情绪控制能力"有要求，129 家公司（34%）对"逻辑思维和学习能力"有要求。此外，72 家公司（19%）也对"执行力"有要求，49 家公司（13%）对"创新力"有要求，11 家公司（3%）对"跨文化交际能力"有要求。

首先，我们可以发现"商业实践能力""语言应用能力"和"跨文化交际能力"与"商业知识""语文知识"和"文化知识"一一对应。雇主非常重视学生用英语进行商务活动的能力，例如"熟练使用英语进行商务谈判"。此外，根据前面提到的中国英语语言能力标准，语言知识包括语用知识，语用能力包括语用理解能力和语用表达能力。因此，语言知识与语言应用能力是密不可分的，英语学习者应在积累语言知识的基础上提高语用能力。此外"外贸工作经验优先"和"实习经验优先"的要求也表明，商务英语学生除了要积累商业知识和实践能力外，还应积极参与校外经验的积累，特别是非常重视在外贸公司的实习经验，以提高他们直接与外国客户打交道的能力。

其次，综合前面几段对"软技能"的定义和研究成果，作者认为"团队工作能力和领导力""沟通能力""情绪控制能力""逻辑思维和学习能力""执行力和创新力"都属于"软技能"范畴。具体而言，本文中不同的"软技能"在工作场所具有不同的功能。在"沟通能力"方面，国内学者徐赛英（2018）认为，沟通能力是一切"软技能"的基础；国外学者 Brewer 和 McGlone（2009）认为，大学生在提高沟通能力方面通常不怎么努力，但用人单位往往会推荐新员工参加口头和书面沟通培训。从企业招聘文本的分析结果来看，为了确保企业沟通的成功，商务英语学习者必须有意识地在商业环境中获取非语言信息，努力理解口头或书面的商业交际信息，从而积极参与商业交际过程。在"情绪控制能力"方面，作者认为这种能力可以帮助新员工在面对高压工作环境时无所畏惧地完成任务。从"团队合作能力和领导力"的角度，作者认为这是一种综合能力的体现。在本文中，主要包括"善于与团队合作""良好的协调和组织能力"以及"强有力的领导能力"。国外学者Hemby（2014）提出，领导力是一个人所拥有的某种技能和能力，能够认识到团队需要完成什么，促进团队正在做什么，并鼓励和激励整个团队朝着目标前进。由此可见，领导力和团队合作是密不可分的，BE 本科生应该积极利用学校课程和活动中的各种团队合作实践机会。在"逻辑思维和学习能力""执行力"和"创新力"方面，这些也是企业非常重视的"软技能"。一些研究表明，能够积极学习和思考的员工通常具有良好的决策能力和执行力，能够不断创新自己的工作方法。

（三）社会对素质的要求

社会对商务英语本科生"素质要求"的开放编码如表 2-16 所示。

表 2-16　社会对商务英语本科生的"素质要求"的开发性编码

类别	编号	要求	数量	具体内容
素质要求	1	职业态度	323	具备耐心细致的工作态度和强烈的责任感；细致而严格的控制细节；奉献的精神
	2	计算机技能	171	熟悉办公软件；掌握搜索引擎，如谷歌和雅虎等，精通图形编辑
	3	岗位意愿	37	对外贸电子商务行业有兴趣和热情；对跨境电子商务行业有浓厚兴趣；愿意在电子商务行业工作
	4	海外经验	36	优先考虑具有海外学习经验或者海外工作经验的人员
	5	服从工作安排	35	愿意接受出差；能够完成领导分配的临时任务
	6	外表和举止	32	外在形象气质佳气，良好的身体素质；声音甜美且富有感染力

根据表 2-16 的描述，323 家公司（86%）有"职业态度"要求，171 家公司（46%）有"计算机技能"要求，37 家公司（10%）有"岗位意愿"要求，36 家公司（10%）有"海外经验"要求，35 家公司（9%）有"遵守工作安排"的要求，32 家公司（9%）有"外表和举止素质"的要求。

通过整合和综合前面各段对"素质"的定义和研究成果，作者认为"素质要求"可以分为职业素质、跨文化素质和身心素质。具体来说，"职业态度""计算机技能""岗位意愿"和"遵守工作安排"属于职业素质；"海外体验"属于跨文化素质；"外表和举止品质"属于身心素质。

首先，在"职业素质"方面，无论是"软素质"，如强烈的责任感、强烈的岗位兴趣和意愿；还是"硬素质"，如熟练使用办公软件，这些都是商务英语本科生在整个大学期间期望拥有的素质。

其次，跨文化知识的储备、跨文化能力的掌握和跨文化素质的提升是相辅相成的，不可分割。此外，与其他专业和学科相比，商务英语专业需要更加重视培养学生以上几方面的能力。

最后，良好的身心素质和仪态素质对商务英语毕业生就业也很重要。因此，商务英语本科生应加强体育锻炼，加强审美素质的培养和训练综合素质。

因此，鉴于上述情况，结合表2-14、表2-15和表2-16中"开放编码"的调查结果，同时考虑"国家标准"和"重庆对外经贸学院人才培养方案"中的"知识要求"和"能力要求"，笔者对以上开放编码的调查分析进行了重新分类和整合，进而进行了轴向编码过程。重庆对外经贸学院商务英语本科生社会需求轴向编码如表2-17所示。

表2-17　商务英语本科生社会需求的轴向编码

编号	轴向编码项目	表2-14~表2-16对应的项目
A	语言知识与语言应用	2、4
B	商业知识和商业实践	1、5、14
C	跨文化交际	3、12、16
D	沟通、合作与协调	6、7、8
E	自主学习和创新	9、11
F	职业情商	10、13、15、17

然后，结合表2-17中"轴向编码"的调查结果，同时考虑到"素质要求"及"国家标准"和"重庆对外经贸学院人才培养方案"，笔者对上述所有"轴向编码"的调查分析进行了重新分类和整合，然后进行了"选择性编码"过程，重庆对外经贸学院商务英语本科生社会需求的选择性编码如表2-18所示。

表 2-18　商务英语本科生社会需求的选择性编码

编号	选择性编码项目	表 2-17 对应的项目
I	政治素质	
II	思想道德素质	
III	社会素质	
IV	科学文化素质	A、B、C
V	职业质量	D、E、F
VI	身心素质	

通过对"轴向编码表"和"选择性编码表"深入分析，笔者发现用人单位的需求与"国家标准"和"重庆对外经贸学院人才培养方案"对知识、能力和素质的要求高度一致，但也存在以下差异。

首先，在"知识要求"方面，"国家标准""重庆对外经贸学院人才培养方案"和企业的共同需求是学生知识结构的多样性和跨学科知识的储备，如坚实的语言基础、多样化的商业和管理知识储备及跨文化知识的拥有。不同之处在于，用人单位不仅关注知识本身，还关注知识的内化。换句话说，学生需要有足够的相关"证书"来证明他们的知识水平。

其次，在"能力要求"方面，"国家标准""重庆对外经贸学院人才培养方案"和企业的共同需求是多方面、多维度的能力要求，如语言应用能力、跨文化沟通能力、商业实践能力。不同的是，用人单位更注重学生在实际工作环境中的语言运用能力和实践经验的积累，如在实际工作中与外国客户谈判，这对商务英语本科生来说更具挑战性。

最后，在"素质要求"方面，重庆对外经贸学院人才培养方案和企业的共同需求是培养和拓展学生的综合素质，如商业道德意识、敬业精神和合作精神、创新精神和创业精神，不同的是，《重庆对外经贸学院人才培养方案》是商务英语人才培养的纲领性文件，更多体现了综合素质的具体培养要求，如政治素质、思想道德素质等。而用人单位在实际工作环境中强调职业素质，如工作态度、工作责任感，这为高校商务英语本科专业课程设置提供了方向。

综上所述，新时代商务英语学习者的学习需求分析包括 3 个方面：商务英语学习动机、商务英语学习挑战和商务英语学习偏好。在学习动机方面，超过一半的学生的学习动机是为了将来找到一份与专业相关的工作，三分之一的学生的动机是为了满足他们的学习兴趣。在学习挑战方面，商业知识的掌握是商务英语本科生最大的学习挑战，此外，商业理论知识和商业实践技能的结合也存在学习挑战。在学习偏好方面，学生希望获得各种知识和技能，如商务英语语言应用能力、扎实的商务知识、商务交际知识和良好的跨文化交际能力等。另外，商务英语学习者的目标需求包括 3 个方面：英语学习者"必需"、英语学习者"想要"和英语学习者"缺乏"。在商务英语学习者的必要性方面，主要调查学习者所需的目标职位信息、学习者在商务英语行业相关的实习经历的情况及商务英语学习者为了在目标环境中有效发挥作用而必须掌握的知识和技能。在商务英语学习者的学习诉求方面，学生不满足于传统的毕业实习形式，如校内培训、模拟谈判和模拟招聘会，而顶岗实习、企业观摩实习和参加交易会、展览会更受学生青睐，这也是对传统实习形式的补充。就商务英语学习者的"缺乏"而言，主要投资于商务英语本科生所需的工作总体上是多样化的，但学生对某些行业仍然表现出更高的热情，例如，外贸、管理、政府、公共机构是学生非常喜欢和需要的行业；在学习者的商务英语人才相关实习经历方面，只有极少数的学生具有丰富的专业相关实习经历；为使商务英语学习者在工作情境中有效发挥作用，商务英语学习者必须掌握的知识和技能集中在听、说和商务技能上，其中 TEM-4（英语专业四级考试）、TEM-8（英语专业八级考试）证书、英语口译、翻译证书和商务英语证书是工作情境中最需要的证书。在商务英语的需求方面，笔者主要调查了学习者对各种实习形式的需求，找出学习者当前的知识和技能与目标要求之间的差距，其中业务实践能力是最受欢迎的选择。

第二节　新时代商务英语人才的机遇与挑战

随着世界各国经济联系的增强和商贸活动的日益增多，商务英语在国际商贸中扮演着举足轻重的角色。然而，任何一门语言的发展都需要克服自身缺陷并与时代相结合。由于商务活动的动态性与即时性，商务英语更应与时俱进、不断完善。在中国，商务英语的发展与经济政策相联系，与中国大众认可程度相挂钩，更与中国的商务英语教学密不可分。近几年，随着国家"一带一路"倡议的实施，我国对外贸易呈现良好发展态势，与共建"一带一路"国家之间经济往来日益密切，在彼此交流合作的过程中，商务英语人才的需求量不断扩大。特别是我国在与共建"一带一路"国家开展贸易合作的过程中，对英语人才的需求发生了较大变化，不再是需要单纯地掌握商务知识的专业英语人才，而是需要具备综合能力的复合型商务英语人才，不仅要具备扎实的商务英语专业基础，同时要对共建"一带一路"国家的经济发展、法律法规及财经政策有所了解，才能更好地配合对外贸易工作，推动我国"一带一路"建设和发展。因此，在快速变革的国际环境中，商务英语人才培养既迎来机遇也面临挑战。教育资源的不均衡、教育模式与市场需求的脱节，以及人才培养与技术更新速度的矛盾，都是当前亟待解决的问题。然而，数字化技术的革新、产教融合与校企合作的新趋势，以及政府对教育的坚定支持，为商务人才培养开辟了新的路径。如何抓住这些机遇，克服挑战，成为教育界共同关注的焦点。

一、面临的机遇

（一）数字化技术的发展为教育创新提供了可能

随着科技的迅猛进步，数字化技术已成为当今时代的显著特征，其在教育领域的应用与融合也日益深入。这一变革不仅为教学方法和手段的革新提供了强大的技术支持，而且极大地拓展了教育的边界和可能性。

数字化技术的运用，使教育资源的获取和配置方式发生了深刻变化。传统的课堂教学模式逐渐被打破，以在线教育平台为代表的新型教学模式迅速崛起。这些平台通过互联网技术，将优质的教育资源汇集并共享，使学生不再受地域和时间的限制，能够随时随地进行自主学习。

与此同时，虚拟现实（VR）和增强现实（AR）等前沿技术的引入，为教学提供了更加直观、生动的学习体验。例如，在商务英语教育中，学生可以通过 VR 技术模拟真实的商业环境，进行实战演练，从而更加深入地理解和掌握商业运作的精髓。

此外，大数据分析技术在教育中的应用也日益广泛。通过对学生在学习过程中产生的海量数据进行深入挖掘和分析，高校可以更加精准地掌握学生的学习习惯、兴趣偏好和能力特点，进而提供更具针对性的教学方案和学习建议。

这些数字化技术的应用不仅提高了教育的效率和质量，而且降低了教育的成本，使更多人有机会享受到优质的教育资源。例如，某知名在线教育平台通过提供高质量的在线课程和学习资源，吸引了来自全球各地的学生。其中不乏来自偏远地区或经济条件有限家庭的学生。通过该平台，他们不仅能够获得优质的教育资源，还能够与来自世界各地的同学进行交流和互动，极大地拓宽了他们的视野和知识面。

对于商务人才培养而言，数字化技术的发展为其提供了更加广阔的空间和更加多样化的培养方式。商务英语人才不仅需要具备扎实的商业理论知识，还需要具备数字化技能、创新思维和跨文化沟通能力等多方面的素质。数字化技术的发展正好为这些能力的培养提供了有力的支持。例如，开设了一系列共享通识数字课程，旨在培养学生的通用数字能力，为他们日后的学习和工作打下坚实的基础。将传统商务英语专业的课程与信息技术、数据分析、人工智能等前沿技术相融合，打造一批跨学科融合课程。这些课程不仅保留了商务英语教育的经典内容，还注入了新的科技元素，有助于培养学生的岗位数字能力，使他们在未来的职场上更具竞争力。还开设了与大数据相关的跨专业交叉课，引导学生利用不同工具进行数据分析，提升了他们的数据思维和实践能力。

（二）产教融合、校企合作等新型教育模式的出现

随着经济社会的快速发展，产教融合、校企合作等新型教育模式应运而生，为商务英语人才培养注入了新的活力。这些模式突破了传统教育的局限，将教育与产业紧密地结合在一起，形成了一种更加符合市场需求的培养方式。

产教融合强调高校与产业界的深度融合，共同参与到人才培养的全过程中。高校通过引入产业界的先进理念、技术资源和实践经验，不断完善教学内容和方式，确保所培养的人才具备与市场需求相匹配的知识和技能。产业界也通过参与教育过程，提前锁定优秀人才，为企业的发展提供有力的人才保障。

在产教融合的大背景下，重庆对外经贸学院与美集物流运输（中国）有限公司的合作为例，展现商务英语人才培养的创新路径（图2-1）。这种合作

模式紧密依托行业和企业资源，以就业市场为导向，明确商务英语人才的培养目标，并聚焦于商务英语专业学生职场软技能这一核心职业能力。通过深度的产教融合，不仅实现了课程改革与市场需求的对接，也充分体现了"校企协调育人"的教学要求。在这一合作模式下，专家和教师团队共同参与了课程的开发，深入挖掘教材和教学平台资源，共同建设实验实训基地，并为学生搭建了实践平台。这些举措不仅增强了学生的实践能力和跨学科知识运用能力，也为他们未来适应多变的市场需求打下了坚实基础。

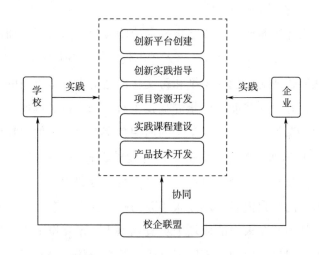

图 2-1 基于"产教融合"的商务英语人才培养模式构架

通过产教融合、协调育人的合作模式，重庆对外经贸学院成功将理论教学与实践教学相结合，形成了内外一体的专业课程体系。这种合作模式不仅提高了学生的综合素质和就业竞争力，也为商务英语人才的培养探索出了一条创新之路。未来，随着产教融合的不断深入，相信会有更多高校和企业加入这一育人新模式中，共同推动商务英语人才的培养和发展。

校企合作则是产教融合的一种具体形式，通过学校与企业之间的合作，实现资源共享和优势互补。学校可以借助企业的实践平台，为学生提供更多的实践机会和就业渠道；企业则可以利用学校的科研优势和人才资源，推动技术创新和产业升级。这种合作模式不仅提高了教育的质量和效率，也促进了企业与学校之间的良性互动和共同发展。

产教融合、校企合作等新型教育模式的出现，为商务英语人才培养提供了更加广阔的空间和更加多样化的培养方式。这些模式不仅有助于提高学生的就业竞争力和适应能力，也有助于推动教育与产业的协同发展，实现人才培养与社会需求的紧密对接。

(三) 政府对教育领域的政策支持与投入

政府在推动教育领域的发展与创新中扮演着至关重要的角色，其对商务英语人才培养的政策支持与投入尤为显著。通过制定一系列具有前瞻性和引导性的教育政策，政府为高校指明了发展方向，并为其提供了坚实的制度保障。

在财政支持方面，政府不断增加对教育的投入，用于改善教学设施、提升师资力量、扩大教育资源等。这些举措有力地促进了高校软硬件的升级，为商务英语人才的培养创造了更加优越的条件。例如，某地区政府设立了专项资金，用于支持当地高校与企业合作开展商务英语人才培养项目，并取得了显著成效。

政府还积极推动高校与企业之间的合作与交流，鼓励双方共同探索商务英语人才的培养模式。通过搭建校企合作平台、提供政策优惠等措施，政府促进了教育资源的共享和优势互补，为商务英语人才的培养注入了新的活力。例如，某市政府成功引导当地一所高校与多家知名企业建立了深度合作关系，共同开展了商务英语课程开发和实践教学等活动，受到了广泛好评。

在国际交流与合作方面，政府也积极为高校拓展国际视野和合作空间。通过加强与国外高校的联系与沟通、推动教育国际化进程等措施，政府为商务英语人才的培养提供了更多的国际资源和学习机会。这些举措不仅有助于提升商务英语人才的国际竞争力，也促进了教育领域的创新与发展。

(四) 数字经济的发展为商务英语人才培养提供了新路径

当前，各高校均开设了商务英语专业，并对推动社会经济发展、繁荣国际贸易市场具有重要意义，在商务英语人才培养过程中，不仅要重视人才专业知识、理论素养的培养，也要重视学生将商务英语知识转化为实践应用的能力。从全球经济发展态势来看，国际交往的频率更高、内容更广、形式更多，且随着我国经济的快速发展，市场对商务英语人才的需求范围也更加广阔，众多中小型民营企业开始进军国际市场，部分商品备受国际市场青睐，在企业发展过程中，具备商务英语交流能力的人才不仅要具备扎实的英语翻译能力，也要参与企业管理，尤其在企业进入国际市场后要通过自身专业能力帮助企业快速转型衔接，当企业在贸易交往过程中遇到问题和贸易难题，可以通过自身努力帮助企业解决决策上的难点。由此来看，在数字经济背景下，未来商务英语专业人才的培养方向应该与国际社会接轨，既要培养学生基础专业理论能力和商务英语交流技能，也要安排学生系统地学习国际经济贸易、思想政治、国际政治与历史、金融管理、企业管理等方面的知识，并以此为基础，进行实践应用能力培养。需要注意的是，在以数字经济为基调的企业经济交往中，率先掌握国际市场动向就是把握市场发展先机，因此，商务英语专业人才也要具备一定的市场信息搜集、甄别、整理、分析、研究和判断能力，能够通过自身所需，敏锐感知市场变化，从繁杂的数字信息中准确找到关键，以此发挥自身专业价值。

（五）"一带一路"倡议为商务英语人才提供广阔的发展空间

依靠中国与有关国家既有的双多边机制，借助既有的、行之有效的区域合作平台，"一带一路"旨在借用古代丝绸之路的历史符号，高举和平发展的旗帜，积极发展与合作伙伴的经济合作关系，共同打造政治互信、经济融合、文化包容的利益共同体、命运共同体和责任共同体。2013—2022 年，中国与共建国家进出口总额累计达到 19.1 万亿美元，年均增长 6.4%；与共建国家双向投资累计超过 3800 亿美元，其中中国对外直接投资超过 2400 亿美元。截至 2023 年 6 月底，中国与 150 多个国家、30 多个国际组织签署了 230 多份共建"一带一路"合作文件。2023 年 10 月 17—18 日，第三届"一带一路"国际合作高峰论坛在北京举行，成为纪念"一带一路"倡议十周年最隆重的活动，此次活动主题为"高质量共建'一带一路'，携手实现共同发展繁荣"。2023 年 11 月 24 日，中国发布共建"一带一路"未来十年发展展望，在未来十年，中方和共建国家将朝着平等合作、互利互惠的目标相向而行，不断拓展共建"一带一路"各领域务实合作，深化"一带一路"合作伙伴关系，推动共建"一带一路"进入高质量发展的新阶段，为实现和平发展、互利合作、共同繁荣的世界现代化作出更大贡献，共同构建政治互信、经济融合、文化包容的利益共同体、责任共同体和命运共同体。具体包括五大目标：一是互联互通网络更加畅通高效，在尊重相关国家主权和安全关切的基础上，推动"六廊六路多国多港"空间架构的系统性、立体性进一步健全。二是各领域务实合作迈上新台阶，"硬联通""软联通""心联通"统筹推进、走深走实，健康、绿色、数字、创新丝绸之路建设取得新突破。三是共建国家人民获得感、幸福感进一步增强，人文交流内容更加丰富、形式不断拓展，民心民意基础持续巩固。四是中国更高水平开放型经济新体制基本形成，规则、规制、管理、标准等制度型开放稳步扩大，区域开放布局不断优化，为国际合作注入更多活力。五是人类命运共同体理念日益深入人心，共建"一带一路"国际感召力进一步彰显，为构建持久和平、普遍安全、共同繁荣、开放包容、清洁美丽的世界作出更大贡献。

"一带一路"倡议的提出和推动，不仅有助于我国的对外贸易和经济发展，同时也是国家"十四五"发展的重要战略规划，伴随"一带一路"倡议的具体落实并已形成良好的发展态势，我国与共建"一带一路"国家之间形成了长期的合作往来关系，对外经济贸易呈现逐渐增长趋势。

"一带一路"贯穿亚欧非大陆，一头是活跃的东亚经济圈，另一头是发达的欧洲经济圈，中间广大腹地国家经济发展潜力巨大。丝绸之路经济带重点畅通中国经中亚、俄罗斯至欧洲波罗的海；中国经中亚、西亚至波斯湾、地中海；中国至东南亚、南亚、印度洋。21世纪海上丝绸之路重点方向是从中国沿海港口过南海到印度洋，延伸至欧洲，以及从中国沿海港口过南海到南太平洋。"一带一路"倡议在推动的过程中涉及沿线很多国家，这些国家与我国在政治制度、法律法规、经济政策及文化背景等方面都存在较大的差异和不同。为促进中国与共建"一带一路"国家的共同发展、实现共同繁荣的合作共赢之路，必须不断增进各个国家之间的相互理解和信任、在各领域加强全方位的交流，务实推进合作，打造政治互信、经济融合、文化包容的利益共同体、命运共同体和责任共同体，这就需要对各个领域有一定了解的复合型人才作为支撑，才能更好地开展经济贸易活动。随着我国与共建"一带一路"国家经济贸易往来业务不断增多，在当前"一带一路"建设的过程中，对商务英语复合型人才的需求量不断增大，但语言类人才的需求不仅要具备基本的语言能力，还必须拥有过硬的综合技能，这就要求我们的商务英语人才培养必须向"英语+商务技能"方面发展。高校作为我国商务英语人才培养的主要场所，需结合时代和社会的发展形势，充分了解"一带一路"倡议下的国际贸易形势，立足"一带一路"对人才的需求，对商务英语专业人才培养进行战略调整，保证所培养的专业人才符合市场发展需要，有助于推动国家经济的可持续发展。

（六）地方经济发展为商务英语人才提供广阔的发展空间

党的十八大以来，国家陆续推出的京津冀协同发展、长江三角洲区域一体化发展、黄河流域生态保护和高质量发展、长江经济带建设、粤港澳大湾区建设、成渝地区双城经济圈建设等区域发展战略。区域重大战略以关系到现代化全局的重要城市群和流域为区域单元，以推进一体化、构建共同体为核心，聚焦区域合作和协同发展，打造中国经济高质量发展的动力源。其目标是提高国际市场竞争力，提高区域引领带动力，提高人口承载力，促进国土空间发展格局优化。以京津冀为例，京津冀主要指的是北京、天津这两个直辖市和河北的各个城市，区域面积占全国的 2.3%，人口占全国总人口数量的 7.2%。近年来，随着京津冀协同发展战略日渐升温，对外贸易发展迅速。根据《北京市 2023 年国民经济和社会发展统计公报》《河北省 2023 年国民经济和社会发展统计公报》数据显示，北京地区进出口总值 36466.3 亿元，比上年增长 0.3%。其中，进口 30466.3 亿元，与上年持平；出口 6000.1 亿元，增长 2.0%；2023 年河北进出口总值完成 5818.4 亿元，比上年增长 7.4%。其中，出口总值 3505.5 亿元，增长 9.3%；进口总值 2312.9 亿元，增长 4.6%。对外贸易发展势头强劲，外贸型企业数量不断增多，对商务英语人才需求缺口较大，成为京津冀协同发展背景下商务英语专业人才培养的契机。

二、面临的挑战

（一）教育资源的不均衡分布

教育资源的不均衡分布已成为商务英语人才培养过程中的一项核心挑战。这种不均衡性不仅跨越了地理区域，如城市与农村、发达地区与欠发达地区，还存在于不同类型的高校之间，如公立与私立、研究型与应用型等。这种差异在多个层面上都有所体现，包括但不限于硬件设施、师资力量、教学资金，以及教育理念和教学方法等关键要素。

在硬件设施方面，一些地区和学校由于资金不足或政策限制，无法为学生提供先进的教室、实验室和图书馆等设施，这直接影响了学生的学习体验和效果。在师资力量方面，高素质教师的缺乏也是一个突出问题。一些地区和学校难以吸引和留住优秀的教师，导致教学质量无法得到有效保障。

除了这些有形资源的不均衡外，教育理念和教学方法等无形资源的差异也对商务英语人才培养产生了深远影响。一些高校仍然坚持传统的教育理念和教学方法，注重知识的传授而忽视对实践能力和创新精神的培养，这与商务英语人才的培养目标存在较大的偏差。为了应对这一挑战，需要从多个方面入手，促进教育资源的均衡分布。

（1）政府可以通过制定相关政策，如教育投入政策、教师流动政策等，引导教育资源向欠发达地区和农村地区倾斜。同时，加大对教育的财政支持力度，改善这些地区的教育条件，为学生提供更好的学习环境。

（2）推动不同类型高校间的合作与交流，被视为解决教育资源不均衡问题的关键途径之一。这种合作与交流不仅限于表面层次，而是深入教育理念、课程设计、教学资源等多个方面。通过打破传统壁垒，公立学校与私立学校、研究型大学与应用型大学等可以携手共进，共同探索新时代下的教育创新之路。

以公立学校和私立学校的合作为例，双方可以充分发挥各自优势，实现资源共享和互补。公立学校通常拥有较为稳定的教育资源和师资力量，而私立学校则可能在教学方法和创新能力方面更具灵活性。通过合作，双方可以共同开发符合新时代需求的课程，共享先进的教学设备和资源，从而为学生提供更加全面、多样化的学习体验。

再来看研究型大学与应用型大学的合作。研究型大学注重理论研究和科学探索，而应用型大学则更加注重实践应用和技术创新。这种差异使两类大学在合作中能够相互借鉴、相互启发。研究型大学可以为应用型大学提供理论支持和创新指导，而应用型大学则可以为研究型大学提供实践平台和应用场景。通过深度合作，双方可以共同推动科研成果的转化和应用，培养既具有理论素养又具有实践能力的新时代人才。

值得一提的是，1994年成立的中国国际商会商业行业商会商务英语研究委员会（以下简称"商务英语研究会"），为这种高校与企业的合作与交流提供了更加广阔的平台。该研究会前身为全国国际商务英语研究会。商务英语研究会是全国最早成立、最具影响力的专门从事商务英语教学与研究的非营利性民间学术团体，是由高等院校商务英语教学与研究机构、国际商务行业机构、商务英语教师、研究人员、国际商务从业人员和学生自愿组成的、依法开展学术活动的非营利组织，是高等院校商务英语教学与研究事业深入推进的重要社会力量。商务英语研究会隶属于中国国际商会商业行业商会，接受其指导、管理和监督。该研究会旨在建立一个高等院校之间的学术交流平台，联系、团结和组织商务英语教师和国际商务从业人员，发扬学术民主，活跃学术思想，加强商务英语专业的教学与研究，聚焦商务英语专业人才培养，总结、交流和推广高等院校商务英语专业办学实践和复合型商务英语人才培养方面的成功经验，提高高等院校商务英语的教学能力、教学研究水平和人才培养质量；建立一个国际合作机制，推动高等院校商务英语专业和国外高校进行学术交流与合作办学，为我国社会主义经济建设培养和输送高质量的复合型商务英语人才。近几年，在商务英语研究会的推动下，各成员单位深入地开展合作与交流，共同探索实验教学的新模式、新方法。通过共享优质实验教学资源、开发创新性实验项目、培育高水平教学名师等措施，持续推动商务英语人才培养的改革，为商务英语人才培养注入新的活力与动力。

（二）教育模式与市场需求的脱节

改革开放不仅推动了我国制造行业的转型发展，同时也为我国开展国际经济与贸易开拓了广阔空间。为了适应行业发展与市场需求，急需大量掌握商务英语知识和专业技术的专业人才，使其满足行业发展需求，进一步推动我国对外贸易和经济的发展。高校商务英语专业作为人才培养的主要场所，在当前专业人才培养的过程中，却存在与市场需求严重脱节的现实问题。究其原因，主要是由于高校商务英语专业在制定人才培养方案的过程中，对国家发展战略以及市场需求的重视度不足，并未将其作为制定人才培养方案的依据。继而在开展人才培养的过程中，理论课程设置占比相对较大，实践课程相对匮乏，导致学生理论与实践无法有机结合，难以实现学以致用的人才培养目标。同时，在商务英语专业教学方法层面，专业教师缺乏创新思想理念，其仍然采取传统的"灌输式"教学方法，导致学生学习兴趣偏低，无法积极参与和融入商务英语课堂。教学过程中并未积极引入现代化教学方法，且学生在学习商务英语知识的过程中，缺少真实的语用情境，难以有效培养学生的跨文化交际能力和商务实践能力。这导致学生商务英语的实践能力不足，无法满足国家经济建设发展的需要。在现如今快速变化的社会与经济背景下，高校依然固守传统的教育模式，过分强调理论知识的传授，却相对忽视了对学生实践能力和创新精神的培养。这种固有的教育模式与日新月异的市场需求之间，已经形成了明显的鸿沟。

传统教育模式往往侧重于课堂讲授和书本知识，而现代企业和市场则更加注重应聘者的实际工作经验、问题解决能力，以及能否为企业带来新的思维和创意。因此，当毕业生踏入社会时，他们可能会发现自己在学校中学到的知识与企业的实际需求相去甚远。为了弥补这一鸿沟，高校亟须对现有的教育模式进行深入的反思和调整，加强与企业的沟通与合作，定期了解企业的人才需求、行业发展趋势及新兴技能要求。基于这些信息，高校可以更有针对性地设计课程体系，确保所教授的内容与市场需求紧密相连。除了课堂教学外，高校还应注重实践教学。这些可以通过增设实验室、实践基地或与企业合作开展实习项目等方式实现。实践教学不仅能帮助学生将理论知识应用于实际工作中，还能培养他们的团队协作能力、问题解决能力和创新精神。高校还可以考虑引入企业导师制度。企业导师可以为学生提供来自一线的行业知识和经验，指导他们进行职业规划，并为他们提供实习和就业的机会。这种制度不仅能帮助学生更好地了解市场需求，还能为他们建立与企业的联系，提高就业竞争力。

(三) 人才培养周期与技术更新速度的矛盾

在科技日新月异的今天，商务英语领域尤其感受到了技术与理念迅速更新所带来的压力。新的商业模式、管理理论和技术工具不断涌现，要求从业者必须持续学习，以适应这种快速变化的环境。然而，人才培养，特别是高等教育阶段的人才培养，往往需要较长的时间周期。从入学到毕业，学生需要经历数年的系统学习，才能获得相应的知识和技能。

这种固有的培养周期与技术更新速度之间的矛盾，使高校在努力培养学生时经常面临一个尴尬的局面：学生所学的知识和技能在毕业时已经过时或即将被淘汰。这不仅影响了学生的就业竞争力，也浪费了宝贵的教育资源。为了有效缓解这一矛盾，高校需要采取一系列应对措施。

（1）课程设置需要更加注重灵活性和前瞻性。除了传统的必修课程外，高校可以增设更多选修课程，特别是那些与新技术、新理念紧密相关的课程。

这样，学生可以根据自己的兴趣和职业规划，选择学习最新的知识和技能。

（2）引入和利用在线教育资源也是一个有效的途径。在线教育平台通常能够更快地更新课程内容，反映最新的行业动态和技术发展。通过与在线教育平台合作，高校可以为学生提供更加丰富、多样的学习资源，帮助他们随时了解并掌握最新的知识和技能。

（3）加强与企业的合作与交流也是至关重要的。企业往往处于市场和技术的前沿，对高校的课程设置和教学内容有着重要的指导意义。通过定期与企业沟通、组织校企合作项目、邀请企业专家授课等方式，高校可以及时了解最新的技术动态和市场需求，并将这些信息有效地融入教学过程中。

（四）商务英语专业师资无法满足人才培养的需要

高校商务英语专业人才培养的过程中，专业教师的知识储备及教学水平直接影响人才培养质量。理想的商务英语教师是有英语专业背景且具有丰富的商务实践经验的教师，这样才能培养出具有扎实的英语基本功，专门的国际商务知识和技能，具备较强的跨文化交际能力与较高的人文素质，能在国际事务中熟练使用英语从事商务活动的复合型专业人才。现阶段，大部分商务英语专业教师均由高校英语教师转型而来，其自身虽具备扎实的英语专业知识和理论知识，但是由于因欠缺商务背景，没有经过系统的商务专业知识培训，欠缺实践经验，导致在课堂教学讲解过程中使用的教学方法和语言类方法大同小异，其教学能力与商务英语人才培养无法匹配，在实践教学中很难为学生提供有效的针对性指导，导致学生的实践能力弱，毕业后无法适应实际工作。伴随国家"一带一路"倡议的深入开展，我国对外贸易飞速发展，对商务英语教师提出了更高的要求，在教学过程中，不仅要掌握专业知识，同时要具有一定的商务技能，现阶段的商务英语专业教师很难满足复合型人才培养需求。教师水平难以得到显著提高，与学校师资队伍建设重视度不足有较大的关联。并未对教师展开定期培训，同时教师缺少外出学习和进修机会，个人的教学理念和教学方法无法更新，影响了其综合能力的发展。商务英语作为专门用途英语的一种，是英语的一个功能变体。商务英语教学应具备以自我学习为中心的特性，但大部分教师在课堂教学上还是传统的教学方法，偏重理论教学，以教师灌输为主，没有把知识性和实用性结合起来，学生没有参与，对所学的知识一知半解。以这种单一的教学模式培养出来的学生不仅不能掌握完整的商务知识，而且缺乏自我学习的意识，对今后的学习和工作造成了不良的效果。

第三节　新时代商务英语人才发展方向

随着全球化的不断推进，跨国交流与合作日益频繁，商务英语作为国际商务沟通的重要工具，其重要性不言而喻。商务英语专业的毕业生在就业市场上具有较高的竞争力，那么，商务英语专业人才的发展方向在何方呢？要弄清楚商务英语专业人才的发展方向，首先让我们一起来了解一下什么是商务英语以及和商务英语有关的概念。

一、商务英语的概念

关于商务英语，不少人会有疑问，究竟是"商务中的英语"还是"商务加英语"，"商务"与"英语"两者内部到底是什么关系？确实纠缠不清。我们的汉语老师曾少波就说过："从构词上看，'商务英语'有点儿怪怪的，为什么这样说呢？道理很简单，难道你也认可了'商务汉语'？商务英语是一种专门用途英语，主要应用于国际商务和贸易交流的语境中，商务英语以适应职场生活的语言要求为目的，内容涉及商务活动的方方面面。商务英语课程不只是简单地对学员的英文水平、能力的提高，它更多的是向学员传授一种西方的企业管理理念、工作心理，甚至是如何与外国人打交道、如何同他们合作、工作的方式方法，以及他们的生活习惯等，从某种程度上说是包含在文化概念里的。

商务英语旨在帮助学习者在国际商务环境中熟练使用英语，涵盖商务管理、市场营销、金融投资等多个领域。其核心内容包括商务词汇、语法、交流技巧，以及非语言交流技能。商务英语不仅包括语言知识，还涉及专业知识、管理技能和文化意识等方面。这种英语变体具有实用性、专业性和明确的目的性，是英语在特定专业领域中的应用。

（一）商务英语的用途

相信大家学习语言的目的是用这个语言工具去跟别人交流。商务英语的用途也一样，其核心在于沟通。当今的商务活动强调人实际的商务沟通能力，能否用最准确、清晰的商务语言来与老板和客户进行沟通、交流在很大程度上决定你的成功与否。"商务英语"是商务和英语的结合，在"英语"和"商务"两个内容上权重是这样的。英语占大约40%。在这里，英语的语言水平是基本要求。也就是说，我们首先解决的是语言水平问题，其次才是在提高语言水平的基础上，进行商务方面的学习，其中包括今后工作中即将遇到的不同场景，如何与外国人合作、外国人工作的方式方法，以及他们的生活习惯等。

（二）商务英语的适用人群

据了解，现阶段开设商务英语专业的高校数量大于学习商务英语的人，面对众多开设商务英语专业的高校，选择哪所高校学习商务英语让不少学子难以抉择，专家建议同学们最好根据高校专业的特色再结合自身的需要"对症下药"。

根据相关数据分析，学习商务英语的人大致可以分为两类，一类是希望将来在商务工作环境中工作的学生。另一类是已经身处商务工作环境，需要提升自身能力的工作者。具体说来，一个商务英语的学习者在开始学习时就应具备很好的英语能力，能够有效地、有目的地掌握和消化新学的东西。商务英语作为职业英语的一种。与其他职业英语，如旅游英语、法律英语、医用英语，一样是具有很强专业性的行业英语，共同点在于都要有英语的语言基础。要成为一个优秀的商务英语人才，就一定要有扎实的英语基础。一个优秀的商务英语专业除了传授专业英语知识外，对西方企业管理基本思想的传授也是必不可少的。因此，高校的商务英语教师应该有扎实的英语功底和丰富的商业背景。只有具备语言、商业知识、商务技能的老师，在课堂上才能传授给学生商务英语方面的知识，其更能辅之以大量的商务知识和商务技能的讲解，知识面涉及管理、贸易、法律、财会等真实商务活动，优秀的商务英语教师是"商务"的核心。

（三）商务英语相关考试

1. 剑桥商务英语考试

提及和商务英语相关的考试，大家第一个想到的一定是剑桥商务英语考试，该考试由中英双方合作引进中国，证书权威性高，被英联邦各国及欧洲国家商业企业部门作为英语能力证明的首选证书。剑桥商务英语证书考试

（BEC）是专为职场或即将进入职场的英语学习者所设计的国际商务英语资格证书考试，旨在考查应试者在真实工作环境中的英语交流能力。每年来自全球130多个国家的550万考生为了学习、工作或者出行等不同目的参加BEC考试。全球超过20000高校、企业雇主和政府机构信赖剑桥英语考试，将其作为在英语环境中生活、工作及学习能力的证明。

自1993年进入中国以来，BEC的权威性和高含金量使其成为中国影响力最大的职业类英语证书，是"职场英语""商务英语"的代名词。该考试由剑桥大学英语考评部负责命题、阅卷、颁发证书。（剑桥大学英语考评部隶属于剑桥大学，为全球的英语学习者和教师提供一系列顶尖的证书与测评考试。我们拥有百余年语言教学和测评的专业经验，在世界范围内与世界各地的教育部门，政府部门紧密合作，为发展优质的语言教育提供支持。）中国教育部考试中心负责其报名、试卷印制等相关考务工作。（教育部考试中心是国家级教育考试主管部门，负责承办各项国家级教育考试并接受教育部委托，承办海外机构在我国举办的各类教育考试，以确保其按照最严谨、最公平的标准开展与执行。）

剑桥商务英语考试主要考察测试者听、说、读、写四项技能，BEC证书持有者具备在国际环境中的英语交流能力，可以在日常工作中发挥语言专长，而不仅仅是具备熟悉固定搭配、英文语法等应试能力。因为BEC的考试内容与职场环境密切相关，能准确反映考生的听、说、读、写四项技能，以及英语实际运用能力，为用人单位选拔人才提供客观可靠的参照。BEC是众多知名跨国企业和国际高等院校评估应聘者和申请人语言能力的标准。在中国，BEC认可机构包括：阿迪达斯、巴斯夫中国、宝洁、壳牌、太古地产、乐购、联邦快递、特斯拉汽车、伊利诺易、沃尔玛、中国建筑工程总公司等。

BEC分为3个级别：初级、中级、高级，每个级别对英语学习者所具备的听、说、读、写四项技能有不同要求（表2-19）。BEC考试分两个阶段进行。第一阶段为笔试，包括阅读、写作和听力；第二阶段为口试。考试时间分别为：BEC初级阅读、写作90分钟，听力约40分钟（含填写答题卡时间），口试约12分钟；BEC中级阅读60分钟，写作45分钟，听力约40分钟（含填写答题卡时间），口试约14分钟；BEC高级阅读60分钟，写作70分钟，听力约40分钟（含填写答题卡时间），口试约16分钟（表2-20）。

表 2-19　剑桥商务英语等级认证要求

等级		技能要求
BEC初级	听力口语	*在日常工作中能记录和传达大部分信息 *能够在日常会议中就熟悉议题进行讨论，通过提问或回答交流客观信息 *能够表达个人意见，在一定范围内参与辩论
	阅读	*能够理解订单、投诉、约会、询问等方面的标准信函，并将这些信息传达给相关人员以采取进一步行动 *在工作范围之内，能够理解指令、程序等
	写作	*能够撰写工作范围内的信函及报告。超出工作范围的内容，则需检查和修改 *能够起草简单明了的指令、规定等
BEC中级	听力口语	*在熟悉的工作范围内，能够表达详尽的信息和提出详细的要求 *当讨论熟悉的工作话题时，能够表达令人信服的观点 *在直接参与的工作范围之内，能够回复意外的要求或质问
	阅读	*能够理解以非标准英语描述的日常文件 *在合理的、较短的时间内，能够理解所需处理的大部分报告 *能够理解指令的意图，并对之作出评价、建议等
	写作	*能够记录有效的信息 *能够按照要求撰写信函及报告，即使有错误发生，也不会影响他人对信息或报告的理解
BEC高级	听力口语	*即使超出工作范围，也能够提出问题 *能够有效地进行辩论，准确说明需求或对需求进行评判 *能够就同意或反对某项议题进行辩论，所具备的词汇量可以谈论工作的各个方面
	阅读	*能够理解在工作中接触的大部分信函、报告、信息，甚至包括用复杂语言表述的复杂观点
	写作	*能够准确地撰写会议记录 *能够撰写工作中需要的各种形式的信函，即使在特殊情况下，也可以从同事或外部获得专业支持和服务

表 2-20　剑桥商务英语等级考试流程

等级	阅读/写作	听力	口语
剑桥英语BEC初级	1小时30分钟 阅读7个部分/45题 写作2个题目	约40分钟 包含誊写答案的时间 4个部分/30题	约12分钟 3个部分 两名应试者搭配完成*

等级	阅读	写作	听力	口语
剑桥英语BEC中级	1小时 5个部分/45题	45分钟 2个题目	约40分钟 包含誊写答案的时间 3个部分/30题	约14分钟 3个部分 2名应试者搭配完成*

等级	阅读	写作	听力	口语
剑桥英语BEC高级	1小时 6个部分/45题	1小时10分钟 2个题目	约40分钟 包含誊写答案的时间 3个部分/30题	约16分钟 3个部分 2名应试者搭配完成*

2. 托业考试

托业（test of English for international communication，TOEIC），中文译为国际交流英语考试，是针对在国际工作环境中使用英语交流的人群而制定的英语能力测评考试，由美国教育考试服务中心（ETS）设计主办。英语是国际商务和贸易语言。国际上众多商业机构和组织已越来越深刻地意识到英语能力在国际竞争中的至关重要的作用。他们需要不断地评估现有员工和求职者的英语水平。为了迎合这种需要，美国教育考试服务中心设计 TOEIC，TOEIC 用于测试母语非英语人员在国际性环境中的日常英语能力，旨在衡量应试者在国际商业、贸易环境中使用英语的熟练程度。因此，TOEIC 考试有别于那些侧重于学术环境中英语使用能力的考试。由于 TOEIC 考试运用于商业环境，亦被工商界使用，因此又有"商业托福"之称。托业考试的试题是从在工作环境中使用英语的国家进行收集，从口语和写作语言的样本开发出来的。其考试内容涵盖了广泛的日常交流和商务活动，其主题包括：商务会见、合同、谈判、市场营销、产品销售、企划、会议、制造、工厂管理、金融、预算、银行、投资、董事会、求职、客户沟通等。托业考试是世界知名的商务和职业英语考试，全球有 160 个国家和地区约 14000 家企业、机构、政府和大学承认并使用托业成绩。TOEIC 考试已经成为全球很多需要评估待聘用的和现有员工英语能力的机构认可的标准。考试被众多的公司采用，从小企业到跨国公司、政府机构，在许多行业和区域运行。TOEIC 考试作为一个重要的管理工具，帮助企业做出重大的人事决定，例如，TOEIC 时常被用来评估那些在酒店、医院、餐厅、国际会议或大会、运动会等现实工作中使用英语的人员。在日本、韩国、印度尼西亚等国，政府部门均已采用 TOEIC 考试来评估公务员及新入职员工的英语交流能力；已进入中国的全球 500 强企业中，有相当多一部分是采用 TOEIC 考试建立公司的英语交流能力考评体系，作为人员招聘、升迁、海外任职和员工培训的内部标准。如国际商业机器公司（IBM）、丰田汽车、德国汉高、可口可乐公司、贝克公司、宝洁公司、美的公司、海尔公司、海信公司等。

TOEIC 考试是计算机形式，考试时间为 2 个小时，共 200 道题，分成听力和阅读两大部分。其中听力理解部分共 100 道题，约 45 分钟，分为 4 类问题，你将听到各种由英语录制的陈述、问题、简短对话和短文，然后根据听到的内容回答问题。阅读部分共 100 道题，约 75 分钟，包括 3 类问题。你将看到各种资料，然后根据给出的资料按照自己的速度回答问题，包括完成句子、短文填空、阅读理解。托业（TOEIC）考试分数由答对题数决定，再将每一大类（听力类、阅读类）答对题数转换成分数，范围在 10~990 分。因为托业（TOEIC）考试是用来评价一个人专业工作上所需的英语能力的考试，而非为某种课程特别设计的，因此，其考分没有及格与不及格之分。托业（TOEIC）考试的考分从 10~990 分，考生究竟要达到哪个标准才算合适，完全由公司或企业方按照职位要求来定。例如，一家跨国公司要招收一名清洁工，那么应聘者的托业（TOEIC）成绩可能只要求达到 20 分，因为他们的工作不需要很高的英语交流能力。而如果该公司招收的是市场部经理，那么可能要求应聘者有高达 900 分的 TOEIC 成绩。

当然除了剑桥商务英语、托业（TOEIC）外，国内商务英语考试还包括：中华人民共和国商务部中国国际贸易学会组织的全国国际商务英语水平认证考试，由全国商务英语专业考试专家委员会组织的全国商务英语专业四、八级考试（test for business English majors band 4&8，TBEM-4&8）以中国对外贸易经济合作企业协会和高等教育出版社为主办单位，也是我国高校商务英语本科专业权威的考级证书。相比较而言，剑桥商务英语（BEC）有英国严谨的学风，突出的是它的学术化；托业（TOEIC）也有美国的特色，实用性较强。全国国际商务英语由中国商务部负责，更贴近中国商务环境，对在中国国情下商务英语应用能力的佐证更具说服力，在商务领域有较高认可度，而全国商务英语专业四级、八级考试主要测试商务英语专业本科生的英语语言水平、商务文化知识和跨文化交际能力。当下，在国内开展的商务英语考试种类较多，测试者可选择的面较广，但因为不同考试的侧重点不同，因此，并不是所有考试都适合所有的人，例如，BEC 的高级证书，难度还是比较大的，它要求学员有比较好的英语水平，因为它的目的性非常强，适用范围划分十分明确，因此，对于想提高英语水平的人并不是最佳选择。

二、商务英语专业概述

商务英语专业是一门涉及英语语言、国际贸易、市场营销、跨文化交际等多方面知识的综合性专业。该专业旨在培养具备扎实的英语基础、良好的跨文化沟通能力和国际视野的复合型人才，以满足现代国际化企业对人才的需求。商务英语于 20 世纪中叶在欧美兴起，逐步发展成专门用途英语（English for Specific Purposes，ESP）的一个新的分支。在以英语为母语的国家中，众多高校，如牛津大学等先后开设了商务英语课程，主要讲授商务活动中的沟通与管理等知识与技巧。教学内容以企业经营、管理、营销过程中所需要的英语词汇、句型、篇章结构为主，教学方法以情景教学、任务式教学为主。

（一）我国商务英语专业的源起

1998 年 8 月，由本科学校英语专业教指委拟订、国家教委发布的《关于外语专业面向 21 世纪本科教育改革若干意见》提出，由于社会对外语人才的需求已呈多元化的趋势，过去那种单一外语专业和基础技能型的人才已不能适应市场经济的需求。我们也应当清醒地面对这样一个现实，我国每年仅需要少量外语与文学、外语与语言学相复合的专业人才从事外国文学和语言学的教学研究工作。而大量需要的则是外语与其他学科—如外交、经贸、法律、新闻等结合的复合型人才。培养这种复合型的外语专业人才是社会主义市场经济对外语专业教育提出的要求，也是新时代的需求。外语专业必须从单科的"经院式"人才培养模式转向宽口径、应用性、复合型人才的培养模式。由此提出开设商务英语专业。此意见本意是想破解本科学校英语专业毕业生就业难的现状，但实际上，随着国内职业教育的兴起，应用型高校于 2000 年前后开办了商务英语专业。本科层次的商务英语专业于 2007 年获教育部批准开设。据教育部职业院校英语类专业教学指导委员会统计，截至 2021 年，国内已有近 500 所应用型高校开设了商务英语专业，400 余所普通本科高校开设商务英语专业。

（二）我国商务英语专业人才的现状

随着社会经济的发展，各行各业为了拓宽业务范围和发展方向，均开始进行不同领域的交叉发展，一系列交叉行业也随之诞生。在此背景下，单一技能型人才已经难以满足各社会发展主体的用人要求。为适应这一变化，作为直接为社会经济发展提供人才的教育主阵地，我国高校逐渐开始进行转型。2021 年，教育部发布《关于推荐新文科研究与改革实践项目的通知》，为新形势下的高等教育文科专业发展指明了方向。其中的附件《新文科研究与改革实践项目指南》明确指出了对外学科和交叉学科发展的重要性。商务英语专业是较早在我国高校开设的复合型专业，目前大多已形成比较成熟的教学体系。但是，在当前社会经济发展趋势和新文科理念出现的推动下，商务英语专业的人才培养模式也需要与时俱进，从多个方面进行改革，以适应新时期的人才需求。

新文科这一概念的提出时间较短，在新文科视域下对商务英语专业发展进行探讨的研究数量目前还较为有限。当前对其研究大多分为两类，一是对专业建设方面的探讨，二是对具体教学方法的探讨。目前，关于专业建设的研究较为丰富。王春晖对新文科背景下商务英语专业发展的瓶颈进行了深入的阐述，同时针对其在师资建设、课程设置和教学方法上的问题提出了相应的对策。李湲则在以立德树人为基本核心和价值导向的基础上，探讨了英语专业知识和商务技能并行的模式，更具体地阐述了交叉学科在新文科背景下，学科知识融合的路径。张蔚磊的阐述更具体且具有实践指导意义，从学科群、专业、课程体系、人才培养模式、人才能力指标体系与质量标准、教育基地建设、创新创业实践技能大赛七个维度对新文科背景下的语言教育进行深入的探讨。刘艳等则更加具体地介绍了新文科背景下的商务英语师资队伍建设问题，从更细化的角度对专业的具体建设工作提出了独到的见解。胡卓婷等则探讨了通识教育对提高商务英语专业学生基本素养和综合能力的重要性，契合新文科理念对复合型人才的要求，对具体的课程设置具有重要的参考价值。由此可见，我国高校已经逐步开始在新文科背景下对商务英语专业进行改革的尝试，并取得了一定的成果，为将来研究的进一步深入和未来的改革实践奠定了一定的基础。

虽然对具体教学方法的研究数量有限，且大多穿插在专业和课程改革相关的表述中，但是这些观点对未来的研究和实践都具有很重要的意义。例如，王春晖指出了当前新文科背景下，商务英语专业教学缺乏实践环节的弊端，并相应地指出了融入实践教学的方法，同时重点提出了发音教学的重要性。裴佩指出了当前商务英语专业教学模式单一的问题，并同样指出了实践教学的重要性。胡卓婷等的研究则更具体，认为"做中学"理论和建构主义理论适用于新文科背景下的商务英语专业教学，并指出实践教学和小组教学的重要性。邓汝鹏等为适应新文科建设的要求，在商务英语专业教学中引入了基于校企合作的"语音校对项目"，以提高学生的语言实践能力。由此可见，现有研究大多认为目前商务英语专业教学需求提高对实践教学的重视程度，且对应的建议和实践也基本从加强学生的实践能力出发。这契合新文科理念对实用性的要求，也符合当前高等教育培养实用型人才的发展方向，对未来的实践和研究具有重要的意义。笔者认为商务英语专业人才首先应具有复合性。根据当前社会经济发展对人才的新要求，《新文科研究与改革实践项目指南》明确指出了文科专业需要通过探索跨学科、跨专业的文科教育组织模式培养复合型人才。这让本身就是复合型专业的商务英语专业有得天独厚的优势。事实上，商务英语专业的基本教学目标就是在强调扎实的英语能力的基础上，培养掌握专门的商务知识，尤其是国际商务知识，以及经济学、管理学和法学等方面知识的复合型人才。可见，商务英语专业实际上就是英语专业和国际商务专业交织发展的成果，其培养复合型人才的基本教学目标符合当前新文科建设的趋势。

另外，商务英语专业应具有实践性。由于商务英语专业的复合性，其实用性可以表现为两个方面。一方面，与传统英语专业相比，商务知识的融入使商务英语专业的教学内容和人才培养方向更加明确，即为商务贸易行业培养能够熟练掌握英语交流技巧的、具有国际交流能力的人才。在这样的人才培养目标下，商务英语专业的学生未来将踏入的行业和就业领域会更为明确，让他们的学习方向更具体。另一方面，基于这样的人才培养目标，与传统商务英语专业相比，商务英语专业由于本质上更加强调语言的学习，学生将来的岗位选择也会更加具体，即涉及国际交流的岗位。由此可见，商务英语专业学生的对口行业及岗位都十分具体，这就为进行实践教学提供了可能，如根据具体岗位需求进行模拟教学，以此提高学生的岗位实践能力，培养实践型人才。综合这两点可以发现，商务英语专业培养的是复合型、实用型人才，这与新文科建设的发展目标不谋而合，同时也为商务英语专业在新文科背景下的发展提供了可能性。

三、商务英语专业人才的发展方向

课程体系的差异反映出学校办学理念及人才培养目标的不同，学生就业岗位反映出区域经济的差异。纵观国内高校商务英语专业办学现状，经过多年的办学实践，各院校通过不断摸索与总结经验，在课程体系和学生就业岗位上都已呈现出一定的区域特色。就课程体系而言，各院校已探索出了较适合的语言与商务的课时比，即超过70%的课时为语言，其他课时为商贸类课程。语言类课程大都以商务环境下的各种商务活动所需的语言知识与技能为目标，商务英语类课程更重视实操技能的培养，而非系统的理论讲授。一般是用汉语或者英汉双语介绍管理、营销、贸易等一般理论、规则和实操技巧。教学方法与形式多为基于工作过程的情景教学或具体工作任务的实操训练。不同院校间，课程设置的差异主要体现在商务英语类课程的侧重点上。从毕业生就业去向来讲，商务英语专业具有行业较为宽泛，但岗位群较为集中的特点。例如，广东省普通本科高校和应用型的商务英语专业毕业生主要在企业外贸业务员类岗位和秘书等文员岗位就业，其中深圳职业技术大学结合本地经济发展需要开设了商务英语专业会展英语方向。广西壮族自治区普通高校和应用型高校商务英语专业毕业生主要从事与东南亚地区的进出口贸易。武汉地区普通高校和应用型高校商务英语专业毕业生多数在广东、浙江、上海等沿海地区从事外贸业务员，以及各地船厂从事技术资料翻译、社会少儿英语培训机构从事教学或教学管理等工作，部分学生在新加坡等东南亚地区从事机场地勤或机场商店销售员等工作。这就需要商务英语专业毕业生除了语言类技能外，还需了解和掌握相关专业、涉外经济法律法规、贸易规则、国外企业经营管理规则、产品技术标准、营销技巧、风俗人情等领域的知识和技能。

联合国贸易和发展会议2015年1月29日公布的《全球投资趋势报告》提到，2014年，中国外商直接投资继续保持稳定增长，成为全球最大的外商直接投资目的地，外资投资已经出现从制造业流向服务业的结构性改变，使外资在质和量上同时提升。该会议投资趋势部主任表示：随着中国经济结构和发展模式的进一步调整，未来中国有着吸引更多外商投资的潜力。外商直接投资总量的增加，意味着国内涉外岗位的增加，外资投资服务业的比例已占投资总量的56%，这说明经营与管理岗位人员需求量上升。对商务英语专业人才培养而言，"语言+营销"或是"语言+管理"人才的需求量必然相应增加。适应这一形势需求，培养普通高校商务英语专业人才，要先满足地方经济发展对涉外经济活动中相关岗位人才的需求，这就需要密切与当地企业合作，精确定位人才培养目标，调整人才培养的课程体系，为企业培养合适、合格的涉外人才。同时，各院校还应及时掌握企业发展动态，前瞻性地开发与建设人才培养中的职业技能课程，为企业服好务。目前国内部分普通高校商务英语专业存在与当地企业合作不紧密的现象，尤其是部分内地院校，这是导致本地培养出的人才"孔雀东南飞"的主要原因之一，也是造成人才培养目标区域特色不够明晰的重要原因。结合本地经济发展需要，培养区域经济建设和企业发展所需的高素质人才是应用型高校的责任。

2022 年国家人力资源和社会保障部颁布新修订的《中华人民共和国职业分类大典》（以下简称《大典》）。《大典》遵循客观性、科学性、创新性原则，据统计，新版《大典》包括大类 8 个、中类 79 个、小类 449 个、细类（职业）1636 个。与 2015 年版《大典》相比，增加了法律事务及辅助人员等 4 个中类，数字技术工程技术人员等 15 个小类，碳汇计量评估师等 155 个职业（含 2015 年版《大典》颁布后发布的新职业）。

众所周知，职业标准在整个国家职业资格体系中处于龙头位置，起着导向作用。它引导着职业教育、职业培训、鉴定考核、技能竞赛等活动，其举足轻重的地位现在越来越清晰地呈现出来。一个统一的、符合劳动力市场目标和企业发展目标的职业标准体系，对国家职业技能开发事业的发展有决定性的意义和影响。人们越来越明确地认识到，国家职业资格证书制度的建立，职业教育、培训、鉴定、考核、竞赛和表彰系统的构架和改造，实质上是一场以职业标准为导向的改革。从全球范围看，标准导向的改革已经成为世界性职业教育改革潮流的共同目标，成为各国不约而同的行动纲领。

通过查阅《大典》，我们发现国家职业标准编制工作是在以职业活动为导向，以职业技能为核心的总原则指导下，运用职业功能分析法，按照模块化、层次化、国际化和专业化的方向发展，使国家标准成为以职业必备能力为基础的，具有动态性、开放性和灵活性的职业标准，以全面满足企业生产、科技进步及劳动就业的需要。大典对每个职业的工作内容和主要工作任务进行了描述，对照新时代背景下颁布的《大典》和商务英语专业人才培养的现状，笔者认为根据国家整体发展及地方经济建设需要，参照国家人社部最新颁布的《中华人民共和国职业分类大典（2022 年版）》，商务英语专业人才可以向国际商务专业人员、电子商务专业人员、商务服务人员等方面发展。

（一）国际商务专业人员

按照《中华人民共和国职业分类大典（2022 年版）》的职业说明，该类人员是指主要从事国际商品、技术贸易等商务活动的专业人员，工作内容包括：办理国际商品贸易业务；办理国际技术贸易业务；办理国际劳务输出、输入业务；办理国际租赁业务；办理国际商务调研与咨询业务；办理国际贸易仓储与运输业务；办理援外项目或受援项目，进行双边或多边经济合作谈判；办理国际工程承包业务；办理国际投资及国际贷款业务；办理国际商务运营业务。我们可以看到，以上业务专业人员都需要扎实的语言基础和商务沟通能力，同时要了解相关领域的专业知识，如国际贸易、劳务输出、租赁、仓储运输、物流货运、投资贷款等。作为商务英语专业人才，不仅需要在大学期间培养语言技能，同时还应通过专业选修课程，了解某一领域或者方向的行业知识，才能在相关领域从事专业工作。

（二）电子商务专服务人员

按照《中华人民共和国职业分类大典（2022年版）》的职业说明，该类人员是指在网络平台从事网络销售的服务人员。这其中包括两类职业，一是电子商务师，在互联网及现代信息技术平台上，从事商务活动的人员。主要工作任务：①运用互联网的相关工具和技术，进行企业产品网络推广；②运用相关工具和技术，进行企业商务网站（店）编辑、装修及内容维护；③进行企业商务网站（店）网上交易及运营管理；④采集相关数据，进行企业网络经营状况和销售数据分析；⑤分析企业业务需求，规划设计商务网站。本职业包含但不限于下列工种：网商跨境电子商务师、电商咨询师。二是互联网营销师，在数字化信息平台上，运用网络的交互性与传播办公信力，对企业产品进行营销推广的人员。主要工作任务：①研究数字化信息平台的用户定位和运营方式；②接受企业委托，对企业资质和产品质量等信息进行审核；③选定相关产品，设计策划营销方案，制定佣金结算方式；④搭建数字化营销场景，通过直播或短视频等形式对产品进行多平台营销推广；⑤签订销售订单，结算销售货款；⑥协调销售产品的售后服务；⑦采集分析销售数据，对企业或产品提出优化性建议。本职业包含但不限于下列工种：直播销售员、商品选品员、视频创推员和平台管理员。在《大典》中提及的电子商务师和互联网营销师不仅仅是服务于国内的网络平台交易，在新时代背景下，随着全球经济的发展和互联网技术的不断进步，跨境电商逐渐成为国际贸易的重要形式之一，网商跨境电子商务师、电商咨询师、直播销售员、商品选品员、视频创推员和平台管理员等都需要具备商务英语能力及跨境电子商务知识结构的复合型人才。

（三）商务服务人员

按照《中华人民共和国职业分类大典（2022 年版）》的职业说明，该类人员是指从事机械设备、耐用消费品租赁和咨询，以及人力资源、旅游游览、安全保护、市场管理和会议展览等商务服务工作的人员。本种类包括下列小类：租赁和拍卖业务人员、商务咨询服务人员、人力资源服务人员、旅游及公共游览场所服务人员、安全保护服务人员、市场管理服务人员、会议及展览服务人员、其他租赁和商务服务人员。在以上职业中，商务英语专业的学生可以在不同岗位担任相关工作，因为随着我国"一带一路"倡议的持续推进，以上工作在国际化进程中一定会受到文化意识的影响，也会随之产生各种矛盾。传统的商务人员在沟通和谈判方面的能力是有目共睹的，新时代下，商务服务人员除应具备沟通和谈判能力外，其文化素养显得尤为重要。因此，商务英语专业的人才在从事商务服务时，不仅具备专业知识和技能，同时还了解其他国家文化，这有利于在面对商务活动和经济贸易时能够主动应对。进而促进中国与沿线各国之间的交流，加强合作力度，促进我国及各国经济的发展，实现合作共赢。另外，在国家"一带一路"过程中，中国与共建国家在金融、法律等领域都有新的合作，并且这些都是推动"一带一路"项目发展的关键内容，新时代下，要想确保其依然可以稳步前进，需要大量具备相关专业技能的人才，因此，复合型的商务英语人才正是当前社会及国家发展的需要，商务英语人才可以推动商务项目的建设，为"一带一路"保驾护航。

综上所述，正如在《中华人民共和国职业分类大典（2022 年版）》的修订说明中所述，近年来，随着我国经济社会发展、科学技术进步和产业结构调整，我国的一些传统职业开始衰落甚至消失，一些新社会职业构成和内涵发生了较大变化。还有一些职业为适应新形势开始调整和转化。对照《中华人民共和国职业分类大典（2022 年版）》，有很多职业都符合商务英语专业未来发展的方向。职业分类作为制定职业标准的依据，是开展职业教育培训和人才评价的重要基础性工作。此次新版大典新的一个亮点，就是首次标注了数字职业（标注为 S）。数字职业是从数字产业化和产业数字化两个视角，围绕数字语言表达、数字信息传输、数字内容生产三个维度及相关指标综合论证得出的。标注数字职业是我国职业分类的重大创新，对推动数字经济、数字技术发展及提升全民数字素养具有重要意义。新版《大典》中共标注数字职业 97 个。新版《大典》沿用 2015 年版《大典》做法，标注了绿色职业 133 个（标注为 L）。新版大典中，既是绿色职业又是数字职业的有 23 个（标注为 L/S）。新增数字职业的发布，对于增强从业人员的社会认同度、促进就业创业、引领职业教育培训改革、推动经济高质量发展等，都具有重要意义。在 97 个数字职业中，我们在上文中提到的电子商务师、互联网营销师等都属于新兴的数字职业。

《中华人民共和国职业分类大典（2022 年版）》中对职业有明确的定义，职业是指从业人员为获取主要生活来源所从事的社会工作类别。职业分类是指以工作性质的同一性或相似性为基本原则，对社会职业进行的系统划分与归类。职业分类作为制定职业标准的依据，是促进人力资源科学化、规范化管理的重要基础性工作。职业分类大典是职业分类的成果形式和载体，对人力资源市场建设、职业教育培训、就业创业、国民经济信息统计和人口普查等起着规范和引领作用。

1995 年，原劳动和社会保障部、原国家质量技术监督局、国家统计局组织编制，并于 1999 年 5 月颁布了我国第一部《中华人民共和国职业分类大典》，标志着适应我国国情的国家职业分类体系基本建立。该体系是参照国际劳工组织颁布的《国际标准职业分类》基本、原则和描述结构，借鉴发达国家的职业分类经验，并根据我国国情建立的。1999 年版《大典》的颁布，填补了我国职业分类的空白，为适应我国经济社会发展需要发挥了重要而广泛的作用：一是为推动我国职业分类和职业标准体系建设，提升我国人力资源开发与管理水平，开展职业技能鉴定和推行职业资格证书制度打下了重要基础。二是为开展劳动力需求预测和规划，进行就业人口结构及其发展趋势调查统计和分析研究，了解行业或部门经济现状的全貌提供了重要依据。三是为推动职业教育培训工作，科学设置教育培训专业和课程内容，按需开展人才培养培训，提高劳动者素质发挥了引领作用。四是为促进就业创业加强就业岗位开发，挖掘就业潜力，开展职业介绍、职业指导提供了服务和支撑。

相信随着人类科学技术的发展，人类社会的职业会不断更新。在全球新一轮科技革命和产业变革中，在我国加快推进新型工业化、信息化、城镇化和农业现代化的过程中，许多领域的职业技术正在发生并且将继续发生变化，社会职业结构也会随之而变。商务英语专业要密切跟踪职业活动领域的新发展、新变化，动态了解和掌握新职业的活动范围、工作内容、发展现状、从业人员数量和结构、薪酬状况和能力要求等。在此基础上，要不断更新人才培养理念和人才培养体系，加强课程教学改革，完善教学评价和质量监控机制，以科技创新驱动和高质量发展为源动力，充分对接社会经济发展和人才岗位企业市场需求，坚持问题导向，不断强化人才培养中心地位，全面提高教育教学水平和人才培养质量，培养符合新时代要求的应用型人才。

第三章　新时代应用型高校商务英语人才培养课程体系建设

2019 年，我国教育部启动实施"六卓越一拔尖"计划 2.0，全面推进包括新文科建设在内的"四新"建设，提高高校服务经济社会发展的能力。2020 年，新文科建设工作会议上发布的《新文科建设宣言》指出，要鼓励支持高校开设跨学科跨专业新兴交叉课程、实践教学课程，培养学生的跨领域知识融通能力和实践能力。同年，《普通高等学校本科商务英语专业教学指南》（以下简称《指南》）明确了商务英语专业的跨学科特点和复合型人才培养目标。本章从课程体系建设、师资队伍建设、教学资源平台建设、教学评价体系建设、培养模式创新等几方面，探讨新时代应用型高校商务英语人才培养。以期结合国内高校的实践案例，总结成功经验，发现问题，并借鉴国际先进理念，构建更加完善、高效的商务英语人才培养体系，培养符合行业要求、具备跨学科解决问题能力的创新型人才。

第一节　新时代商务英语课程体系构建原则

课程是高校人才培养的核心要素，健全完善的课程体系是高校履行教育职能和培养学生核心素养的关键举措之一。为提高商务英语专业办学质量，2018 年教育部颁布了《外国语言文学类教学质量国家标准》（以下简称《国标》），2020 年教育部高等学校外国语言文学类专业教学指导委员会颁布了《指南》。在《指南》中强调在教学过程中以能力培养为导向、以内容为依托，实现语言技能训练和商务专业知识教学的有机融合。因此，在商务英语专业课程设置和教学的过程中，应始终贯彻以能力为导向、知识和技能相融合的人才培养理念，从而为学生更好地适应未来职场做好准备。

一、"学科交叉"人才培养模式的原则

课程体系、教学内容的改革是人才培养模式改革的主要落脚点，但它又

反过来服从和服务于人才培养模式，课程体系的建设只能在人才培养模式的框架内和引导下进行。作为"语言类""文科类"特征明显的商务英语专业的课程体系如何进行学科交叉培养曾一度困扰着我们。笔者经过三年的实践，从以下几个方面初步找到了解决的途径：①课程目标以就业为导向。根据行业或领域职业岗位要求（人才市场需要），分析确定人才应具有的关键职业技术、技能及职业素质，据此设置出所需的核心技术课程和职业技能课；再确定核心技术课之外的专业必需的专业技能课，然后根据核心技术课、职业技能课的需要，并从高等教育对学生的政治思想素质、身体心理素质、人文素质、科学素质的全面要求出发，设计基础课程和特色课程。这样从教学目标上确立了"学科交叉"的培养理念。②课程实施的"仿真式"和"体验式"。这也是我们目前实现"学科交叉""做中学、学中做"的主要途径。必须承认的事实是，商务英语专业的性质和所面对行业的特殊性，使得我们不可能像理工科专业那样容易实现"工学结合"。因此，我们主要是利用现代网络技术带来的便利，购置安装专业实训软件，创设虚拟网络空间，让学生进行"仿真式"训练，同时聘用行业兼职人员参与制订实习实训方案、开展讲座甚至亲临课堂指导，辅之以深入行业企业进行"体验式"观摩或动手操作实习。③师资队伍的"双师型"。再好的课程体系都必须要由专业教师参与制定和实施。根据笔者所在的重庆对外经贸学院的师资培养政策，"双师型"教师不是指参加了有关教育部门组织的简单培训或者带了几天的学生生产实习，而是教师本人来自公司企业，或者自身深入行业企业一线参与生产服务，时间达半年至一年。而且对于广大青年教师来说，是否参加这样的生产实习还将与年终考核直接挂钩。这一政策确保了商务英语专业教师的实践能力不断提高，也保证了"学科交叉"课程目标的实现。④评价体系的多元化。考核是巩固学生所学知识、检查课程教学效果的重要教学环节。我们建立了一套与课程体系相适应的评价体系，围绕职业能力培养的目标进行多元化的考核，采用笔试、口试、实际操作等不同方式进行，尤其重视实际操作的考核和职业资格证书的考取；增加对学生课外自主学习和参与围绕专业举办的二课活动的考核，鼓励学生主动参与实践的积极性。

二、"高技能人才"培养目标的原则

作为高等教育的一个类型，应用型本科教育的课程体系不管是技术知识体系还是实践体系，都必须以应用为主旨，以能力培养为核心，以相对完整的职业技能培养为目标，要有别于职业教育和研究型高等教育，准确把握人才市场对高技能人才在知识、能力、素质等方面的具体要求，确保课程体系实现高技能人才培养的目标。根据社会对商务英语人才的整体需求，应用型商务英语人才的"高技能性"应该涵盖以下方面的能力要素：①健全的身心素质和诚信品质；②英语语言技能综合运用的能力；③运用英语进行一般商务沟通的能力和跨文化交际的意识；④了解商业行业惯例和商务活动各方面的理论、法规、程序，具备一定的操作能力；⑤现代办公软件的应用能力，等等。因此，重庆对外经贸学院商务英语专业课程设置的基本思路是围绕培养学生的职业能力这一主题，将课程与培养目标及专业能力进行有机结合，将学科建设与专业建设相融合，从相关学科中筛选出与上述能力要素直接有关的专业知识，配合实践性教学环节，形成一个以综合能力培养为主的教学体系。同时，考虑到学生毕业时的适应性和大商务的就业岗位群，在体系中还应适当拓展学生的知识面，为学生提供一个较为宽广的课程选择范围。

三、体现以"能力培养"为核心的原则

围绕职业能力这个核心，在进行课程体系设置时，必须确保各项能力目标都有相应的课程或课程模块，即以能力为中心构建理论教学体系和实践教学体系，拓宽基础，注重实践，加强能力培养，提高学生综合素质。以能力培养为核心，必须突出课程体系的应用性，这是高等教育自身性质的必然要求。一方面，要强调课程内容的应用性。要以解决实际问题为中心，打破学科界限，使内容组织服从于所要解决的职业领域的问题。另一方面，要强调课程模式的实践性。要求在课程实施过程中增加实践性教学环节的比重，使学生有机会将专业知识与职业技能结合起来，从而增强职业适应性。另外，以能力培养为核心，还应加强学生创业能力的培养，应在课程的设置和教学中，注重创业能力培养的渗透。

四、课程内容整合性的原则

"整合"是在原有课程的基础上或融合，或组合，或叠加，有机地组合成

一种灵活实用的，以应用性、技能性为特色的专业课程内容体系。贯彻多元整合的策略思想，要求打破原有课程、学科之间的壁垒和界限，以技术应用能力的培养为核心，以目标培养的实际需要作为内容取舍和结构组合的标准，分析相关的知识要素和技能要素，对课程内容做纵向和横向的整合，不求学科体系的完整，强调课程内容的应用性、适切性，避免交叉重复，以提高课程设置的效益。我们根据自身的实际情况，利用近 4 年的时间将商务英语课程优化整合成内容贯通的四大模块。首先，对专业基础课进行优化整合，逐渐形成以"听说"技能训练为核心的语言综合技能模块。其他课程如综合英语和阅读课程等作为语言输入的重要手段虽各有分工，但均从属于"英语视听说"主课程下的子课程，知识讲授不拘于课表本身，强调结合学生听说能力，按照"英语视听说"主课程的总体目标和任务要求去分解执行，不会因主讲教师和教材的更换而受到影响；其次，以商务运作和商务沟通能力为核心技能，优化整合内容庞杂的商务英语课程，初步形成了以国际贸易实务、外贸单证和商务谈判等为核心课程和能力要素的商务（知识）技能模块。最后，以社会主义核心价值体系为内容的立德树人教育、外语文化的熏陶、跨文化交际意识的培养和现代化软件的应用等为内容的综合素质模块，和以"仿真式""体验式"实习实训为主要实现途径的实践技能模块则贯穿人才培养和教学环节的全过程。之所以说"内容贯通"，是因为这四个模块组成的体系比较注重课程安排的层次性、课程体系的开放性和技能掌握的有效性。各模块的知识、能力和素质要素相互渗透，既有静态的相对独立性，又有动态的融合共生性，从语言应用能力、商务实践能力、综合素质能力，到最终服务于涉外商务沟通这一职业能力的实现。

五、体现学校办学特色和优势的原则

学校的办学特色和优势主要体现在与服务地区经济发展的结合上，满足区域经济发展对人才的特定要求。重庆对外经贸学院是一所新兴的民办本科院校，学校坚持"内涵发展、产教融合、服务地方、形成特色"的发展思路，围绕数字经济应用型产业和数字经济服务型产业，着力打造以跨境商贸与跨文化传播为特色的"新文科"，着力培养高素质涉外人才和高技能数字人才。为此，在进行商务英语课程体系设计时，注重反映学校"两跨"人才培养特色，着力在数字经济、职场技能等方面开设相关课程，如大学生经济学思维、商务沟通与合作、职场软技能、职场核心素养等，以此凸显学校办学特色。此外，在课程实施和考核环节里，还鼓励学生参加与上述领域相关的学术讲座，参与重庆智博会、"一带一路"外商投资合川招商投资洽谈会志愿者服务；组织学生到美集充实商业管理（重庆）有限公司（APLL）、马士基（中国）航运有限公司重庆分公司、洲际大酒店等大型行业、企业参观和开展专业实习，安排学生为合川区文旅委、公安局等单位及校内其他部门、个人提供材料的翻译和涉外接待服务等。学生通过实践和职业技能的锻炼，取得了较好的效果。

第二节　新时代商务英语课程体系建设策略

随着我国新一轮的科技革命和产业革命的兴起，市场对于复合型商务英语人才的需求逐年上升，这为地方应用型高校的商务英语专业提供了前所未有的机遇和挑战。但是，目前商务英语专业在课程设置上还存在诸多问题，无法满足跨境电商、新形态企业，以及以数字经济、人工智能等为引擎的新质生产力的发展对于商务人才的需求。为了顺应时代的发展，促进区域经济，高校的商务英语专业应采取积极措施，优化相关课程体系，提高学生实践能力，为地方培养一批复合型商务人才。

一、构建核心素养理念下的商务英语课程体系

核心素养是指学生适应个人终身发展和社会发展需要的必备品格和关键能力，是学生发展最必要的核心价值。国外对核心素养的正式研究始于20世纪90年代末，国内则于21世纪初开始关注和研究核心素养。核心素养理念是近年来国内外课程开发和改革的风向标，其本质是对"培养什么人"的思考。本小节将基于中国学生核心素养总体框架，探讨高等教育阶段商务英语人才的核心素养内涵，并从学科基础课程、专业核心课程、个性化课程和项目化实践四个方面重构商务英语课程体系，在语言、商务、文化和信息四者结合的基础上探讨"如何培养人"。

1997年，经济合作与发展组织（OECD）启动了"素养的界定与遴选：

理论和概念基础"项目，并在 2003 年发布的最终研究报告《核心素养促进成功的生活和健全的社会》中正式提出"核心素养"一词，于 2005 年发布《核心素养的界定与遴选：行动纲要》，以增强核心素养应用于教育实践的可操作性。继 OECD 之后，其他国际组织和国家也纷纷开启了核心素养框架的建构。联合国教科文组织于 2004 年针对基础教育质量，基于人本主义的思想提出核心素养，强调人的情感、智力、身体、心理诸方面的潜能和素质都能通过学习得以发展。欧盟于 2005 年明确了八项核心素养，并向各成员国推荐这八项素养作为推进终身学习和教育与培训改革的参照框架。美国 2002 年的"21 世纪核心素养"的框架包含学科知识和生存发展所必需的认知能力两部分。新加坡 2010 年提出的核心素养框架包含核心价值、社交与情绪管理技能以及新 21 世纪技能。日本 2013 年提出的"21 世纪能力"，即日本的核心素养，包括基础能力、思维能力和实践能力。芬兰 2014 年进行基础教育课程改革，确定了包括思考与学会学习的能力、多元文化认知、社交与自我表达、自我管理与日常生活能力等在内的七大核心素养与能力。韩国 2015 年提出"核心素养"框架，明确了三个维度上的六大核心素养。总之，各个国际组织与国家对核心素养的思考，本质上都是对 21 世纪公民应具备的素质和能力的思考，且都很重视核心素养与教育教学的融合。各个国家和国际组织根据不同的发展需要构建了各自的核心素养模型或框架，并呈现出一个共同点，即都很重视核心素养与教育教学的融合。各国纷纷"以核心素养为基础开发和完善课程改革方案，全面提升教育质量"。核心素养已经成为主要发达国家推动教学改革的支柱性理念，对世界教育的发展产生了深远的影响。

我国于 2013 年开启核心素养研究。2014 年，教育部印发《关于全面深化课程改革落实立德树人根本任务的意见》，首次提出将学生"核心素养"体系研制与构建作为着力推进课程改革深化发展的关键环节，推动国家教育发展。2016 年，《中国学生发展核心素养研究成果》正式发布。2017 年，《国家教育事业发展"十三五"规划》明确要求将核心素养作为课程开发的标准，引起各学科基础教育教学工作者与研究者的密切关注。可视化分析显示该领域的研究数量仍呈上升趋势。国内关于核心素养的研究热潮呈现出两个特点：第一，从学段来看，国内对核心素养的研究呈低端化趋势。由于我国对核心素养的研究还处于探索阶段，各学科的教改研究和实践基本集中在基础教育学段，对大学生核心素养的研究沿用了基础教育学段的研究成果，多数研究直接将中国学生核心素养等同于中国大学生的核心素养，忽略了高等教育的特殊性、大学生身心发展的规律和特征。而中国学生发展核心素养研究课题组的负责人在回答记者问题时指出，根据中国学生核心素养的总体框架，可针对学生年龄特点进一步提出各学段学生的具体要求。因此，高等教育阶段大学生的核心素养研究亟待补充。

第二，从学科来看，现有的针对英语学科核心素养的研究多分布于通用英语（EGP）的课堂教学、课程开发、教材编写等课题，针对专门用途英语（ESP）重要分支的商务英语的研究不多。笔者从中国知网中查找发现，将核心素养与商务英语课程体系相结合的研究只有少量文献，针对商务英语人才核心素养的研究也尚无权威成果发布。

《普通高中英语课程标准（2017 年版 2022 年修订）》指出，英语学科核心素养包括四个方面：语言能力、文化意识、思维品质和学习能力。核心素养是对英语学科的知识与技能、过程与方法、情感态度价值观三维目标的整合。然而，有别于基础阶段的英语教学，高校商务英语的教学对象为大学阶段的学生，学情和教学目标有所不同。从商务英语依照学科型课程体系（即商务+英语）进行教学的现状来看，只求知识性和学理性，而撇开价值性和思想性的商务英语教学将偏离轨道，因此商务英语人才的核心素养应以英语学科的核心素养为基础，重视人文素养。从专门用途英语的角度来看，商务英语教学是为了帮助学生获得胜任未来工作或学术情境的英语能力，因此商务英语人才的核心素养不能脱离应用和实践的维度。总之，商务英语教学既要保留专门用途英语的本质，满足学生的就业或深造需求，又不能片面地强调教学工具性，单纯地培养"工具人"。因此，从专业知识、应用实践和人文素养等方面厘清大学阶段商务英语人才的核心素养至关重要。

通过对涉外企业和高校商务英语毕业生进行需求分析调查，整合提取了商务英语人才应具备的素质和能力，包括批判性思维、解决问题的能力等认知技能，参与国际事务、沟通能力等社交技能。在后续研究中，笔者关注到企业对数字化人才的需求高涨。因此，根据英语学科核心素养要求和行业需求分析，将商务英语专业人才的核心素养框架归纳如表3-1 所示。

表 3-1　商务英语专业人才的核心素养框架

构成维度	构成要素	构成内涵
知识能力	语言能力、专业知识、数字化知识、学科整合拓展能力、自主持续学习能力	运用语言实现商务专业知识的系统运作，能适应包括数字化知识在内的动态构建的知识体系
社会技能	解决问题能力、思辨能力、有效沟通能力、参与国际事务能力、创新实践能力、智能技术应用能力	能以开放的态度、基于多元观点批判性思考，并有效地沟通和解决问题，在国际商务事务中体现国际创新力和国际竞争力，能胜任基本的数字信息技术任务
国际视野	国家认同、人文底蕴、跨文化交际能力	坚定"四个自信"、拥有正确的价值观和情感态度，理解并尊重文化多样性，具有全球化思维

　　笔者结合商务英语人才核心素养框架，从学科基础课程、专业核心课程、个性化课程和项目化实践四个方面，探索以核心素养为目标的商务英语课程体系的构建，如图 3-1 所示。

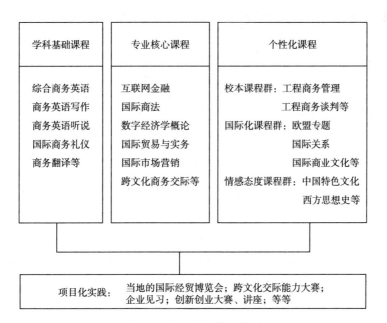

图 3-1　商务英语课程体系

商务英语学科基础课程将听、说、读、写、译等国际商务情境中所需的语言基本训练和商务礼仪等从事国际商务活动所需的素养训练相结合，有别于通用英语的普适性，商务英语所用教材和教学内容实现了商务英语语言体系完整性，为培养学生的商务基本素质打下基础，服务于核心素养框架中的知识能力维度。同时，还能够较好地培养学生通过人工智能进行商务翻译的智能技术应用能力，服务于核心素养框架中的社会技能维度。

专业核心课程以国际商务的专业知识课程为主，能够帮助学生掌握国际商务流程和规范，构建学生适应国际商务发展和商务英语人才市场需求变化所需的商务专业知识体系。其中，"国际商法""国际贸易与实务"等传统课程保留了商务英语应用性强的特点，夯实了学生的专业基础；"互联网金融""数字经济概论"等课程顺应数字经济时代的行业要求，与上述传统课程共同助力核心素养框架中的知识能力维度。而"跨文化商务交际"等课程则有利于锻炼学生商务实践能力、跨文化交流能力，如跨文化商务谈判、跨文化企业管理交际等知识的学习，有助于实现核心素养框架中的社会技能维度。个性化课程是商务英语课程体系重构的重中之重。高校传统商务英语课程内容的设置模式是根据《高等学校英语专业英语教学大纲》中的"英语技能课+英语知识课+专业知识课"的框架而来的，其缺点是忽视了需求分析和高校的办学特色。

《专门用途英语教程》系列图书论述了专门用途英语与通用英语的性质区别，指出两者的不同之处在于语言学习者对语言学习的需求，即学习者学习语言的原因不同。因此，商务英语在重构课程体系时可以摒弃传统的课程搭配，结合高校的培养目标和办学特色，灵活开发可行的校本特色课程，为学生的职场需求铺好个性化道路，提升学生的就业竞争力和工作适应能力。校本课程群是以学校办学特色和支撑平台为基础的特色课程，其目的是培养学生充分利用学校优势学科资源、服务地域经济发展的能力。例如，理工科大学为学生开设"工程商务管理""工程商务谈判"等课程，实现核心素养框架中的"学科整合拓展能力"，培养学生"动态构建知识体系"的意识。国际视野课程群则通过开设"欧盟专题""国际关系"等国别与区域相关课程，开拓学生的国际视野，既与《指南》强调国际化人才培养的目标相一致，也有助于实现核心素养框架中的"全球化思维"。情感态度课程群则以培养学生正确的文化价值观和文化自信为主要任务，提高学生在国际商务活动中的胜任力，对应核心素养框架中的"国家认同、人文底蕴"。

"中国特色文化""西方思想史"等课程的开设，加强了教学的思想性，弱化了商务英语的功能性。项目化实践是商务英语课程体系的评价手段之一。商务英语教学的改革离不开其应用性的本质，但应用的途径可以创新。例如，结合地域特色，鼓励学生以项目小组的形式参与社会商务实践，将第二课堂纳入实践范围。实践既是学习途径，也是学习成果的评价方式：当地经贸博览会、商品交易会等活动的志愿参与经历，当地自贸区参观、企业岗位实习经历，跨文化交际能力大赛的参赛经历，学校创新创业大赛的申报经历等，可以酌情计入实践成绩。通过知识的现场体验、实践的多元渠道，提高学生的实践积极性，实现核心素养框架中的"适应动态构建的知识体系"和"以开放的态度、基于多元观点进行批判性思考，并有效地沟通和解决问题"。

以核心素养为目标的商务英语课程体系，强调语言、商务、文化、信息四者结合，夯实学生语言基本功的同时，也培养学生的商务素养、人文意识和数字化能力，是对商务英语教学"培养什么人"和"如何培养人"的一次积极思考。

二、构建基于"1+X"证书制度的商务英语课程体系

随着新时代职业的变化，应用型本科高校需建立与现代职业相适应的课程体系。将"学历证书+职业技能等级证书"制度，即"1+X"证书制度作为深化应用型本科教育改革的重要方向。应用型高校迫切需要对课程体系进行重构，要指向"书证融通"，也就是说，需要结合"1+X"证书制度，依据职业技能标准来重构课程内容，将职业技能模块内容与商务英语人才培养方案相结合，统筹教学组织与实施，提升人才的综合素养和职业竞争力。

2019年，国内很多应用型本科高校开始启动"学历证书+若干职业技能等级证书"制度试点工作，为深化高等教育改革、推动产教融合奠定了坚实基础。

"1+X"证书制度，本质上是将学校学历教育与社会用人需求统一。契合"双元育人""育训并重"思想，既体现了高等教育的规范性、严谨性，又体现了面向市场、服务行业的灵活性、针对性。这里的"1"指专业学历证书，

"X"指若干职业技能等级证书，两种证书的发证主体不同，评价标准和规范也不同。"1+X"证书制度将校内专业教育与行业社会用人标准相结合，涵盖校内自评和校外社会化评价的综合应用。"1+X"证书制度并非双证书制度的延伸，"1"与"X"两者具有相同的培训对象，在专业知识、技能上具有互补性，育人目标一致。唐以志认为，任何一种教育类型，都具有与其教育功能相适应的内在结构和活动特征网。"1+X"证书制度体现了职业教育要面向市场需求，要将人才培养的全面性与个性化发展相融合，缩短毕业生适应企业岗位的时间，提升毕业生的就业竞争力和创业能力。"X"是对"1"的补充、强化和拓展，两种证书具有职业技能融通性。由此，其特征是强调"书证"衔接与课程融合。"1+X"证书制度不同于双证书制度，其最大差异体现在"X"职业技能等级证书与职业资格证书的要求、内容不同。从职业能力上看，两种证书都体现了特定职业性。但职业资格证书是上岗必备条件，强调从业者必须具备相应的专业知识和职业技能，该证书起到证明从业者具备从事该岗位工作的能力的作用。职业技能等级证书可以分为初、中、高三个等级，证明从业者具备从事某一职业的专业知识和技能条件。在内容上看，职业资格证书具有限定性特点，所培训的技术技能人才只能从事某一特定岗位工作，难以适合复合型岗位。相反，"X"职业技能等级证书与"1"可以是相同的专业，也可以是跨专业；可以是同一级别不同职业技能等级证书的组合，还可以是不同级别、多个职业技能等级证书的组合。显然，"X"技能包含多种职业能力，可以满足不同类型的岗位需要。

长期以来，应用型本科教育以学科专业知识培养为主。其中，商务英语专业在课程体系建设上，与职业岗位对接不紧密，难以体现在职业技能方面的教育的属性，也未能将行业发展新技术新模式融入教学实践中。在对国内部分应用型高校商务英语专业课程体系进行梳理发现，其多为公共课程、专业必修课程、专业选修课程三段式结构。这一课程体系具有明显的学科特性，未能深入衔接职业岗位需求，忽视了与职业岗位对接。课程内容未能对接职业岗位技能标准。其次，传统商务英语专业课程体系中时常将课程教学能力目标等同于岗位职业能力，并将职业技能作为课程教学育人目标和教学内容。因此，在教学上立足商务英语课程，强调某一专业技能的训练，学生所获得的职业技能较为单一，不利于面向岗位群培养专业人才。在"互联网+"时代，岗位职业能力具有复合型特点，仅仅掌握一门技能显然无法胜任岗位工作。传统课程体系的局限性，导致难以培养高素质复合型商务英语技术技能人才。最后，部分应用型高校商务英语专业课程体系结构固化，课时量大，"书证"融通难，缺乏灵活性。有学者建议，除公共基课外，可以将专业基础课与学历证书对接，将专业必修课与中级"X"证书对接、专业拓展课与高级"X"证书对接；或者理论课程与学历证书对接，实践课程与"X"证书课程对接。这种融通方式，会导致整个课程结构发生较大调整，既不利于整体性教学，也不利于行业新技术、新规范的引入。既然提及课程，就必须谈一下课程考核评价。我们对部分国内应用型高校的商务英语专业进行调研发现，大部分的商务英语专业的课程评价考核仍然以理论知识点为主，对职业能力的考核，尤其是对商务与语言结合的职业技能方面的考核较少，考核标准、评价方式、评价手段及评价主体都较为单一，导致考核评价标准与职业能力要求脱节。

另外，"X"证书知识点在不同课程考核中重复出现。以实用英语交际职业技能等级证书（中级）为例，通过英文邮件向客户发送参访邀请这一工作任务，既出现在商务英语写作课程考核中，又出现在外贸英语函电课程中。再如，使用英语获取市场相关数据进行汇总和整理，并制作数据统计表这一工作任务，既出现在商务英语精读课程中，又出现在商务英语写作课程中，在商务英语阅读课程中也有提及。"X"考证知识点的重复与分散，加大了模块化教学课程内容整合的难度。

那么，我们要怎么设计商务英语课程体系，才能达到"书证融通"的效果呢？笔者认为，我们仍可以借鉴很多专家提出的模块化课程理念，对接"1+X"证书制度，强调培养具有人文素质与从业能力的复合型人才，但我们要立足学科专业，开设与之平行又交叉的"X"个模块化课程。这些模块化课程应具备四大特点：一是"破"，对原有学科知识、技能结构，按照某一维度划分成若干部分；二是"整"，划分的模块内容要围绕各个职业领域，既保持相互独立，又能够自成体系；三是"融"，将课程与相关职业技能等级证书培训模块和岗位需求融合；四是"联"，各模块课程之间，在一定范围内应具有内在逻辑性。

2021年10月，中共中央办公厅、国务院办公厅印发的《关于推动现代职业教育高质量发展的意见》要求将职业技能等级证书标准融入育人方案，模块化课程的构建，无疑是重中之重"。结合商务英语专业，细化课程群内容，根据学生成长需要，完善课程群选课保障制度，提高商务英语专业人才培养质量。需要把握好五个要点：第一，设定"底层共享、中层共融、顶层互选"的模块化课程制度。针对商务英语专业课程群，全面对接职业技能等级标准、行业标准及用人单位需求，设定开放型课程结构，可以兼顾不同学生选方向、选"X"证书、选岗位等发展需求。第二，搭建信息化学习平台。围绕"1+X"证书制度，需要将商务英语课程标准与"X"等级证书标准相融合，整合与行业相关的真实案例，充分利用互联网技术，开发与"X"证书接轨的教学案例库、项目库等数字化资源，为推进"线上+线下"混合式教学创造条件。第三，校企协同研发模块化课程内容。基于商务英语专业，对相关课程进行梳理，并模块化分解，便于开展任务驱动教学、项目化教学，推进"学训结合、书证融通"。第四，打造"双师型"师资团队。"书证融通"模块化课程的实施，需要进一步完善产教融合机制，整合校企优秀师资力量，协同育人。一方面，在校内，建立由学科带头人、专业负责人、骨干教师组成的教学团队，推进模块化课程的教学组织与实施；另一方面，对接行业，聘请企业优秀人才，参与职业技能教学与培训，特别是在师资培训与评价上，要引入激励机制，实现校内外教师共同参与"产学研"融合教学。第五，健全模块化课程教学运行机制。落实"1+X"证书制度。在模块化课程体系构建中，要完善运行机制，确保"书证融通"平稳对接。如完善业务流程、教学评价、证书获取、学分转换等制度，从而营造良好的教学氛围。

对标商务英语专业"书证融通"模块化课程体系，结合相关评价机构及职业教育专家的意见，对其一般流程进行整理，如图3-2所示。首先，"书证融通"模块化课程要以职业能力分析为起点，调研商务英语专业的岗位群，分析各岗位群的典型工作任务，分解职业能力。据此遴选出"X"证书，将证书要求的技能标准与专业教学标准相融合。其次，通过"1"和"X"四个方面的相互融通，实现"书证融通"。四个方面的融通为课程教学标准与"X"证书等级标准的相互融通、教学内容与"X"证书考核内容的相互融通、课时安排与"X"证书培训时间的相互融通、课程考核与"X"证书考核的相互融通。最后，将综合素质课程、语言技能课程、职业能力拓展课程进行整合，夯实学生基础素养。引入语言和电商融合模块、职业技能模块，突出课程模块的灵活组合，从而最终实现商务英语专业"书证融通"模块化课程构建。

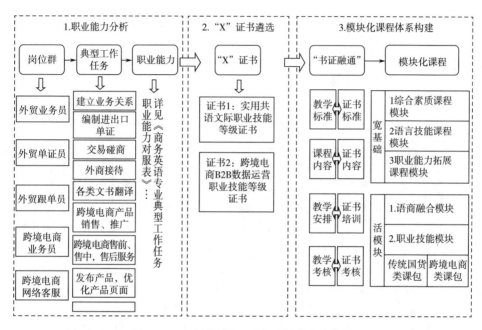

图 3-2　"书证融通"模块化课程构建流程

　　商务英语专业"书证融通"模块化课程，要将学生的综合职业能力作为目标，培养学生的岗位通用能力和职业迁移能力，实现"德技并重"、全面发展，如图 3-2 所示。依据职业能力分析，商务英语专业对应两种证书：一种是实用英语交际职业技能等级证书（中级），另一种是跨境电商 B2B 数据运营职业技能等级证书（中级）。实用英语交际职业技能等级证书，其职业标准要求能够完成较为复杂的职场口语与书面交际任务，涉及事务安排、产品操作与研发、客户服务、业务推广和商品交易 5 个工作领域，包括产品推介、活动组织、交易磋商等 16 个工作任务。同时，中级证书还要拓展外贸业务，适应跨境电商运营等岗位。跨境电商 B2B 数据运营职业技能等级证书，主要涉及跨境电商平台店铺运营、跨境交易履约、海外社交媒体营销等工作领域，包括店铺建设与产品发布等 9 项工作任务，其核心课程有跨境电商实务、国际贸易实务、跨境电商英语、报关实务、国际商务谈判、国际市场营销等。

"书证融通"模块化课程体系的构建，需要从标准、课程、考核三方面实现融通，如图 3-3 所示。

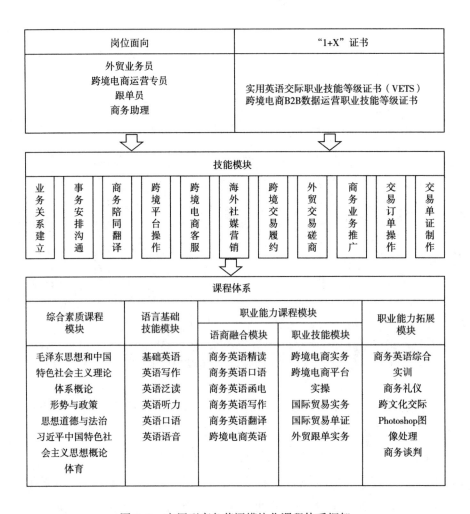

岗位面向	"1+X"证书
外贸业务员 跨境电商运营专员 跟单员 商务助理	实用英语交际职业技能等级证书（VETS） 跨境电商B2B数据运营职业技能等级证书

技能模块

业务关系建立	事务安排沟通	商务陪同翻译	跨境平台操作	跨境电商客服	海外社媒营销	跨境交易履约	外贸交易磋商	商务业务推广	交易订单操作	交易单证制作

课程体系

综合素质课程模块	语言基础技能模块	职业能力课程模块		职业能力拓展模块
		语商融合模块	职业技能模块	
毛泽东思想和中国特色社会主义理论体系概论 形势与政策 思想道德与法治 习近平中国特色社会主义思想概论 体育	基础英语 英语写作 英语泛读 英语听力 英语口语 英语语音	商务英语精读 商务英语口语 商务英语函电 商务英语写作 商务英语翻译 跨境电商英语	跨境电商实务 跨境电商平台实操 国际贸易实务 国际贸易单证 外贸跟单实务	商务英语综合实训 商务礼仪 跨文化交际 Photoshop图像处理 商务谈判

图 3-3 应用型商务英语模块化课程体系框架

一是标准融通。即职业技能等级证书与人才培养方案的融通，这里具体是指将跨境电商 B2B 数据运营职业技能中级证书和实用英语交际职业技能中级证书的职业技能标准融入商务英语专业人才培养方案。人才培养方案是专业人才培养的指导性文件，也是开展专业教学的方向性文件。"1+X"证书标准是深入企业调研人才需求、调研面向岗位的典型工作任务（表 3-2），校企共同开发的、符合企业需求的实施文件，反映行业需求与教育的对接，是专业领域的能力标准。这两种标准在岗位目标和培养规格上具有一致性，两者应该在紧扣一致性、共同点的基础上实现融通。

重庆对外经贸学院在深入调研的基础上，对标跨境电商 B2B 数据运营职业技能中级证书和实用英语交际职业技能中级证书标准，在确定典型工作任务后，将其转化为可实施的实际课程，制订最新的人才培养方案。

二是课程融合。这是"书证融通"的核心。"X"证书的考取，主要是在校内完成的。"X"证书相关职业技能培训内容要融入专业课程体系，不再单独设置证书培训。通过免修、强化、补充等方式设置课程体系，重构课程内容，确保课程内容与证书标准对接。通过对商务英语专业学历证书中的课程体系及课程内容与跨境电商 B2B 数据运营职业技能中级证书标准和实用英语交际职业技能中级证书标准进行对比分析，发现实用英语交际职业技能中级证书的考核内容与商务英语专业的大部分课程内容相近，只需做强化与补充，此外，因跨境电商是新兴产业，跨境电商 B2B 数据运营职业技能中级证书的部分内容尚未融入专业课程体系，需进一步调整，补充课程内容。例如，针对电商的店铺建设与产品发布、店铺数据分析与商品营销等典型工作任务，新增跨境电商实务课程；针对海外社交媒体营销这一工作领域的基本营销、付费营销和用户营销，新增社交媒体营销课程。

表 3-2　外贸类、跨境电商类岗位群对应的职业能力

岗位群	典型任务	主要职业能力要求
外贸类 （外贸业务员、 单证员、 跟单员等）	开展业务，客户维系 参与磋商，签订合同 接待来访，全程陪同 跟进订单，安排生产 审核单证，完成缮制	英语对话与业务磋商能力 了解外商需求，安排生产，跟单，把控交期 翻译往来文函 用英语进行涉外接待 审核单证及其他外汇票据 熟练掌握涉外订单洽谈、跟踪、沟通与反馈
跨境电商类 （跨境电商运营、 客服等岗位）	新品上架，产品信息优化 涉外沟通，涵盖售前售后 在线服务，应对客户咨询 店铺管理，优化产品页面 跟踪客户，做好订单跟进	用英语完成售前、售后服务 用英语与客户磋商、反馈客户需求 用英语开发新业务、维护客户 发布新产品，做好平台运维管理 处理账务、订单、物流等手续

三是同步考评。学历教育与"X"证书内容统筹教学，在考核与评价上，两者同步实施。将两种证书相关技能的考核要求融入商务英语精读、商务英语口语、跨境电商实务、跨境电商平台实操、国际贸易实务等课程的考核要求中，按照规定，职业等级证书可以兑换学历教育学分，可以使学生免修部分课程。学生在毕业时，既获得了学历证书，又取得了职业技能等级证书。学生可以根据自身情况，自主申请更高一级的学历教育或职业技能等级教育。

"1+X"证书制度体现了"多层、多元"育人目标。应用型本科高校商务英语专业"书证融通"模块化课程建设，能够更好地为企业培养复合型技术技能人才，拓宽学生的就业范围，提高学生的竞争力和就业本领。在模块化课程构建中，要做好职业能力分析，遴选"X"证书，优化专业课程结构体系，特别是要体现"破""整""联"，全面推进标准融通、课程内容融通、评价考核融通，畅通人才成长通道，提升人才培养质量。

三、构建基于产教融合的商务英语课程体系

随着我国经济转型和产业结构调整升级，我国迫切需要大量的技术技能型人才。2017年，国务院办公厅《关于深化产教融合的若干意见》指出，目前高等教育"人才培养供给侧和产业需求侧在结构、质量、水平上还不能完全适应"，认为"深化产教融合，促进教育链、人才链与产业链、创新链有机衔接……对新形势下全面提高教育质量、扩大就业创业、推进经济转型升级、培育经济发展新动能具有重要意义。"产教融合中的"产"多指产业行业，"教"指教育，"产教融合"本质上是教育体系与产业体系的深度结合。校企合作，在微观层面上指院校与企业开展合作。因此，产教融合是产业界与教育界的深度融合。产教融合是企业和高校互相联系、互相作用的结果，有着双重主体性的特点，唯有企业、高校携手并进，方可达到产教融合的最佳交融状态。高校应积极主动融入产业，推进产教融合，进而促进人才培养事业的有序进行。与此同时，依托产教融合，高校人才培养与企业人才需求实现无缝对接，企业还可为高校提供有力的实践教学设备场地，进而达成资源科学共享。因而，在产教融合下，企业、高校均可从中获益，推动产教融合良性循环。

当今社会，产教融合商务英语本科人才培养体系，可促进学生对自身学

习专业定向的有效认识，并促进培养学生专业创新能力。高校引入校企合作等形式为商务英语学生创造可灵活选择的实习机会，促使学生在学习期间将对应学习的商务英语专业知识应用于工作实践中，同时对可以应用于工作实践中的理论知识开展提炼拓展，对不完备的理论内容开展创新探索，达成对学生专业性、实践性的锻炼，强化高校商务英语专业学生应用口语交流等相关专业知识处理实际问题的能力。

要构建基于产教融合的商务英语课程体系，就要弄清楚当下国内应用型本科高校商务英语专业在产教融合方面存在的问题，笔者调研了重庆市开设了商务英语专业的几所应用型本科高校，发现虽然重庆市几所应用型本科高校商务英语专业开展了形式多样的校企合作，但政府、学校、企业互利共赢的局面尚未形成。校企合作流于形式的主要原因在于校企主观诉求不同，利益点未能形成合力。要深化产教融合，首先，健全政府主导、行业指导、企业参与的办学机制，政策上建立激励机制，鼓励企业深度参与校企合作，做到产教一体化发展，形成政、校、企多赢互动的局面。其次，产教融合需要企业与学校共同努力，一方面，高校应主动融入产业；另一方面，企业应为高校提供相应的设备与场地，以实现资源与知识的共享，促进人才培养的进步。

因此，高校在基于产教融合的商务英语本科人才课程体系构建中，要紧随市场发展脚步，强化改革创新，在先进理念、成功发展经验的支持下逐步优化商务英语专业课程设置，如何进一步促进商务英语本科人才培养的有序开展，笔者认为应从遵循以下相关策略：第一，以学生为中心的原则。作为一类专门用途英语，商务英语课程设置应当自ESP基本要求出发，也就是基于商务英语专业学生需求分析开展课程设置。因此产教融合商务英语本科人才培养体系构建中的课程设置，应当始终秉承"以学生为中心"教学理念，对学生在就业期间对应的市场需求开展分析，将培养市场所需人才作为目标，设置适应市场需求的课程来强化学生就业竞争力、社会适应性。第二，理论与实践相结合的原则。商务英语教学可划分为理论教学、实践教学。其中，理论教学指的是教师通过课堂教学，使学生在理论层面提升对商务英语理论知识的有效认识、掌握；实践教学指的是学生在学校商务模拟实验室开展的情景模拟训练或者在社会企业开展的实际商务操作，使学生通过仿真或者真实商务环境中开展实践，提升对具体商务活动全面流程的有效认识，掌握处理实际商务工作的操作技能。产教融合商务英语本科人才培养体系构建中的课程设置务必将理论与实践相结合，不仅要注重理论教学，还要关注对学生实践能力的培养。第三，从实际情况出发的原则。产教融合商务英语本科人才培养体系构建中的课程设置不可对其他高校教学模式进行照搬，应当充分结合自身办学条件、师资力量、学生水平等实际情况，建立为本校所适用的人才培养模式，构筑自身办学特色、优势。一方面，要推进教学目标监控、教学过程监控以及教学效果监控的有效结合，开展市场需求调查及毕业生质量跟踪，进而对人才培养目标予以充分明确，对课程体系予以优化调整；另一方面，要推进学校考核与企业考核的有效结合、课程考核与职业认证的有效结合、形成性评价与终结性评价的有效结合，缩短学校与企业的距离，充分结合市场需求，积极培养满足区域经济建设需求的实用型人才。

基于以上原则，笔者认为，首先应建立产教融合动态机制。蓝国兴（2016）认为，商务英语教学改革应从校企合作走向产教融合。尽管我国应用型本科院校的商务英语课程体系历经变革，但在人才培养方案、课程设置、课堂教学、教材编写、教师培训方面，依旧缺乏企业的深度参与；专业教师不能与行业或企业保持紧密接触，学生掌握的技能与企业的需求不能匹配；校企合作流于形式，学校参与多、企业参与少。为解决校企合作不深入的问题，应促进产教融合渗透到职业院校的各个相关环节，包括专业设置、课程体系建设、资源库建设、师资建设、教材编写等，各个环节都需要企业深度参与。有了企业的紧密协作、深入参与，才能真正摆脱当前的人才培养困境。

为了尝试构建"需求调查（毕业生跟踪调查和企业调查）—课程体系—教师培训—教材编写"的产教融合动态机制（图3-4），各个环节都有企业参与。根据经济发展和产业调整对人才需求变化的情况，专业负责人及时调整人才培养目标、更新课程内容，实现教学内容与工作任务的对接。

表3-6中的"需求调查"包含毕业生跟踪调查、大型招聘网站数据、企业问卷调查；"课程体系"包含人才培养目标、课程模式、课程设置、学制学分、考核方式等；"教材编写"包含活页式教材、讲义、工作手册等的编写；"教师培训"包含校内培训、校外培训、企业实践。根据产教融合动态机制，课程体系构建或调整的途径如下：专业负责人通过合作的企业、在线招聘平

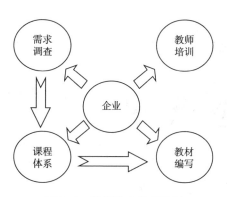

图 3-4　产教融合动态机制

台和往届毕业生跟踪调查掌握市场需求和毕业生就业岗位群，分析专业覆盖的岗位（群）所涉及的专业人才核心竞争力，分析商务英语专业群内课程教学内容的共性和个性，再据此设定或修改课程体系、整合专业群课程资源。需求调查以应届、往届毕业生和企业为对象，了解本专业毕业生的就业岗位、任职条件、工作内容、核心能力、核心素质等，以及后续发展所需条件和能力，以此构建或调整课程体系，提升本专业毕业生就业能力和可持续就业能力。同时，邀请企业专家参与课程标准、人才培养方案、课程设置的制订，与企业合编教材，对教师进行培训，关注前沿行业动向，着重培养学生实践能力。

通过市场需求调研，笔者对商务英语专业课程体系改革得到以下启示：

应用型本科院校培养的人才应针对地方经济发展现状和未来趋势进行"量身定制"，打造特色专业和制定特色的人才培养目标。据调查，多数应用型本科院校毕业生会为地方产业经济服务。因此，应用型本科院校应通过市场调查了解新时期人才培养需求，明确人才培养定位、创新课程体系，促进专业教育与产业的有机融合。以"商务英语专业"为关键词，在前程无忧网上搜索招聘信息并进行统计分析，结果如图 3-5 所示。

企业对商务英语专业需求比较大的岗位：一是"外贸业务/销售"，二是"亚马逊、速卖通、阿里巴巴运营/销售"，三是"跟单/专员/客服/助理"。分析"外贸业务员/销售"岗位的任职资格如下：

一是要具备大专以上学历，多数企业不要求应聘者有工作经验，或者要求有 1 年工作经验。

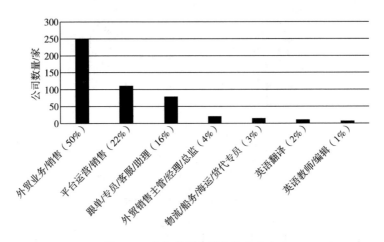

图 3-5　商务英语各岗位信息占比

二是超过半数的企业要求应聘者有大学英语四级证书，说明大学英语四级证书比较重要；部分企业比较看重应聘者有阿里巴巴平台的工作经验。

三是在英语的"听说读写"能力中，"说"排第一；要求应聘者能熟练操作电脑；在核心素质和能力中，沟通能力排第一，其次是责任心、团队精神、独立精神等。"外贸业务/销售"和"亚马逊、速卖通、阿里巴巴运营/销售"岗位的工作内容包含售前函电、回复、订单跟踪、售后处理等系列外贸流程，开发客户和维护客户关系，熟悉亚马逊或阿里巴巴平台规则、产品上架和页面优化技巧、店铺促销推广、数据统计和数据分析等。

本次在线平台调研给商务英语教育管理者和教师提供了借鉴。商务英语专业教学要重视提升学生大学英语四级通过率，提高学生用英语"说"的能力。课程设置中包含对办公软件基本操作的学习，尤其对 Excel 表格的熟练使用。注重培养和提高学生的沟通能力、责任心、团队精神以及独立完成工作任务的能力。

商务英语课程体系应至少包含如下能力的课程：英语能力课程（含大学英语或综合英语、英语听说、英语口语、商务英语等）；职业/专业能力课程（含外贸函电、国际贸易实务、进出口业务实训、跨境电子商务平台操作、国际市场营销）；基础素质课程（含思政课、办公软件操作或者 Excel 表格制作、人际交往与沟通、实习与毕业设计等）；拓展/选修课程（含跨文化商务交际、商务谈判、统计与分析、劳动合同法等）。

　　对毕业生的就业跟踪调查是一项长期的工作，毕业生的去向和后续的发展反映了学生的可持续就业能力。通过对重庆对外经贸学院 2018 届和 2019 届商务英语专业学生进行电子问卷调查，共收到 125 份问卷，除去 22 份无效问卷，剩 103 份有效问卷。参与调查的毕业生中男生占 20.78%，女生占 79.22%。毕业生中有 62% 的学生在私营企业工作，约 10% 的学生继续进校园深造。毕业生所在的企业从事进出口贸易的占 26.21%，从事批发零售的占 17.48%，从事互联网/电子商务的占 10.68%，还有生产制造/教育、文化娱乐、物流/交通运输等。就业岗位中按就业人数高低排名如下：外贸业务员、亚马逊或者速卖通等平台工作岗位、教师、跨境电商、新媒体运营、跟单翻译、文员岗位，以及创业或者个体经营者。工作技能中出现频率最高的是电脑 Office 软件操作技能（57.28%），其次是英语书面阅读写作翻译能力（43.69%），然后是英语听说能力（34.95%）、网上平台（如亚马逊、速卖通、阿里巴巴）政策掌握和操作技能（27.18%）、熟悉外贸流程（26.21%）、外贸跟单和信件回复（24.27%）。有 58.25% 的被调查对象认为学校开设的课程应侧重提高学生的实践能力，有 41.75% 的被调查对象认为学校开设的课程应注重提升学生的理论知识水平。在被问及认为自身最需要提高哪些核心素质或能力时，毕业生的答复按勾选人数从高到低排列如下：英语口语表达能力>办公软件操作能力>人际交往能力>吃苦耐劳>抗压力>中文沟通表达能力>熟悉外贸流程>综合能力>谈判能力>团队精神。调查显示，大学英语四、六级证书在大学生应聘过程中发挥着重要作用。企业招聘负责人给出解释：四、六级证书属于知名度比较高的英语证书，能证明学生的英语水平，在外贸相关岗位招聘中，企业比较看重学生的英语水平，因为人的英语水平很难在短期内获得快速提升，而岗位所需的中文知识经过短期培训可以快速掌握。毕业生认为学校开设的比较有用的课程包括办公软件高级应用、Photoshop 图像处理、综合商务英语、英语视听说、英语口语、商务英语翻译（笔译）、国际贸易实务、外贸单证实训、商务谈判交际与礼仪、国际市场营销、商务英语综合实训等。

　　通过在线对大型招聘平台的企业招聘广告进行统计和分析，对应用型本科高校商务英语专业毕业生进行问卷调查，总结出商务英语专业毕业生需要掌握的核心能力，如英语听说读写能力、常用的办公软件操作能力（尤其是

Excel 表格)、沟通能力,以及要具备责任心、团队精神、独立完成工作任务的能力。要掌握就业岗位群所需的知识:网上平台(如亚马逊、速卖通、阿里巴巴)政策掌握和操作技能、外贸流程、外贸跟单和信件回复、开发和维持客户关系。

商务英语课程体系里应至少包含如下能力的课程:英语能力课程(含综合英语、英语视听说、英语口语、商务英语笔译、商务英语综合实训等)、职业/专业能力课程(含外贸函电、国际贸易实务、外贸单证实训进出口业务实训、跨境电子商务平台操作、国际市场营销)、基础素质课程(含思政课、办公软件操作或者 Excel 表格制作、人际交往与沟通、实习与毕业设计等)、拓展/选修课程(含跨文化商务交际、商务谈判、统计与分析、劳动合同法、四/六级考证、Photoshop 图像处理等)。商务英语专业毕业生较强的外语沟通能力是其核心竞争力之一,因此外语课程仍需处在课程体系的核心位置。跨境电商贸易作为新兴行业,相关课程如跨境电商平台操作实训、网页技术、Photoshop 技术等可纳入课程体系。

另外,基于产教融合的商务英语本科人才培养体系构建中专业课程设置应当充分结合社会、市场实际需求,设置现阶段市场中迫切需要的实用性强的课程。商务英语课程设置务必要确保其前瞻性。伴随信息技术的不断发展,互联网、电子商务得到广泛推广,不仅要开设传统商务英语专业中的相应课程,还应当将与电子商务密切关联的企业资源规划、客户关系等近些年新兴发展的课程纳入教学课程中,教授给学生学科发展的最新、最前沿知识,满足市场对人才的需求,紧随全球经济发展脚步,强化实用型人才培养。专业课程设置可自下述系列中开展选择:国际贸易系列(国际贸易、国际金融、国际会计、国际商法、国际贸易实务等)、国际企业管理系列(营销学、管理学、市场营销、国际商务、公关实务等)、电子商务系列(电子商务、电子商务实务、电子商务网站设计、电子商务物理管理等)、文学系列(中西方文化比较、世界国家概况、世界文化概论等)。同时,应设置商务实训课。实训是产教融合商务英语本科人才培养体系构建中必不可少的环节,可促进学生在相对短的时间内将理论知识与实际操作开展有效结合。鉴于此,高校可引入多种不同形式的教学活动为各个年级学生设置实训课,如组织开展市场调研、商务谈判市场营销等,找寻合作伙伴,开展交易谈判,撰写商务信函,将商务英语基础知识技能与低年级语言技能教学开展有效结合起来。同时，在第四学期可为商务英语专业学生设置商务实训，将学生划分为若干小组，开展模拟教学、案例分析等。实训课程分别有国际市场营销实训、商务英语视听说实训、国际商务策划课程设计、实用商务英语翻译实训等。

　　总而言之，产教融合是高校商务英语专业人才培养的必由之路，是高校教师职业发展的有力举措，唯有构建产教融合长效机制，做到高校人才为企业所用、企业设施为高校所用、达成校企资源共享，方可推动对商务英语专业学生实践操作技能的有效培养。鉴于此，相关人员务必要不断钻研研究、总结经验，清楚认识产教融合内涵，全面分析产教融合商务英语本科人才培养体系对学生、教师的影响，以及产教融合视角下商务英语人才培养中存在的主要问题，结合高校人才培养、企业人才需求实际情况，"秉承课程设置人才培养原则""建立科学的专业课程体系""培养复合型师资队伍"等，积极促进商务英语本科人才培养有序开展。

第四章　新时代应用型高校商务英语人才培养师资队伍建设

随着对外开放程度不断加深，经济国际化程度不断提高，我国对既有较强英语语言运用能力，又有全面商务知识的复合型商务英语专业人才的需求持续增加。从 2007 年 4 月教育部批准在高校本科招生专业中设立商务英语专业以来，全国设置商务英语专业的高校越来越多，其中包括很多应用型高校。应用型本科院校商务英语专业培养的是"英语能力+商务知识+商务操作能力"的应用型人才。商务英语课程具有双重性，是把学科知识的学习与语言学习结合起来，这就要求教师既要有一定的商务理论知识和一定的商务实践经验，又必须具备较高的英语水平。但目前，应用型高校商务英语师资队伍建设仍存在较多问题。本章节将结合本校商务英语团队建设的教学实践，对这一问题予以探讨。

第一节　新时代商务英语教师队伍的特点与需求

在数字化浪潮下，商务英语教育对教师队伍提出了更高要求。商务英语教师队伍不仅强调跨学科知识与技能的融合，还需不断更新商业理论与实践经验，以应对快速变化的市场环境。多元化与发展性也成为商务英语教师队伍的显著需求，旨在通过吸纳不同背景的教师人才、促进教师间交流与合作，以及提供持续培训与发展机会，从而全面提升教师队伍的综合素质与适应能力。这些特点与需求共同构成了商务英语教师队伍建设的核心要素。

一、商务英语教师队伍的专业化特点

商务英语专业人才培养是一种外语与国际商务密切结合的人才培养模式，该专业不仅要向学生传授英语基础知识与专业知识，训练学生的英语应用技能，更要强化学生的综合职业能力，加强学生职业道德与职业兴趣培养。可

见，既精通英语又具备足够商务背景的复合型师资是培养学生职业核心素养的必备要素之一。因此，商务英语教师队伍首先必须具备高度的专业化特点。这主要体现在以下三个方面：

（一）坚持英语语言的专业属性

Ellis 和 Johnson 指出："对商务英语教师的要求是首先在语言教学方面是专家，其次要了解商务工作人士的具体需求，从而在教学中更加灵活地满足其需求。"商务英语涵盖了经济学、市场营销、国际贸易、物流和金融学等商务英语知识，因此，要求教学者不仅要对基础英语有扎实的基本功，还要对商务英语专业中所涵盖的学科有一个较全面、较深刻的了解。但商务英语的专业属性仍是英语语言学，所以学生职业核心素养培育的关键是拥有一支专业在行、英语过硬的教师队伍。应用型本科高校商务英语专业的培养模式、课程体系、教学内容、教学手段、评价模式等如何保持并强调"英语本色"，如何保证商务英语教师队伍中英语语言学学科师资的优势比重，这是学生职业核心素养培养下师资队伍建设要解决的原则性问题。

（二）注重跨学科知识的融合

随着商业环境的日趋复杂和多变，单一学科知识已难以满足商务英语教育的需求。商务英语作为涵盖经济学、管理学、英语语言文学等多个领域的综合性学科，要求教师具备跨学科的知识和技能，能够将这些不同领域的知识进行有效地整合和应用。这种跨学科融合的重要性，在国际营销概论课程中体现得尤为明显。国际营销不仅仅是简单的促销和广告，它涉及对消费者行为的深入理解、对市场趋势的敏锐洞察以及对数据的精准分析。因此，商务英语教师在教授该课程时，需要融合消费者行为学、心理学、数据分析等多个学科的知识。例如，在分析消费者购买决策过程时，教师需要运用消费者行为学的理论来解释消费者是如何在不同产品和服务之间做出选择的；还需要借助心理学的知识来探究消费者的内在动机、价值观和情感因素对购买行为的影响；此外，数据分析的技能也必不可少，教师需要利用统计数据和市场调研结果来量化分析市场趋势和消费者需求。这种跨学科融合的教学方法不仅有助于学生更全面地理解市场营销的本质和实践，还能够培养学生的综合思维能力和解决问题的能力。对于商务英语教师而言，具备跨学科的知识和技能已成为一项基本要求。这不仅需要教师自身不断学习和更新知识体系，还需要高校在师资培养和引进方面注重跨学科背景和经验的考察、评估。

（三）注重教育信息化能力

教学如何促进学生职业能力的提升，是目前应用型本科高校商务英语专业建设面临的难题之一。商务英语教师必须围绕商务英语专业学生应该掌握的知识和应具备的能力，不断完善个人的知识结构和专业教学技能，提高自身的业务水平。尤其是在教育信息化的发展背景下，移动网络、智能手机、电脑等已成为新的学习载体，慕课、微课、翻转课堂等一大批信息化教学手段出现，使传统的教学模式正在悄然发生变化。商务英语专业师资队伍建设如何适应现代社会快速发展的需要，教师如何着力提升自己的信息化教学能力，这也是学生职业核心素养下师资队伍建设要解决的关键问题。

（四）需要不断更新行业知识

随着科技的飞速发展和全球化的深入推进，商业领域的新理念、新技术、新模式层出不穷，这就要求商务英语教师必须保持敏锐的市场洞察力，能够紧跟商业发展的步伐，及时捕捉并理解这些新变化。特别是在数字经济高速发展的今天，大数据、人工智能、云计算等新技术在商业领域的应用日益广泛，对商业活动产生了深远的影响。

应用型高校商务英语专业在培养方案的制订和实施、教学体系的构建、教学内容的选择以及实践教学的组织上应以社会需求为目标，具有较强的针对性和实用性，以达到满足学生培养的目标。商务英语专业实训教学应以外贸岗位工作内容为主线，以商务环境下的英语活动为依托，培养学生商务语言运用能力和商务实践操作能力，最终提升学生的综合职业能力和素养。现有的专业教师缺乏必备的商务背景，商务实践操作知识匮乏，对外贸一线工作岗位的工作流程、行业标准与规范、相关产品知识等不了解，从而导致自身的综合素质与职业教学能力不尽人意。因此，应用型高校商务英语教师需要不断学习和掌握这些新技术在商业领域的应用，以便将这些最新成果融入课堂教学和实践指导中。他们需要通过参加专业培训、阅读最新研究成果、与业界专家交流等方式，不断更新自己的知识体系和实践经验，深入外贸企事业单位进行实践以达到丰富行业知识、提高合作与沟通能力的目的。只有这样，他们才能够为学生提供最前沿、最实用的商业知识和技能，培养出真正符合市场需求的商务英语人才。

二、新时代商务英语教师队伍的多元化需求

应用型本科商务英语培养以英语交际能力培养为主线，突出岗位能力、学生自主学习能力和创新能力的培养，形成以"宽口径、厚基础、强能力、高素质、重特色"为特征。为了实现这一目标，商务英语教师队伍需要具备多元化的特质，以满足不同学生的需求和期望。

（一）引进不同专业背景的教师人才

商务英语教育旨在培养具备较强英语语言运用能力，又具备广博的商务知识、较强的人文素养和开阔的国际视野的复合应用型人才。为了实现这一目标，单纯依赖传统英语背景的教师已无法满足需求。高校在构建商务英语教师队伍时，应注重吸纳具有不同学科背景、行业经验和文化视野的教师人才。

这些来自多元领域的教师能够为学生带来更加多样化的知识和经验。他们可能拥有在知名企业工作的实践经验，或是来自其他学科领域的专家学者。他们的加入不仅能够拓宽商务英语教学的知识边界，还能够为学生提供更丰富的实践指导和职业发展建议。

例如，作者所在的重庆对外经贸学院在招聘商务英语教师时，就特别注重教师的多元化背景。他们不仅招聘了具有传统商务英语的教师，还积极吸纳了具有经济学、管理学等不同学科背景的专业教师。这些教师在教学中能够结合自己的学科背景和专长，为学生提供跨学科的知识整合和实践应用机会。

重庆对外经贸学院为商务英语事业还聘请了多位具有丰富实践经验的业界专家作为兼职教师或客座教授。这些专家来自不同行业，如金融、物流等，他们为学生带来了最新的行业动态和实践案例，帮助学生更好地了解市场需求和职业发展趋势。

通过这种多元化的教师队伍建设，重庆对外经贸学院的商务英语专业成功地为学生提供了更加全面和深入的专业教育。学生们不仅能够掌握扎实的英语语言技能，同时也具备商业理论知识、跨学科的思维方式和解决实际问题的能力。这种教育模式也受到了学生和用人单位的广泛好评。

（二）加强教师培训和交流

在新商务英语师资队伍建设过程中，教师队伍的培训学习和交流提升是保证商务英语专业可持续性发展的必要因素。这是因为商务英语涉及多个学科领域，需要教师通过不断地培训学习、交互交流探讨，提升自身的专业素养和解决问题的能力。因此作者建议应用型本科高校可以通过组织校本教师培训，提高教师业务素质，实现外语人才商务化、商务人才外语化，推动专业化人才培养机制改革。具体措施包括聘请水平较高的商务从业人员和商务理论知识扎实、商务操作技能良好、工作经验丰富的教师以及对没有商务知识的教师进行集中培训，使之掌握商务基础知识和基本操作技能。首先，鼓励教师报考取得各类商务专业证书或职业资格证书，如翻译证、国际商务师证等。另外商务英语教师也可以通过阅读相关专业书籍、参加业务实践和进行网络学习不断提高自身业务素质。其次，我们可以鼓励教师参加校外培训，选派教师参加由国内权威院校举办的商务英语教师培训班或选派部分教师去国外进行专项学习、访学和短期考察，从而吸收前沿教学理念，学科建设、教学改革和学生培养的先进经验。同时将参加培训和进修的教师的有关情况记入教师业务档案，作为岗位聘任和教学评估的重要依据。鼓励教师攻读在职或脱产的商务英语专业或其他商务英语硕士、博士学位，制定各种政策和措施鼓励教师进修或深造，并给予一定的优惠政策，从而优化商务英语教师的学历、职称结构等。最后，建立商务英语专业国内外校校合作。国内校校合作，邀请外校商务英语学术骨干亲自指导，学校间取长补短，互通知识经验，借鉴优秀经验成果，通过省市商务英语专业委员会定期举办科研、教学经验交流会议，利用假期定期举办商务英语基础课程培训班，根据教师们反映的问题有针对性地解疑答惑，从而为商务英语教师提供学习、交流和互动的平台。与国外大学建立合作关系，了解英语国家商务英语的课程设置和教学法以提高国内商务英语教学和科研水平。

三、商务英语教师队伍的发展性需求

（一）提供教师可持续发展平台

商务英语教育是一个不断发展和创新的过程，因此，商务英语教师队伍也需要具备持续的发展动力。随着新时代社会经济的快速发展和商务英语教育的不断发展，商务英语教师必须持续更新自己的知识和技能，以适应新的教学需求和研究挑战。为教师提供可持续发展的平台成为商务英语教育质量提升的重要途径。为了满足教师发展需求，高校可以邀请国内外知名学者、业界专家或优秀教师分享他们的最新研究成果、教学经验和行业动态，帮助教师拓宽视野、更新知识。鼓励教师通过参加学术会议，与同行学者进行深入的交流和讨论，了解最新的研究进展和学术动态。此外高校可以积极为教师争取访学进修的机会，让他们有机会到国内外一流高校或研究机构进行深入的学习和研究。通过访学进修，教师可以接触到更先进的教学理念和研究方法，提升自己的教学水平和创新能力。我们还可以组织专业课教师到企业进行专业实践或兼职，扩充相关行业的背景知识。有计划分批次安排教授商务英语课程的教师到有涉外商务活动的进出口公司、外资企业、海关、酒店等单位学习、顶岗实践和兼职，丰富商务知识，提高商务操作技能，了解各类企业的运作模式、企业文化、行政管理模式、发展现状和发展趋势，了解用人单位对毕业生素质能力的要求，有针对性地调整课程和授课内容，以便更好地进行专业建设、课程建设和教学改革。

（二）建立公平合理的激励机制

为激发商务英语教师的工作潜力，稳定教师队伍，确保人才培养质量，应用型高校可以充分利用自身的办学灵活性，建立教师职务聘任制和合理的退出机制，建立"按需设岗、公开招聘、平等竞争、择优聘任、严格考核、合同管理"的制度，形成能上能下、优胜劣汰、合理流动的竞争激励机制。这样有利于人才资源优化组合，也能促进高校间教师合理的流动，有效地改善师资结构，实现教师群体最佳配置及动态中的稳定队伍，从而最大限度地发挥高校人才效能，使之始终保持勃勃生机。同时学校可出台相应的激励机制，对于利用寒暑假到企业实践的教师，学院应给予课时补贴，并把项目实践经验作为岗位职务聘任、晋职和提级的依据。另外，我们可以适时地加大高校师资队伍建设的经费投入，予以政策扶持，孵化商务英语领域的研究。要加强高校师资队伍建设，没有一定的经费投入保障，就无法从根本上优化师资队伍的结构，全面提高师资队伍的整体素质。因此，应用型高校应为商务英语教师营造更好的科研条件，加大商务英语教师科研的奖励幅度；也应正视自身英语教师科研能力不足的问题，在人才引进上加大力度，适当减轻一些商务英语教师的授课压力；还可利用增加科研奖励的方式鼓励更多教师参与到科研创作中，通过专项资助激励教师开展国家级、省级或市级科研课题研究，支持商务英语教师发表论文和出版专著；在商务英语教师科研实力提升的情况下，评定职称时在同等条件下应该优先考虑商务英语教师，以扶持该学科的发展。最后，应用型高校要努力创造尊重教师、关心人才的大环境，营造尊师重教的校园氛围，积极解决广大教师工作、学习和生活中的实际困难，不断改善条件，解除其后顾之忧，让广大教师安心工作，多出成绩。商务英语本科专业是国家根据经济社会发展需求而新建的一个英语类专业，但人才培养的复合性、学科知识的交叉性以及没有成熟的经验和模式可以参照，使专业建设和师资队伍建设面临巨大的挑战，应用型高校需要不断地探索专业发展和教育改革的新思路和新途径，使商务英语专业实现可持续发展、商务英语的人才培养满足社会需求。

第二节　新时代对商务英语教师队伍建设的影响

中国特色社会主义进入了新时代，这是我国发展新的历史方位。新时代是承前启后、继往开来、在新的历史条件下继续夺取中国特色社会主义伟大胜利的时代，是决胜全面建成小康社会、进而全面建设社会主义现代化强国的时代，是全国各族人民团结奋斗、不断创造美好生活、逐步实现全体人民共同富裕的时代，是全体中华儿女勠力同心、奋力实现中华民族伟大复兴中国梦的时代，是我国日益走近世界舞台中央、不断为人类作出更大贡献的时代。党的二十大以来，党中央带领全国各族人民坚定不移贯彻新发展理念，着力推进高质量发展，推动构建新发展格局，深化实施供给侧结构性改革，制定一系列具有全局性意义的区域重点战略，我国经济实力实现历史性跃升。近几年随着科学技术的突飞猛进和知识经济对人才质量和数量提出的更高层次的要求，特别是随着数字化时代的到来，商务英语教育正面临着前所未有的变革。数字化技术不仅重塑了教学方式，还为教师队伍建设带来了新的机遇和挑战。从提升教学效率到拓宽教学内容，再到支持教师协作与交流，数字化工具、资源和平台正成为商务英语教师不可或缺的教学助手。在这一背景下，探讨数字化如何赋能商务英语教师队伍建设，对于推动商务英语教育的发展具有重要意义。

一、数字化技术提升教师教学效率

（一）利用数字化工具和资源进行教学准备和课堂管理

随着科技的进步，数字化技术已逐渐渗透到教育领域，为商务英语教师的教学提供了极大的便利。在人工智能时代，数字化工具和资源已经成为教师教学准备和课堂管理的重要助手。这些工具和资源的有效利用，不仅能够提升教师的教学效率，还能提升学生的学习体验和参与度，进而推动整体教学质量的提升。

在线教育平台为教师提供了便捷的教学准备途径。教师可以通过这些平台提前发布课程大纲、教学视频、演示文稿和阅读材料等教学资源，供学生提前预习和课后复习。这种方式不仅节省了课堂时间，使得教师能够更加专注于解答学生的疑问和进行深入的讨论，还培养了学生自主学习的能力和习惯。

电子课件制作工具如 PowerPoint、Prezi 等，能够帮助教师制作出更加生动、形象的课件。通过运用丰富的动画效果、图表和图片等多媒体元素，教师可以使抽象的概念和理论变得更加直观易懂，从而激发学生的学习兴趣和积极性。这些工具还支持课件的在线共享和编辑，方便教师之间的合作和交流。

例如，在某高校商学院的市场营销课程中，教师利用在线教育平台发布了一系列的教学视频和案例资料，引导学生提前了解课程内容和市场营销的实际应用。在课堂上，教师则通过电子课件展示了市场营销策略的框架和实例，组织学生进行小组讨论和案例分析。这种教学方式不仅使学生更加深入地理解了市场营销的理论和实践，还提升了他们的团队协作和沟通能力。

数字化工具和资源在课堂管理方面也发挥着重要作用。例如，课堂互动工具如投票器、在线问答系统等能够实时收集学生的反馈和问题，帮助教师及时调整教学策略和节奏。而教学管理软件则能够协助教师进行学生信息管理、成绩录入和课程调度等烦琐工作，提高管理效率和准确性。

（二）增强学生的学习体验和参与度

随着科技的日新月异，数字化技术为商务英语教育注入了新的活力，特别是通过增强现实、虚拟现实等前沿技术，为学生提供了前所未有的沉浸式学习体验。这种体验不仅局限于视觉的震撼，更深入到心灵的触动，使学生能更加主动地参与学习过程。

在商务英语专业与管理学、经济学相关的课程中，传统的教学方式往往难以完全模拟真实的工作场景，使学生在理解决策制定、商业运作、管理模式等方面存在一定的障碍。然而，通过虚拟现实技术，教师可以为学生打造一个仿真的商务场景。在这个世界中，学生可以扮演不同的角色，如部门经理与职员、运营人员与客户、跟单员与货运人员等，亲身体验各种商务场景中的各个环节。除了虚拟现实技术，增强现实技术也在商务英语教育中展现出了巨大的潜力。通过增强现实技术，教师可以将虚拟的信息和现实世界相结合，为学生提供更加丰富、立体的学习内容。例如，在讲解商业案例时，教师可以利用增强现实技术将相关的数据、图表等信息以三维的形式展示给学生，使学生能够更加直观地理解案例内容。

实际的案例应用进一步证明了数字化技术在增强学生学习体验和参与度方面的独特优势。在一所知名的商学院中，教师们采用了虚拟现实技术来模拟真实的亚马逊线上交易环境。学生们在这个虚拟环境中进行商品买卖、客服沟通、售后服务等实际操作。通过这种方式，学生们不仅深入了解了国际网络交易平台的运作机制，还亲身体验了运营、客服、客户的不同感受。这种沉浸式的学习体验极大地提升了学生们的参与度和学习效果。

二、数字化资源拓宽教师教学内容

（一）提供丰富多样的数字化教学资源

在互联网时代，数字化教学资源呈现出爆炸性的增长趋势，为商务英语教育提供了前所未有的便利。这些资源不仅数量庞大，而且种类繁多，涵盖了商业领域的方方面面，从基础理论到前沿实践，从国内市场到国际市场，无所不包。

教师可以通过多种途径轻松获取这些数字化教学资源。例如，在线教育平台、学术数据库、行业网站等都是教师获取资源的重要渠道。这些平台不仅提供了便捷的资源检索和下载服务，还支持资源的在线共享和协作编辑，极大地提高了教师获取和利用资源的效率。

这些数字化教学资源在教学内容更新和创新方面发挥着重要作用。教师可以结合最新的商业实践和发展趋势，将最新的商业案例、行业报告、市场数据等融入教学中，使教学内容更加贴近现实、更具前瞻性。同时，这些资源还能帮助教师设计更加生动、有趣的教学活动，如模拟商业实战、数据分析挑战等，从而激发学生的学习兴趣和积极性。

例如，在作者所在的重庆对外经贸学院商务英语专业的国际市场营销课程中，教师利用从互联网上获取的最新国际市场数据和案例，设计了一系列的教学活动。学生们分组进行市场分析、制定营销策略，并在课堂上进行展示和讨论。这种教学方式不仅使学生更加深入地了解国际市场营销的实际运作，还提升了他们的团队协作和问题解决能力。

数字化教学资源还能引导学生关注商业领域的最新动态和发展趋势。通过接触和分析最新的商业案例和市场数据，学生能够更加敏锐地把握商业发展的脉搏，培养他们的商业洞察力和创新思维能力。

（二）促进教学内容的更新和创新

在数字化教育背景下，教学内容的更新和创新显得尤为重要。数字化资源的出现，以其丰富性和时效性为特点，为教学内容的更新和创新提供了有力的支撑。

教学资源的数量和质量对于教育的效果发挥着关键性作用。在人工智能（AI）时代，AI技术可以通过内容分析和数据挖掘，从全球各地的教育平台和资源库中收集教学资源，给商务英语教师提供类型多样、内容丰富以及智能化的教学资源。通过云计算和跨平台技术，AI系统能够将所有资源整合到统一的平台中，从而打破地域和文化限制，使教师能够在不同终端随时随地访问和使用全球的优质教育资源。在提升教育资源的智能化与增进各国教育合作的同时，AI系统还能为教师们提供跨文化沟通技巧、国际商务礼仪等方面的知识与培训素材，进一步提升他们的跨文化交流能力和文化包容性。

相较于传统的教学资源，人工智能时代智能化教学资源的交互性优势突出，有助于促进教师们进行更深层次的知识学习与技能运用，还能帮助教师们对他们感兴趣的知识进行多样化探索。例如，ChatGPT能够根据课程内容为教师们匹配大量相关的拓展知识，并鼓励他们在与 AI 的交互中不断深入思考与探索，从而更加积极自主地参与到学习过程中，激发他们的创新能力。AI 系统还可以为教师们提供切实可靠的项目管理工具，高效完成学生的团队组建、任务分配、资源共享等，科学合理地管理和配置教学资源。

除此之外，智能化教学资源的实时性优势明显，可以通过 AI 技术迅速识别前沿的学术研究或行业动态，并将其纳入教学内容之中，从而实现教学资源的实时更新。具体而言，AI 技术可以自动抓取和整理学术研究、行业报告、新闻资讯等各类信息，并进一步对数据进行深度分析，将信息转化为有价值的知识，以确保能够为教师们提供各领域最前沿的知识和信息，丰富教师们的教学内容，同时体现课程的前沿性。相比于内容较为固定、针对性较弱的传统教学资源而言，智能化教学资源所依托的 AI 技术还可以根据学生的需求和兴趣，及时进行动态调整并实时定制合适的自主学习材料或路径，自动推荐更加精准和有针对性的智能化教学资源。更为重要的是，AI 系统可以帮助教师们智能分析学生的长处、弱点或知识差距，即时提供学习反馈，帮助他们充分了解自身的学习进展，并提供紧随时代发展的自主化、个性化学习支持与指导。

三、数字化平台支持教师协作与交流

数字化平台为教师之间的协作与交流提供了便利，促进了教师之间的经验分享和合作研究。

（一）构建教师社区和在线协作平台

随着数字化时代的深入发展，高校教育逐渐认识到构建一个专属于教师的社区和在线协作平台的重要性。这样的平台不仅为教师提供了一个集中的、便捷的交流空间，更在无形中促进了教学方法和内容的持续创新。

1. 教师社区和在线协作平台的构建，打破了传统意义上时间和空间的限制

过去，教师们可能需要通过面对面的会议或研讨会来交流教学心得和研究成果，但这种方式往往受到时间和地点的限制。而现在，通过在线平台，教师们可以随时随地发布自己的见解、疑问或资源，与其他同行进行即时的交流和讨论。这种灵活性不仅提高了交流的效率，也使得更多的教师能够参

与到交流中来。

2. 这些平台为教师们提供了一个分享和展示的舞台

每位教师都有自己的教学特色和研究成果，通过平台，他们可以将这些宝贵的经验分享给更多的同行，从而推动整个教师群体的教学水平提升。同时，教师们也可以从其他教师的分享中获得新的灵感和启发，进一步丰富自己的教学内容和方法。

3. 教师社区和在线协作平台还有助于培养教师之间的协作精神

在教学和科研过程中，往往需要多位教师共同合作才能完成任务。通过平台，教师们可以更加方便地找到志同道合的合作伙伴，共同开展教学研究和项目开发。这种协作不仅提高了工作的效率，也增强了教师之间的凝聚力和归属感。

例如，某高校商学院就成功构建了一个教师社区和在线协作平台。在这个平台上，教师们积极分享自己的教学案例、课件和研究论文等资源，同时还针对一些热点问题进行深入的讨论和交流。通过这个平台，该商学院的教师们不仅提升了自己的教学水平，还形成了一种积极向上、互帮互助的教学氛围。

（二）促进教师之间的经验分享和合作研究

在数字化时代，高校之间的物理界限逐渐模糊，而教师之间的合作与交流则日益频繁。数字化平台作为一种新兴的媒介，正以其独特的优势促进着教师之间的经验分享和合作研究，为商务英语教育注入新的活力。

一方面，数字化平台提供了便捷的在线协作工具，使得教师们能够跨越时空限制，进行远程协作。无论身处何地，只要拥有稳定的网络连接，教师们就能共同开展研究项目、撰写学术论文、编辑教学资料等。例如，利用在线文档编辑工具，多位教师可以同时编辑同一份文档，实时查看彼此的修改内容，大大提高了工作效率。而通过视频会议软件，教师们还能进行面对面的交流讨论，仿佛置身于同一个会议室中。

另一方面，数字化平台也为教师之间的经验分享提供了广阔的空间。教师们可以在平台上发布自己的教学心得、研究成果、教学案例等，与其他教师进行分享和交流。这种分享不仅有助于提升教师的教学水平，还能激发教师的创新灵感。同时，通过浏览其他教师的分享内容，教师们也能发现新的研究视角和方法，为自己的研究工作提供有益的借鉴。

实际案例中，重庆对外经贸学院商务英语专业的多位教师利用数字化平台开展了一项关于数字时代职场英语数字教材的编写工作。他们通过在线问卷调查收集了大量数据，并利用在线统计工具对数据进行了分析和处理。在这个过程中，每位教师都发挥了自己的专业优势，共同解决了研究中遇到的难题。最终，他们成功发表了一篇高质量的学术论文，并在学术界产生了广泛的影响。

第三节　商务英语教师队伍建设的实践案例分析

随着社会职业的更新交替，商务英语教育逐渐成为高等教育的重要组成部分。教师队伍建设作为商务英语教育的核心，其质量和水平直接影响着教育质量和学生的未来发展。本章节通过分析国内外高校的商务英语教师队伍建设案例，以及校企合作在其中的应用，旨在总结经验、发现问题，并借鉴国际先进理念，为商务英语教师队伍的建设提供有益的参考和启示。通过案例研究，我们可以更深入地了解商务英语教师队伍建设的现状和未来发展趋势，推动教师队伍建设不断创新和完善。

一、国内高校商务英语教师队伍建设案例

（一）产教融合下应用型高校应用型师资队伍建设的路径探索

1. "政府+行业组织+市场"：基于校企合作的师资培训新机制

在当前经济和教育背景下，校企合作已经成为推动高等教育与市场需求紧密结合的重要途径。然而，传统的校企合作模式往往由于企业和高校之间差异化的利益诉求而面临内生动力不足、合作机制不完善等问题。为了解决这些问题，应用型高校开始积极探索基于产教融合的办学理念，并建立起一种新型的师资培训机制——"政府+行业组织+市场"的校企合作模式。

在这一模式中，政府发挥着核心驱动作用。通过地方政府的主导和推动，校企合作得以在更广阔的平台上开展，机制建设也更加完善。政府不仅提供政策支持和资金扶持，还积极搭建合作平台，促进高校、企业和行业组织之间的深度对接。

以重庆市为例，该市利用其承东启西、沟通南北的区位优势，以及成渝地区双城经济圈建设等有利条件，大力推动校企合作师资培训机制的建设。通过聚焦地方发展和服务经济建设的目标，拟定了一系列具有针对性的师资培训计划。这些计划不仅提升了教师的专业素养和实践能力，还为应用型高校的转型发展提供了有力保障。

在这种新型的校企合作模式中，行业组织也发挥着重要作用。它们作为连接政府、高校和市场的桥梁与纽带，为校企合作提供了更加广阔的空间和更加丰富的资源，市场机制的引入也使得校企合作更加灵活和高效，能够更好地满足各方的需求。

"政府+行业组织+市场"的校企合作师资培训机制是一种创新性的尝试，它有效地解决了传统校企合作模式中存在的问题，为应用型高校的转型发展注入了新的活力。

2. 行业组织核心驱动：弥补信息滞后，强化校企合作师资培训

在"政府+行业组织+市场"的校企合作模式中，行业组织作为独立于政府和市场之外的第三方力量，发挥着不可替代的核心驱动作用。由于行业组织与市场紧密相连，能够迅速捕捉行业动态和企业需求，因此在校企合作中具有天然的信息优势。

针对应用型高校在信息获取方面相对滞后的问题，行业组织能够通过反馈真实的行业发展趋势和企业利益诉求，为高校提供及时、准确的市场信息。这不仅有助于高校调整专业设置和教学内容，使其更加符合市场需求，还能促进教师更新知识体系，提升教学质量和水平。

为了深化与行业组织的战略合作，应用型高校应通过制度建设来保障合作的长期性和稳定性。具体而言，高校可以扩大对校企合作的资金投入，确保每个专业都能与2~3个企业建立密切的合作关系。同时，各专业还应设立校外专家占比超过40%的专业指导委员会，这些专家不仅能为高校提供专业建设和发展方面的宝贵建议，还能直接参与到教师培训工作中来。

通过不定期的监督评议和定期召开的会议，专业指导委员会能够全面指导教师培训工作，确保培训内容的前沿性和实用性。在与业内专家的交流过程中，教师们不仅能够获取最新的行业知识和实践经验，还能提升自己的教学能力和科研水平。这将为重庆市现代基础设施、现代化产业体系和科技创

新提供有力的人才支撑和智力支持。

3. 市场核心驱动：应用型师资队伍建设的市场导向与实践

在快速变化的经济环境中，应用型高校建设应用型师资队伍的紧迫性日益凸显。这一需求的根源在于增强高校自身的应用型人才培养能力，以更好地适应市场需求，服务地方经济。近年来，随着我国科技水平的持续提升，产业结构正在经历深刻的优化升级。同时，低端制造产业的外迁也加剧了就业市场对于应用型人才的渴求。

在这样的背景下，应用型高校必须打破传统思维定式，紧密跟随市场环境的变化来调整自身的师资培训策略。仅仅依靠既有的经验和调研成果已经不足以应对当前的市场挑战。高校需要通过政策建设和资金扶持，积极鼓励教师走出象牙塔，深入市场调研的第一线。

市场调研不仅能够帮助教师了解行业的最新动态和发展趋势，还能够增强他们的应用性技能，提升解决实际问题的能力。通过参与市场调研，教师们可以更加准确地把握市场对人才的需求变化，从而为高校调整人才培养方向提供有力依据。

高校还应建立起与市场紧密对接的师资培训机制，定期邀请行业专家进校开展讲座、工作坊等活动，为教师提供与市场接轨的学习和交流平台。通过这些举措，应用型高校可以逐步打造一支既具备扎实理论知识，又拥有丰富实践经验的应用型师资队伍，为培养符合市场需求的高素质应用型人才奠定坚实基础。

（二）"利益+文化+资源"：基于利益共同体的师资建设参与机制

在产教融合的大背景下，利益共同体作为一种创新的合作模式，正逐渐成为应用型高校与行业企业合作的新趋势。这一模式以共同利益和价值愿景为基石，通过实体联盟的形式将高校与企业紧密联系在一起，共同推动产业的发展和人才的培养。

基于利益共同体的应用型高校师资建设参与机制，其核心在于实现利益互补。应用型高校通过与企业合作，可以获得更丰富的实践资源和市场需求信息，从而提升师资培养的针对性和实效性；而企业则可以利用高校的人才和科研优势，推动技术创新和产品升级。这种互补性使得双方的合作更加紧密和持久。

文化共融是这一机制的基础。应用型高校与企业在合作过程中，需要不断磨合和融合彼此的文化理念与管理模式，形成共同的价值追求和行为规范。通过与重庆市各大行业协会建立合作关系，重庆市各大高校可以凝聚集体文化，构筑共同的价值愿景，为师资建设提供有力的文化支撑。

资源共享是连接应用型高校与企业的纽带。双方应充分发挥各自在产业链和教育链上的资源优势，通过资源共建共享来提高师资培养质量。这不仅可以降低培训成本，提高培训效率，还能促进双方的深度合作和交流。

完善技术开发和生产性实践的参与机制是实现产业链和教育链合作共赢的关键。应用型高校应积极参与企业的技术开发和生产性实践活动，将理论知识与实践技能相结合，提升教师的实践能力和创新水平。企业也应为高校提供必要的实践平台和资金支持，推动科技成果的转化和应用。

无论应用型高校采取何种校企合作模式，都需要坚持利益互补、文化共荣和资源共享的原则。只有这样，才能建立起产教融合的利益共同体，形成校企合作的长效机制，为地方经济的发展和人才的培养做出更大的贡献。

（三）"校企合作+利益共同体"：综合性应用型师资队伍建设平台

为了适应经济社会对应用型人才的持续需求，应用型高校必须进行深层次的产教融合，打造一支具备实践经验和行业知识的应用型师资队伍。这要求应用型高校对现有教育模式进行根本性的改革和创新，以更加开放和务实的姿态，与各类企业开展紧密合作。

具体而言，应用型高校应基于三种主要的校企合作模式——即资源共享、项目合作和人才培养模式创新，建立起产教融合的利益共同体。这种共同体不仅有助于学校和企业之间资源的有效整合，还能促进教育链、人才链、产业链、创新链的有机衔接。

在这一框架下，应用型高校需要着力搭建六大平台来支撑应用型师资队伍的建设和人才培养工作（图4-1）。这六大平台包括：课程教学研究平台，用于提升教学质量和创新教学方法；校内实践平台，为学生提供模拟真实工作环境的实践机会；企业实训平台，让学生直接参与企业的实际项目，了解行业运作；应用技术研究平台，鼓励教师开展具有市场潜力的应用性研究；社会服务平台，将研究成果应用于社会，解决实际问题；以及国际交流合作平台，拓宽师生的国际视野，吸收国际先进经验。这些平台的构建与运作，将有力地推动应用型高校向应用型、实践性方向转型，更好地服务于地方经济社会的发展。通过这样的改革举措，应用型高校不仅能够培养出更多符合市场需求的应用型人才，还能在激烈的教育竞争中形成自己的特色和优势。

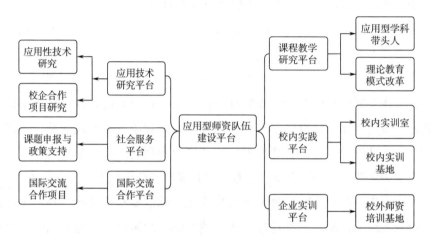

图 4-1 应用型高校应用型师资队伍建设平台架构

1. 课程教学研究平台建设中的"双带头人"制度与应用型课程体系的构建

在深化产教融合、构建应用型师资队伍体系的过程中，课程教学研究平台的建设显得尤为重要。为了打破传统教育模式的束缚，创新教学方式方法，应用型高校应首先在课程教学研究平台上建立"双带头人"制度。具体而言，这一制度要求选拔理论和实践教育能力均突出的教师担任校内学科带头人。这些教师不仅具备深厚的学科理论基础，还能够将理论知识与实际应用相结合，指导学生进行应用技术研究。他们将负责引领学科发展方向，制定教学计划，组织教学活动，并提供应用技术研究指导，从而确保学生能够在理论学习和实践应用中取得全面进步。

为了弥补校内教师在实践经验方面的不足，应用型高校还应从校外聘请专家和技术骨干担任校外学科带头人。这些校外带头人通常来自行业企业一线，具备丰富的实践经验和专业技能。他们将负责实践教学指导，组织学生参与校外实习和实践活动，帮助学生更好地了解行业现状和发展趋势。此外，他们还将与校内带头人共同开展专业建设指导、青年教师培训和教学团队建设等各项工作，促进校内外教育资源的有效整合。

在"双带头人"制度的引领下，应用型高校还应建立形式多样化、课程模块化、组织生动化的应用型课程体系。这一课程体系将打破传统单一的课程结构，根据学科特点和学生需求设置多样化的课程模块，如基础理论模块、实践应用模块、创新创业模块等。同时，课程组织方式也将更加生动化，注重学生的参与和互动，激发学生的学习兴趣和创造力。

通过建立"双带头人"制度和应用型课程体系，应用型高校可以推动产业链和教育链的有机融合。校内学科带头人和校外学科带头人的紧密合作，将使得理论教学与实践教学更加紧密地结合起来，形成良性互动。应用型课程体系的建立也将更好地满足行业企业对人才的需求，推动人才培养与产业需求的精准对接。这将为地方经济的发展和产业的升级提供有力的人才支撑和智力支持，实现产业链和教育链的合作共赢。

2. 校内实践平台建设与双渠道教师培训体系的深度融合

在应用型高校的教育体系中，校内实践平台的建设对于应用型师资队伍的培养至关重要。为了强化这一环节，学校应着重加强校内实验室的建设。实验室不仅是理论教学的延伸，更是培养学生实践能力和创新思维的重要场所。因此，通过投入必要的资源、更新实验设备、优化实验环境，可以为学生提供更加真实、高效的实践学习体验。

在此基础上，应用型高校应进一步开发实训课程，并聘请具有丰富实践经验的兼职教师参与教学。这些教师可以是来自行业企业的专家，也可以是其他高校的优秀教师。他们以实验室为支点，开展青年教师的实践指导工作，帮助青年教师提升实践教学能力，从而更好地指导学生进行实验和实训。

为了建立完善的教师培训体系，应用型高校应建立"教学实践+师资培训"的双渠道模式。这一模式将教学实践和师资培训紧密结合，以实践促培训，以培训提实践。通过组织教师参与实训课程的开发和教学，不仅可以提升他们的实践教学能力，还可以促进他们对行业企业的了解和对市场需求的把握。同时，定期的师资培训活动也可以帮助教师更新知识结构，提升教学水平。

在校企合作的框架下，应用型高校还应积极开展校内实训基地建设。这种合作应基于共同的教育规划和愿景，以企业提供的实训项目为训练内容。通过实训项目的开展，学生可以获得更加贴近实际的工作经验，而企业也可以从中选拔优秀的人才。将项目产出用于企业在设备、资金等方面的投入，可以有效地激发企业的投入热情，实现校企双方的互利共赢。

通过加强校内实验室建设、开发实训课程、聘请兼职教师以及开展校内实训基地建设等措施的实施，应用型高校可以构建起完善的校内实践平台和双渠道教师培训体系。这将有助于提升教师的实践教学能力，培养学生的应用技能和创新能力，进一步推动产教融合和应用型师资队伍的建设。

3. 企业实训平台建设与应用型教师培养的深度融合

在深化产教融合的大背景下，企业实训平台的建设对于应用型高校应用型师资队伍的培养显得尤为重要。为了打造一支既具备专业理论知识，又拥有实践技能和行业经验的教师队伍，应用型高校需要与合作企业紧密合作，共同建设校外师资培训基地。

每年，学校应提供一定的进修名额，以挂职实习的方式派遣青年教师进入企业参加生产实践。这种实习方式不仅可以使教师深入了解企业的运作流程和行业的发展态势，还可以让他们在实践中掌握最新的技术应用和市场动态。通过亲身体验和实际操作，教师们可以更加直观地了解行业企业的需求和期望，从而在未来的教学中更加精准地对接市场需求，培养出更符合社会需要的应用型人才。

实训结束后，学校应以教研室会议的方式组织教师们分享见解、共同学习。在这个平台上，教师们可以交流自己在企业实训中的所见所闻、所思所感，分享各自的经验和收获。这种互动式的学习方式不仅可以促进教师之间的知识共享和思想碰撞，还可以帮助他们更好地将实践经验转化为教学资源，提升教学质量和效果。

通过企业实训平台的建设和应用型教师培养计划的实施，应用型高校可以逐步打造出一支兼具专业理论、实践技能和行业经验的应用型教师队伍。这支队伍将成为学校深化产教融合、提升人才培养质量的重要支撑力量，为地方经济的发展和产业的升级提供有力的人才保障和智力支持。

4. 应用技术研究平台建设与应用型高校应用型师资队伍的协同发展

在推动产教融合、构建应用型师资队伍的过程中，应用技术研究平台的建设具有举足轻重的地位。对于应用型高校而言，应充分认识到应用技术研究在专业建设中的先导作用，它不仅能够直观地反馈出应用型师资队伍的建设水平，更是提升学校整体科研实力和社会服务能力的重要途径。

为了加大优势专业应用性技术的研究力度，应用型高校应制定一系列激励措施，鼓励教师在授课之余积极开展应用性技术研究。这些激励措施可以包括设立科研基金、提供实验设备、给予成果奖励等，从而激发教师的科研热情和创新精神。同时，学校还应建立科研成果转化机制，将教师的科研成果转化为实际应用，推动产学研的深度融合。

在与企业的合作中，应用型高校应注重联合申报符合市场需求、契合产业发展的科研课题。通过与企业共同开展课题研究，教师可以深入企业获取一手资料和数据，为研究项目提供宝贵的资料支持。这种合作模式不仅可以增强研究的针对性和实用性，还可以促进教师与企业技术人员的交流与合作，提升教师的实践能力和行业认知。

应用型高校还应加强应用技术研究平台的建设和管理，完善科研管理制度和评价体系，营造良好的科研氛围和创新环境。通过这些措施的实施，可以逐步构建起以应用技术研究为引领、产学研深度融合的应用型师资队伍培养体系，为地方经济社会的发展提供有力的人才支撑和技术支持。

5. 社会服务平台建设与应用型高校教师科研成果转化的有效路径

在深化产教融合、构建应用型师资队伍的过程中，社会服务平台的建设是应用型高校实现社会服务功能的重要载体。为了充分发挥这一平台的作用，学校应鼓励教师积极申报横向课题，并给予其相应的配套政策支持。

这些配套政策包括提供科研启动资金、实验设备支持、团队组建协助等，旨在降低教师开展科研的难度，提升其参与横向课题研究的积极性。学校还应完善效益分配机制，确保教师在科研成果转化过程中能够获得合理的收益，从而进一步激发其科研创新和服务社会的热情。

除了政策支持外，应用型高校还应鼓励教师对所在地区的各行业展开深入调研。通过调研，教师可以更准确地把握行业发展趋势和市场需求，为政府的决策管理提供有价值的参考依据。这种将调研成果服务于政府决策的模式，不仅可以提升应用型高校的社会影响力，还可以加强学校与政府、企业之间的合作与交流，推动产学研的深度融合。

为了实现上述目标，应用型高校需要构建完善的社会服务平台。这个平台应具备项目对接、信息交流、资源共享等功能，能够为教师提供便捷的服务和支持。同时，学校还应建立健全的服务机制和评价体系，确保社会服务平台的高效运转和可持续发展。

通过鼓励教师申报横向课题、完善效益分配机制、开展行业调研等措施，应用型高校可以在社会服务平台建设上取得显著成效。这将有助于促进教师的科研成果转化，发挥学校的社会服务功能，为地方经济社会的发展作出积极贡献。

6. 国际交流平台建设与应用型高校师资力量的全球化升级

在全球化日益深化的今天，国际交流合作成为提升高等教育质量、拓宽教师视野的重要途径。对于应用型高校而言，建设国际交流平台不仅是响应时代号召的必然举措，更是突破自身发展瓶颈、实现跨越式发展的关键一环。

应用型高校应大力推进多层次、跨学科的国际交流合作项目。这些项目可以包括教师互访、学生交换、合作研究等多种形式，旨在为教师提供学习先进教育理念、掌握多种教育方法的宝贵机会。通过参与国际交流，教师可以亲身体验不同文化背景下的教育模式，从而拓宽教育视野、提升教学水平和创新能力。

国际交流平台也是应用型高校跟踪前沿应用性技术开发成果的重要窗口。通过与国外高水平高校和研究机构的合作，教师可以及时了解国际最新科技动态和发展趋势，将先进技术和成果引入课堂教学和科研实践中，从而推动学校整体科研水平的提升。

在推进国际交流的过程中，应用型高校应依托产教融合的发展战略，紧密结合地方经济发展和企业人才需求。这意味着，学校在选择国际合作伙伴和制订交流计划时，应充分考虑地方产业特点和市场需求，确保交流合作项目能够服务于地方经济转型升级和企业创新发展。通过这种方式，应用型高校不仅可以为自身发展注入新的活力和动力，还可以承担起应有的社会责任和历史使命，为地方经济社会的繁荣作出积极贡献。

二、国际高校商务英语教师队伍建设案例

（一）选取国际知名高校的商务英语教师队伍建设案例进行分析

在国际高等教育领域，商务英语教育作为培养未来商业领袖的关键环节，日益受到各大高校的重视。为了在这一领域保持领先地位，许多国际知名高

校纷纷加强商务英语教师队伍的建设，通过实施一系列创新策略，成功打造了一支高水平、具有国际视野的商务英语教师队伍。

1. 这些高校在招聘新教师时，注重学术背景与行业经验的双重标准

他们不仅关注教师在学术研究上的成果，更看重其是否具备丰富的行业实践经验。这样的招聘策略确保了商务英语教师队伍既具备深厚的学术底蕴，又能够为学生提供更加贴近实际的教学内容。例如，某国际知名商学院的新教师队伍中，大部分教师都曾在知名企业担任高管职务，他们能够将最新的商业实践案例引入课堂，帮助学生更好地将理论知识应用于实践中。

2. 这些高校非常重视教师的国际化视野

他们通过设立国际交流项目、鼓励教师参与国际学术会议和合作研究等方式，为教师提供了广阔的国际化发展平台。这种开放的态度不仅吸引了众多国际优秀教师的加入，也为学生提供了更加多元化的学习体验。例如，某高校的商务英语教师队伍中，有多位教师曾在国际顶级商学院任教或深造，他们带来了先进的教学理念和国际化的教学方法，极大地丰富了学生的学习生活。

3. 这些高校还建立了完善的教师培养和发展机制

他们为新教师提供系统的入职培训，帮助其快速适应教学环境和掌握教学方法；为资深教师提供学术休假和研修机会，鼓励其进行深入的学术研究和教学创新。这种机制不仅提升了教师的教学水平和研究能力，也培养了教师的创新精神和激发了其工作热情。例如，某高校设立了教学创新基金，鼓励教师进行教学方法和内容的创新尝试，这一举措极大地推动了商务英语教育的持续发展。

（二）借鉴先进理念和做法，拓宽国际化视野

随着全球化的不断深入，我国应用型高校在商务英语教育方面亟须与国际接轨，借鉴国际知名高校的先进理念和做法成为提升教育质量的关键。这些经验不仅有助于构建高水平的教师队伍，更能为学生提供更加前沿、国际化的教育资源。

在提升教师的实践能力和行业经验方面，我国应用型高校可以通过深化产教融合、校企合作来实现。例如，与行业领先企业共同建立实践基地，让教师在真实的商业环境中进行教学和研究，从而增强其实践经验。同时，在

招聘环节明确对行业经验的要求，确保新入职教师具备一定的实践背景，能够更好地将理论与实践相结合。

加强教师的国际化培训和交流也是提升商务英语教育水平的重要举措。我国应用型高校可以设立专项基金，支持教师参加国际学术会议、进行海外访学等活动，以拓宽其国际视野。此外，还可以通过与国际知名高校建立合作关系，开展教师互派、联合培养等项目，进一步提升教师的国际化水平。

建立完善的教师培养和发展机制对于培养教师的创新精神和激发工作热情至关重要。我国应用型高校应为新教师提供系统的入职培训，帮助其快速适应教学环境；为资深教师提供学术休假、研修机会等，鼓励其进行深入的学术研究和教学创新。同时，建立科学的评价体系和激励机制，确保教师的付出能够得到应有的回报。

以我国某应用型高校为例，该校近年来积极借鉴国际知名高校的先进经验，在提升教师实践能力和国际化水平方面取得了显著成效。该校与多家知名企业建立了合作关系，共同开展实践教学项目；同时，大力支持教师参加国际学术会议、进行海外访学等活动。这些举措不仅提升了教师的教学水平和研究能力，也极大地推动了该校商务英语教育的发展。

三、校企合作在商务英语教师队伍建设中的应用案例

（一）商务英语背景下"双师"循环流动机制的制度构建与完善

在商务英语教育的背景下，为了打造一支既懂理论又通实践的教师队伍，我国不断推动"双师型"教师队伍的建设。其中，《深化新时代职业教育"双师型"教师队伍建设改革实施方案》为这一进程提供了明确的指导，强调从标准要求、岗位设置、遴选聘任、专业发展、考核管理等多个方面综合施策，确保校企人员的双向流动顺畅。

对于职业院校而言，完善"双师"循环流动机制的首要任务是制定校企共认、共用的"双师"人员标准。这一标准不仅要体现教师在学术领域的造诣，还要强调其在商业实践中的经验和能力。通过设立明确的准入门槛，职业院校可以确保流动到校内的人员具备高质量的素质条件，从而提高校企合作的成效。

为了充分发挥人员流动的价值，职业院校应落实好互聘互用制度。这意

味着校企之间应设立互通岗位，允许教师和企业人员相互流动、相互学习。为了更好地管理和利用这些流动人员，校企双方可以共同建立一个人力资源库。这个资源库不仅可以将可流动的教师和能工巧匠收录其中，还可以实时公示校企的空缺岗位，从而合理分配和利用人才资源。

但是，仅仅有制度和资源库的建立是不够的。为了确保"双师"循环流动机制的长效运行，还需要严格落实考评制度。这包括对流动到企业的教师进行实践锻炼的考核，以及对校企共育的"双师"进行质量把关。通过深化以"双产域"能力为导向的评价体系，可以杜绝教师"形式化"的企业实践锻炼，确保他们真正能够在实践中提升自己的能力和素质。

在商务英语教育的背景下，"双师"循环流动机制的构建与完善是提升我国职业教育质量的关键一环。通过制定明确的标准、落实好互聘互用制度以及严格落实考评制度等措施，我们可以打造一支既懂理论又通实践的教师队伍，为商务英语教育的发展提供有力的人才保障。

（二）利益驱动下的商务英语校企人才流动机制优化

在商务英语背景下，校企人才流动不仅是双方资源互补的需要，更是推动产学研深度融合、提升教育质量的关键。为了有效提高校企双方参与人才流动的意愿，必须从利益驱动的角度出发，构建科学合理的激励机制。

一方面，以校企共同开发项目为任务驱动，能够深化产学研合作，形成紧密的校企利益共同体。通过专任教师与企业技能人才的联合科研，不仅可以利用双方实践资源与理论资源攻克科研难题，还能使学校的智力资源有效反哺生产，提升企业的创新能力和市场竞争力。同时，企业生产实践与学校教学实践的结合，使得双向流动成为校企共同的事业。在这种模式下，校企人员往来不再是生产与教学的阻碍，而是涉及共同利益的双向奔赴，有力地促进了商务英语教育与市场需求的紧密对接。

另一方面，完善人员流动激励模式也是提高校企人才流动意愿的重要手段。对于参与流动的企业能工巧匠与职业院校教师，应合理设置薪资标准，并给予晋升的优待通道。这不仅可以保障流动人员的经济利益，还能为其职业发展提供更广阔的空间。同时，对流动教师的项目、科研成果给予荣誉与绩效奖励，能够进一步增强教师个人参与流动的意愿和积极性。这种以利益为驱动的激励机制，有助于形成校企双方共同参与、共同受益的良好局面。

（三）夯实基础，共建商务英语校企合作平台以培育"双师型"教师

在商务英语教育的浪潮中，为了培育既懂理论又通实践的"双师型"教师，夯实基础并搭建校企合作平台尤为重要。这一举措旨在加强校企合作交流，整合双方资源，为师资队伍建设创造有利条件。

首先，应建立校企"双师型"教师培养基地。这种基地不仅具备传统的教育培训功能，还应成为校企双方深度合作的桥梁和纽带。通过这一平台，可以整合校企双方的优质资源，共同开展教学。其次，建设校企共用的"教师教育中心"和"双师素质提升平台"是关键。这些平台应明确其师资培育职能，并针对企业教师和职业院校教师实施分类培训。培训内容、方式和时间都应进行科学规划，以确保培训效果的最大化。这些平台还应聚焦职业院校教师和企业教师各自的教学"短板"，开展有针对性的培训活动。例如，对应用型高校教师可以突出企业生产实践培训，提高其动手能力；对企业教师则可以突出教育教学知识与能力的培训，锻炼其课堂讲授能力。最后，"双师型"教师的培养需要注重"引进来"和"走出去"相结合。企业应积极参与其中，共享专业人才资源，为职业院校教师提供实践平台。这不仅可以增强教师的实践经验，还有助于营造校企共育的良好环境。职业院校也应鼓励教师走出校门，深入企业一线进行实践锻炼，以更好地了解行业动态和企业需求。

（四）各级政府联动，构建商务英语校企合作政策合力机制

在商务英语教育的推进过程中，各级政府的联动与政策合力是促成校企深度合作、实现人员双向流动的关键。为了有效对接职业教育与产业发展，各级政府需通过出台相关文件、制定配套政策，共同构建一个有利于商务英语教育发展的政策环境。

中央政府作为顶层设计者，应站在全局的高度，对校企人员双向流动进行宏观规划和指导。这包括制定全国性的政策框架、明确校企合作的总体目标和方向，以及提出具体的实施策略和保障措施。同时，中央政府还应鼓励地方政府根据当地职业教育发展特点和企业行业优势，因地制宜地制订具体实施方案。

地方政府在落实中央政策的过程中，应充分发挥其贴近基层、了解实际的优势。通过深入调研，准确把握当地职业教育和企业行业的实际需求，然

后结合实际情况，制定出更加具体、更加可行的政策措施。例如，可以设立校企联合师资培养专项基金，为职业教育师资培养提供经费保障；可以组建专家队伍，研究制定本地区"双师型"教师队伍建设规划；还可以与应用型高校和企业建立紧密的合作关系，共同推进校企共育师资的实施方案。

应用型高校作为政策的响应者和执行者，应积极响应政府的政策号召，主动与企业开展合作。通过制订具体可行的校企共育师资实施方案，明确专业教师和企业教师的岗位职责和流动机制，确保双方在合适的岗位上发挥最大的作用。同时，应用型高校还应加强与政府的沟通和协调，及时反馈政策执行过程中的问题和建议，为政府进一步完善政策提供参考。

政府还应以法律为辅助手段，明确校企双方在合作过程中的权利和义务。通过制定相关法律法规和实施细则，规范校企合作行为，保障双方的合法权益。同时，政府还应对校企合作共育师资进行适当约束和监督，确保其符合教育规律和产业发展需求。

各级政府联动、形成政策合力是推动商务英语教育校企合作深入发展的关键。通过构建中央政府顶层设计、地方政府具体实施、应用型高校积极响应、法律辅助保障的多层次政策体系，可以为商务英语教育的发展创造一个更加良好的环境。

第五章　新时代应用型高校商务英语
人才培养教学资源平台建设

新时代网络信息技术和多媒体技术的应用给全球的教育领域带来了前所未有的生机与活力。随着互联网等网络技术的发展与普遍应用，教育技术和方法在不断改革和创新。数字化教学资源平台应运而生。本章节旨在探讨新时代教学资源的建设原则，分析新时代对商务英语教学资源建设的影响，并通过实践案例分析总结经验与问题。期望为商务英语教学资源的创新与发展提供有益参考，推动商务英语教育的现代化进程。

第一节　商务英语教学资源的开发原则

在商务英语教育领域，教学资源的开发至关重要。为了确保资源的有效性，需遵循四大原则：需求导向，即资源应紧密对接人才培养需求；多元化，以满足学生多样化的学习方式；创新性，利用新技术提升资源质量；共享性，促进资源的广泛交流与高效利用。这些原则共同构成了商务英语教学资源开发的基石，旨在推动商务英语人才培养的持续创新与发展。

一、需求导向原则

在商务英语人才培养过程中，需求导向原则对于教学资源的开发具有至关重要的指导意义。为了确保教学资源与商务英语专业人才的实际需求、商务英语专业的课程设置以及学生的学习需求保持高度契合，开发者必须进行深入的市场调研，并与业界专家建立紧密的合作关系。

市场调研能够帮助开发者了解当前商务英语行业的最新动态和发展趋势，以确保教学资源与时俱进。与业界专家的合作能够进一步提升教学资源的专业性和实用性，使其真正满足商务英语人才的培养需求。

以国际市场营销课程为例，开发者可以引入最新的国际市场趋势，如数字化转型、社交媒体营销等，以及成功的国际营销案例和先进的国际营销理念。这些内容的融入将有助于学生更好地理解国际市场营销的实质和操作技巧，提升他们的专业素养和实践能力。

为了满足学生的学习需求，开发者还需要关注学生的学习风格、兴趣爱好和认知水平等因素。通过设计多样化的教学资源和灵活的教学方式，如案例分析、角色扮演、模拟经营等，可以激发学生的学习兴趣和积极性，提升他们的学习效果。

总之，需求导向原则是商务英语专业教学资源开发的核心原则之一。只有紧密围绕人才培养的需求进行开发，才能确保教学资源的质量和效果，为商务英语人才培养的发展提供有力支持。同时，为了更好地贯彻这一原则，开发者需要不断地进行市场调研、与业界专家合作以及关注学生的学习需求，以实现教学资源的持续优化和更新。

二、多元化原则

在商务英语人才培养过程中，学生的学习需求和学习风格呈现日益多样化的趋势。为了有效应对这一挑战，教学资源的开发必须遵循多元化原则。这意味着开发者需要设计多种类型、多种形式的教学资源，以满足学生不同的学习偏好和需求。

就资源类型而言，除了传统的文本教材外，还应包括图像、音频、视频等多媒体元素。这些资源能够为学生提供更加直观、生动的信息呈现方式，有助于他们更好地理解和掌握知识点。例如，在介绍国际商务礼仪时，可以通过视频展示不同国家和地区的商业文化和礼仪规范，让学生在观看过程中形成深刻的印象。

就资源形式而言，应注重多样性和互动性。案例分析、角色扮演、模拟经营等教学方法能够激发学生的学习兴趣和积极性，使他们在参与过程中主动思考和解决问题。例如，在开发国际商务课程的教学资源时，可以设计一个模拟跨国公司的经营决策情景。学生可以在情景中扮演不同的角色，如总经理、市场部经理、财务部经理等，共同面对各种经营挑战。通过这种情景化的学习方式，学生可以在实践中掌握国际商务知识，提升他们的实际操作能力。

为了进一步丰富教学资源的内容和形式，开发者还可以积极引入新技术和新方法。例如，利用虚拟现实（VR）技术创建虚拟商业环境，让学生在其中进行实战演练；利用大数据分析技术对学生的学习行为进行分析和评估，为他们提供个性化的学习建议。

多元化原则是商务英语教学资源开发的重要指导原则。通过设计多种类型、多种形式的教学资源，并引入新技术和新方法，开发者可以满足学生多样化的学习需求，激发他们的学习兴趣和积极性，从而提升商务英语教育的质量和效果。为了确保教学资源的有效性和实用性，开发者还需要不断地进行市场调研和更新优化工作，以适应不断变化的商业环境和教育需求。

三、创新性原则

在商务英语人才培养过程中，创新性原则被视为教学资源开发的核心要素。为了有效培养学生的创新思维和创新能力，教学资源必须不断追求创新，以适应快速变化的商业环境和技术进步。

在教学内容方面，应注重前瞻性和引领性。开发者应密切关注商业领域的前沿动态和未来趋势，及时将最新的商业理念、商业模式和技术创新融入教学资源。例如，在开发创新创业课程的教学资源时，可以引入与当地创业孵化器或风险投资机构的合作项目，让学生有机会接触并学习真实的创业项目和案例。通过这些实际案例，学生可以深入了解创业的全过程，掌握创业所需的知识和技能，同时激发他们的创新思维和创业精神。

在教学方法和手段上，也应积极引入新技术、新方法。利用人工智能、大数据分析等先进技术，可以开发智能化的教学资源平台，为学生提供个性化的学习体验和精准的学习支持。例如，通过大数据分析学生的学习行为和成绩表现，可以为他们推荐合适的学习资源和路径；利用人工智能技术，可以开发智能辅导系统，为学生提供实时的学习反馈和指导。

为了进一步提升教学资源的创新性和实用性，开发者还可以积极与企业、行业专家等合作，共同开发符合实际需求的教学资源。通过与企业的紧密合作，可以了解企业对人才的需求和标准，从而有针对性地设计教学资源；与行业专家的深入交流，则可以获取最新的行业动态和发展趋势，为教学资源的更新和优化提供有力支持。

创新性原则是商务英语教学资源开发的重要指导原则。通过注重教学内容的前瞻性和引领性、引入新技术和新方法以及加强与企业和行业专家的合作，开发者可以开发出更加优质、创新的教学资源，为商务英语教育的发展注入新的活力和动力。

四、共享性原则

在商务英语人才培养过程中，为了提高教学资源的利用效率和效果，共享性原则显得尤为重要。这一原则强调校内外教学资源的共享与交流，旨在打破资源孤岛，实现优质教学资源的最大化利用。

为了实现教学资源的共享，首先需要建立一个开放、共享的教学资源平台。这个平台应该具备完善的资源分类和搜索功能，方便教师和学生快速找到所需的教学资源。同时，平台还应支持在线课程和交流论坛等功能，为远程学习和交流提供便利。通过这样的平台，不仅可以降低教学成本，还能提高教学效果，推动商务英语人才培养的普及和发展。

除了建立共享平台外，还需要鼓励教师之间、学校之间的合作与交流。可以定期举办教学资源分享会或研讨会，让教师们有机会互相学习和借鉴优秀的教学资源。同时，也可以开展校际合作项目，共同开发、共享优质教学资源。这些合作与交流不仅能够丰富教学资源的内容和形式，还能提升教师的教学水平和学校的整体实力。

例如，重庆对外经贸学院可以联合当地其他几所有商务英语专业的院校，共同建立一个商务英语教学资源库。这个资源库可以收集整理校内外优质的教学资源，包括课程教案、案例分析、行业报告等。通过开设在线课程和交流论坛，方便教师和学生随时随地获取这些资源，并进行学习和交流。这样的共享性举措不仅能够提高教学资源的利用效率，还能促进商务英语教育的创新与发展。

共享性原则对于商务英语教学资源的开发具有重要意义。通过建立开放、共享的教学资源平台，鼓励教师之间、学校之间的合作与交流，可以实现教学资源的最大化利用，推动商务英语人才培养过程的持续发展。

第二节　新时代对商务英语教学资源建设的影响

新时代，随着数字化技术的迅猛发展，商务英语教学资源的开发正面临着深刻变革。数字化技术不仅丰富了教学资源的形式和内容，提升了互动性和趣味性，还实现了跨时空、跨学科的资源整合与共享。个性化教学资源的开发也日益受到重视，以满足学生多样化的学习需求。通过深入探讨新时代数字化赋能对商务英语教学资源开发的影响，以期为教育领域的创新与发展提供新的思路和方向。

一、新时代数字化技术的应用

在数字化新时代，商务英语教学资源的建设正日益受到数字化技术的深刻影响。这种影响首先体现在教学资源的形式和内容上。

（一）利用数字化技术丰富教学资源的形式和内容

在商务英语人才培养过程中，传统的教学资源往往以纸质教材为主，辅以课堂讲授和案例分析。这种模式虽然在一定程度上能够满足教学需求，但在信息爆炸的今天，其局限性也日益凸显。然而，随着数字化技术的快速发展，教学资源的形式和内容正在经历一场深刻的变革。

1. 多媒体技术的应用

通过将文字、图片、音频、视频等多种媒介融合在一起，多媒体技术为教学提供了更加丰富多彩的表现形式。例如，教师可以通过播放企业宣传视频，让学生直观地了解企业的文化和价值观；或者通过在线音频课程，让学生在碎片化时间里随时随地学习商业知识。

2. 虚拟现实技术的引入

虚拟现实（VR）技术能够模拟真实的商业环境，让学生身临其境地进行体验式学习。例如，在市场营销课程中，学生可以通过 VR 技术进入虚拟的商场，亲自参与商品陈列、促销活动策划等环节，从而更好地理解市场营销的实际操作过程。

3. 增强现实技术的探索

增强现实（AR）技术通过在现实世界中叠加虚拟信息，为教学提供了更多的可能性。例如，在财务管理课程中，教师可以利用 AR 技术展示财务报表的三维模型，帮助学生更直观地理解财务数据之间的关系。

4. 全球优质教学资源的整合

数字化技术打破了地域限制，使得全球范围内的优质教学资源得以共享。学生可以通过网络平台，轻松地获取国际顶级商学院的课程资源，拓宽视野，提升自身竞争力。

5. 互动式学习环境的构建

数字化技术还为教学提供了更多的互动性。通过在线讨论区、实时问答等方式，教师与学生、学生与学生之间的交流变得更加便捷高效，有助于激发学生的学习兴趣和积极性。

（二）提升教学资源的互动性和趣味性

随着数字化技术的不断发展，教学资源的互动性和趣味性得到了极大的提升。这些技术为学生提供了更加生动、有趣的学习体验，有助于激发他们的学习兴趣和积极性，从而提高学习效果和实际应用能力。

1. 互动式教学平台

通过搭建在线互动式教学平台，教师可以实时发布课程任务、组织在线讨论、进行即时反馈等，让学生更加积极地参与到学习过程中。同时，学生也可以通过平台与其他同学进行交流、分享心得，形成良好的学习氛围。

2. 在线模拟经营游戏

将商业知识融入在线模拟经营游戏中，让学生在游戏中扮演企业管理者的角色，面对真实的商业挑战。这种方式不仅能够让学生在轻松愉快的氛围中学习商业知识，还能够锻炼他们的团队协作、决策分析等实际能力。

3. 实时在线互动

利用数字化技术，教师可以与学生进行实时在线互动，及时解答学生的疑问、调整教学内容和进度。这种实时互动方式有助于提高教学效果，使学生更好地掌握知识点。

4. 个性化学习路径

根据学生的学习特点和需求，数字化技术可以为每个学生提供个性化的学习路径。通过智能化的学习分析和推荐系统，学生可以找到最适合自己的学习资源和方法，提高学习效率。

5. 虚拟实验室和案例库

通过建立虚拟实验室和案例库，学生可以在模拟的商业环境中进行实践操作，加深对商业知识的理解。同时，丰富的案例资源也有助于拓宽学生的视野，培养他们的实际操作能力。

二、新时代数字化资源的整合与共享

新时代数字化技术还为教学资源的整合与共享提供了便利。这种整合与共享不仅体现在校内教学资源之间，还体现在校际、国际的教学资源交流上。

（一）实现跨时空、跨学科的资源整合与共享

在数字化时代，云计算、大数据等技术的应用为教学资源的整合与共享提供了强大的支持。这些技术打破了时间和空间的限制，使得不同学校、不同地区的学生可以随时随地获取优质的教学资源，进行跨学科的学习和交流。具体而言，以下是一些实现跨时空、跨学科资源整合与共享的方法和途径。

1. 搭建云平台

通过搭建教育云平台，各学校可以将自身的教学资源上传至云端，实现资源的集中存储和管理。学生可以通过网络随时随地访问这些资源，进行自主学习。同时，教师也可以利用云平台进行在线教学、布置作业、组织讨论等，提高教学效果。

2. 大数据分析

利用大数据技术对学生的学习数据进行分析，可以为教师提供更加精准的教学策略和方法。例如，通过分析学生的学习进度、成绩、兴趣等信息，教师可以有针对性地推荐适合每个学生的学习资源和课程，提高学习效果。

3. 跨学科课程设计

在教学资源整合与共享的基础上，学校可以尝试开设跨学科的课程，如"数据科学与社会研究""环境科学与经济学"等。这种课程设计可以让学生在学习专业知识的同时，培养跨学科的思维能力和综合素质。

4. 开放教育资源

许多教育机构和学术组织发布了大量的开放教育资源（OER），涵盖了各个学科领域。这些资源包括教材、课件、习题集、实验指南等，为学生提供了丰富的学习材料。通过整合和共享这些资源，可以进一步促进教育的公平

性和普及性。

5. 国际合作与交流

学校可以利用数字化技术与海外高校建立合作关系，共同开发课程、进行师生交流等。这种国际合作模式不仅能够丰富学校的教学内容和方式，还能够拓宽学生的国际视野，提升他们的跨文化沟通能力。

（二）拓展教学资源的来源和渠道

在商务英语人才培养过程中随着数字化技术的不断发展，教学资源的来源和渠道得到了极大的拓展。除了传统的教材、课堂讲授外，学生可以通过互联网获取更加广泛、多样的教学资源。这些资源不仅丰富了学生的学习内容，还提升了他们的学习体验和效果。以下是一些具体的例子。

1. 在线课程

许多教育机构和学术组织已经发布了大量在线课程，涵盖了各个学科领域。例如，Coursera、edx 等平台上有来自世界顶级大学的课程，如斯坦福大学的"机器学习"、麻省理工学院的"经济学原理"等。这些课程为学生提供了优质的学习资源，帮助他们掌握专业知识和技能。

2. 行业报告

许多行业组织和研究机构会定期发布行业报告，分析行业发展趋势、市场动态等。这些报告可以帮助学生了解行业发展状况，为他们的职业规划提供参考。

3. 专家讲座

通过互联网，学生可以观看来自世界各地的专家讲座。这些讲座涉及各个领域，如科技创新、人文历史、艺术鉴赏等。例如，TED 演讲平台上有众多知名专家的演讲视频，涵盖多个学科领域。

4. 开放获取论文

许多学术期刊和数据库提供开放获取论文服务，学生可以免费阅读和下载相关论文。这些论文可以帮助学生了解最新的研究成果和学术动态。例如，PLoS、arXiv 等平台提供了大量的开放获取论文。

5. 社交媒体和博客

许多专家学者、行业领袖在社交媒体上分享他们的观点和见解。学生可以关注他们的账号或订阅相关博客，及时获取最新的信息和知识。

三、新时代个性化教学资源的开发

新时代随着大数据、人工智能等技术的发展，个性化教学资源的开发正成为商务英语教学资源建设的重要趋势。

（一）利用大数据分析等技术，开发个性化教学资源

随着大数据技术的发展，教育领域开始探索如何利用这些技术来开发更加个性化的教学资源。通过收集和分析学生的学习行为、兴趣爱好、成绩表现等数据，教育者能够深入了解学生的学习需求和特点，并据此提供定制化的学习材料和课程。以下是一些实现个性化教学资源开发的方法。

1. 学习行为分析

通过跟踪学生在在线学习平台上的互动情况，如观看视频的进度、参与讨论的频率、完成作业的时间等，教师可以了解学生的学习习惯和偏好。这有助于推荐适合其学习风格的内容，例如，对于喜欢视觉学习的学生推荐更多图表和视频资料。

2. 兴趣爱好挖掘

利用学生的浏览历史和选课记录，可以挖掘学生的兴趣爱好。基于这些信息，可以为学生推荐与他们兴趣相关的课程，如对历史感兴趣的学生推荐"世界文明史"课程，对科技感兴趣的学生推荐"人工智能基础"课程。

3. 成绩表现分析

通过分析学生的测验和考试成绩，可以发现学生的强项和弱项。针对弱项，可以提供补充材料和针对性练习，如数学成绩不佳的学生可以获得更多的数学习题和解题策略指导。

4. 自适应学习系统

开发自适应学习系统，该系统可以根据学生的回答和互动自动调整难度和内容。例如，一个学生在解决数学题时遇到困难，系统可以提供更多类似题型的练习，直到学生掌握为止。

5. 跨学科课程设计

结合学生的个人兴趣和未来职业规划，开发跨学科的课程，如将艺术与科学结合的"创意设计与科技创新"课程，或者将商业与数据分析结合的"市场分析与决策制定"课程。

6. 实时反馈机制

在学习过程中提供实时反馈，帮助学生及时了解自己的学习进展和存在的问题。通过智能分析系统，可以为学生提供个性化的学习建议和改进措施。

（二）满足学生个性化的学习需求

在数字化时代，学生的学习需求变得越来越多样化和个性化。他们不仅希望教学资源能够适应自己的学习风格，还希望这些资源能够帮助他们探索兴趣爱好、实现职业目标。为了达到这一目标，教育内容提供者和开发者需要紧跟学生需求的变化，不断创新和优化教学资源的供给。

1. 定制化课程路径

根据学生的能力和兴趣定制不同的课程学习路径。例如，对于财务管理感兴趣的商务英语学生，可以提供从基础会计学到高级财务分析的逐步深入学习路径。

2. 灵活的学习形式

开发多种格式的教学资源，如视频讲座、互动式模拟、在线讨论等，以适应不同学生的学习偏好。比如，为喜欢自学的学生提供详尽的电子书和案例研究，而为喜欢交流的学生设置在线论坛和小组作业。

3. 职业技能对接

将教学内容与实际职业技能要求对接，为学生提供职场所需的技能训练。例如，为商务英语专业的学生提供数字营销和社交媒体策略的实践指导。

4. 实时反馈与辅导

利用智能系统提供实时反馈，帮助学生了解自己的学习进度和存在的问题，并提供针对性的辅导服务。例如，通过 AI 辅助的写作平台，可以帮助商务英语的学生提升商业报告和计划书的撰写能力。

5. 跨学科项目实践

设计跨学科的项目让学生参与，以培养他们的综合应用能力。例如，组织商业、工程和设计专业的学生共同完成一个新产品的开发项目，从市场调研到产品设计再到商业计划的制订。

6. 专业发展规划

提供与职业规划相关的课程和咨询服务，帮助学生根据自己的兴趣和职业目标选择合适的专业方向。例如，为有意进入物流行业的学生提供商业数据分析和物流管理的选修课。

第三节　新时代商务英语教学资源建设策略

近年来我国商务英语本科专业的发展势头迅猛。截至 2024 年，已有 390 所高校开办了商务英语本科专业。由于该专业在我国起步较晚（2007 年开始），新时代商务英语人才培养工如何对接国家经济发展需求，培养符合企事业单位需要的人才值得我们深入研究。本节通过对商务英语教学资源建设的策略分析，以期为商务英语教学资源的建设提供有益参考。

一、基于网络平台的商务英语教学资源平台建设

众所周知，基于网络平台的专业教学资源库要想达到优质资源共享，就必须加强建设，不断地充实完善，其建设重点主要在于对教学资源的开发、收集、整理和入库。建设目标旨在促进主动式、协作式、研究型、自主型学习，形成开放、高效的新型教学模式的网络学习平台。教学内容能满足理论教学、实践教学以及工学结合改革的要求，实现课堂教学的有效延伸。帮助学生实现远程的课程学习和接受辅导，同时能实现全院范围内优质专业教学资源的共建共享。基于网络平台的专业教学资源库建设，对教学改革非常重要，是教学的主要支撑材料，其主要建设内容可以包括专业课程教学资源库、试题库、教材和教学设备资源库、影像资料资源库、成果展示库等。

专业课程教学资源库可以包括专业介绍、人才培养方案、课程体系、课程标准、教学计划、教学教案、课件、核心课程在线考试题库及考试系统、实训项目、自编教材等。应用型高校商务英语专业可以组织教学团队明确责任，分工到人，专人负责以上各项工作的开展。

试题库的内容可以包括案例分析库、习题库和技能抽查试题库。各应用型高校可以结合自身商务英语专业教学的特点，完善试题库，比如建立"分段式"职业技能抽查试题库：针对一年级学生建好基础技能抽查试题库；针对二年级学生建好专业方向技能抽查试题库；针对三年级学生建好综合技能抽查试题库。

教材、教学设备和影像资料资源库主要内容可以包括数字化理论教材、

校本教材、实训教材、实训指导书、教学设备、学生实训和课堂教学影像。根据现代教学发展的需要，应用型高校可以与企业深度合作，共同探讨教材、教学设备和影像资料资源库建设方案。鼓励企业专家和专业教师密切合作，利用已有的知识和经验，整合多种教学资源，建设体现专业特色的教材，共建特色化的精品课程，共同开发专业主干课程，如《外贸函电》《商务英语谈判》《商务英语翻译》的校本教材、实训教材和实验实训指导书，并及时更新完善学生实训、课堂教学等影像资料。成果展示库包括教师科研成果、学生优秀作业、顶岗实习实践成果和学生学科竞赛获奖项目。

二、基于生态学的商务英语教学资源平台建设

生态学理论最初是用于研究有机体或有机群体与其周围环境之间相互关系的科学，并逐渐被应用于教育问题研究。国外研究重点包括宏观的教育与环境的关系到微观的课程教学。人才培养的生态化模式将生态学理论引入商务人才培养模式，提出人才培养就是从学生与环境的相关关系中认识学生的发展，认识环境因子对于学生发展的影响过程。用生态学研究生态化模式下的商务英语人才培养，就是将生态学作为一种理论分析框架，运用生态的概念、理论、观点、原则和学科解释，从个体、群体、群落、生态系统等多个层面，分析人才培养目标实现的规律、条件、途径和方法。

基于生态学的商务英语教学资源平台建设，应从教育教学资源平台角度来定位该方法的构建，一是基于信息技术的网络化共享平台，该教学资源平台是指根据人才培养教育实践中存在的教育和教学需要，收集和开发的数据资源库，回应主要围绕专业进行建设，形成商务英语专业的数字化资源库，服务于教育教学活动。二是一个信息管理平台，教师能利用信息化的人机接口，方便地创建、编辑整理、优化完善、升级或淘汰各类教学信息资源。三是一个工作应用平台，教师能将优质教育教学资源积累、整合、优化和分享，实现跨时空的交流与互动，其价值通过有效的应用并在应用中不断完善的方式动态实现。

该平台的教育教学资源应包括专业资源、课程资源、教师资源、科研项目资源，以及就业信息资源等教育教学资源。该教育教学资源平台应具有生态化特征。生态系统是一个开放的、动态的系统，生态系统自身具有达到内

部稳定或是内部平衡的趋势或能力，这是生态学的一个重要现象。具有生命周期的教育教学资源平台与自然界的生物一样，处于该种生态循环中，必然也需要有活跃的生态动力与环境系统之间相互依存、相互交换、动态成长、动态发展，并能根据环境智能地适应生态变化。因而，生态化教育教学平台应具有良好的互动性、自发的成长性、易操作的通用性、流动的开放性、及时的更迭性、时效性和创新性等动态的循环发展性等特征。

该平台的搭建和不断完善将实现区域内高校共享、优化各种教育教学资源。形成"专业强点互补化，课程资源共享化，教师资源流动化，科研项目联合化，就业信息互助化"的教育教学资源生态平台，从而节约资源，合理优化资源配置，提高人才培养质量。

（一）专业强点互补化

从种群和群落视角，看待区域内各高校商务英语专业群内演化发展，搭建区域内专业建设的协同发展平台。根据不同院校的专业生态位，通过各高校专业强点教学资源、师资、课程管理等显性环境因子和校风、教风、学风等隐性环境因子共同循环作用，实现区域内高校商务英语专业"专业强点互补化"的协同进化、互通有无、循环发展的战略配备。

（二）教师资源流动化

平台内整合教师资源，倡导区域内合理配置，如学科带头人、高学历教师、应用型教师、专职教师、名牌教师、学术大师、中青年骨干教师以及海外高层次人才、行业专家等，实现教师资源的生态化合理规划与均衡配置。搭建"校企共建师资"模块，与行业、企业联合，有计划地派遣青年教师到企业挂职锻炼，参与企业项目开发，建立锻炼考核指标，强化教师在行业中的实践经历，建立青年教师行业锻炼制度和教师服务行业计划。搭建"国际合作培养"模块，与国外高校进行广泛的合作交流，实施国际交流制度，开阔教师国际视野，资助教师参加国际学术交流，提高创新能力和综合素质。

（三）课程资源共享化

建立科学、有效的课程评估机制和长效的激励机制，实施以"课程资源共享化"为引领的理论与实践协同发展的课程教学改革。推动区域内高等学校精品课程教学资源共建共享。精品资源共享课开发方式有以下四种，第一种,高校内课程开发团队自主开发。第二种,高校内课程开发团队提供课程内容,委托企业进行课程开发。第三种,由课程团队和企业共同开发。第四种,由区域内不同院校共同策划和开发。建设学科生态化网络课程,加强商务英语学科网络课程建设,一方面,整合国内外学科所属范围内系列微课、慕课等教学资源,引进优质教学资源、商务英语语料库以及开放式公共平台。另一方面加强区域内学科网络课程的研发与建设。构建课程实践共享体系,搭建校企共享实习实训平台。搭建如"生态联盟"教育与创新资源,整合社会上的与商务英语专业相关的业务资源,充分调动生态圈内多种有效因素,促进整个人才培养生态联盟的协同运作,搭建创新创业共享平台。搭建如跨境电商"众创平台",充分实现产学对接。提供一定的创新创业平台。搭建商务英语类学科竞赛共享平台。搭建相关赛事资讯、评委、指导教师与优秀选手经验、相关辅导与学习资源互动等平台,为商务英语人才校内实践提供途径与助推。

(四)科研项目联合化

知识经济时代,合作是科技创新与发展的核心。因而随着学科的建制化逐渐完善,应转换思想,改变现有"封闭式"科研意识,采用合作联合方式进行科学研究。通过教育教学资源平台实现科研成果研发、服务网络、动态调整机制等区域内联合共享。并同时健全平台适用性攻关机制,项目联合攻关制度、环境保障机制等,确保科研项目顺利完成,从而促进区域内学术、教育和经济等的动态良性发展。

(五)就业信息互助化

充分利用平台优势建立和完善集服务、管理和指导于一体的就业信息网络,大力促进区域内各高校之间、校企之间就业、招聘信息的一体化建设,为毕业生和用人单位提供信息交流、咨询,以及线上线下相结合的就业指导、培训等全方位的、多层次的服务。

三、基于云平台的商务英语教学资源平台建设

基于云平台的商务英语教学资源平台建设是在技术上利用云平台的先进手段,构建线上线下一体化资源库,实现优质教学资源共享,以期通过建设动态资源体系为商务英语专业教师和学生提供教学资源平台和自主学习平台。

近年来，互联网和大数据深度发展为智能化教育提供了强有力的技术支持。在课程资源平台建设中，商务英语案例资源库可以充分借助移动互联网、大数据和云计算等先进技术，依据专业方向课程体系，融合线上线下教学特点，打造基于云平台的动态资源体系，教师和学生可以通过实验室机房设备、个人电脑、智能手机等多种设备进行课堂教学或者远程资源访问学习。商务英语教学资源平台的建设建议按照《商务英语本科教学指南》（以下简称"指南"）规定的课程体系，选取和加工内容丰富、材料真实有效的案例，构建适应于应用型本科教育的教学资源。商务英语案例资源库的内容框架可以由三部分构成，即案例资源库、商务素材库和实践项目库。

（一）案例资源库

商务英语案例资源库建设以"指南"规定的专业核心课程为出发点，突出"语言技能+商务知识"的复合型专业特性，从国际商务环境、国际贸易实务、国际市场营销、国际金融、国际会计、国际物流、国际商务谈判、企业人力资源管理、跨文化商务交际和跨境电子商务十个方面入手，选取国内外优秀企业为研究对象，具体细分为世界 500 强、国内新创企业和本地中小型企业，通过查阅新闻、报刊、书籍、文献、视频等资料，进入企业实地调研等方式，收集和整理调研数据，进而编写案例。案例由中英文双语呈现，每个案例包括材料文本、术语注释、语句解析、问题讨论和参考答案五部分。商务案例设计以任务型驱动为导向，引导学生在学习过程中，逐步提升团队协作意识、思辨能力、分析问题和解决问题的能力。

（二）商务素材库

商务素材库是案例资源库的重要补充，它涵盖了与语言、商务、文化相关的文本、图表、音频及视频等内容，主题与案例资源库中涉及的十门专业核心课程相关，为教师提供系统化的教学课件、电子教案、教学视频。同时，商务素材库还添加了学生作业展示和在线答疑模块，学生可以把作业以文本、PPT 或者视频等形式上传到素材库中，通过云平台实现在线提问和交流，提高自主学习意识，满足个性化学习需求。商务素材的累积是一个循序渐进的过程，教师、学生、企业三者均可以是素材的收集者和编写者，充分利用云平台的便捷性，实时补充内容，完善数据库内容。

（三）实践项目库

实践教学是商务英语专业建设的重要环节，"指南"明确规定了实践教学的学分和构成，包括课程实践、创新创业实践、社会实践、毕业论文（设计）等内容。实践项目库设计基于商务英语专业应用型的特点，构建三个实操模块，即毕业论文（设计）、专业技能练习和课程实践。其中，毕业论文（设计）模块由论文写作指导、论文题目汇编、选题资料包、优秀毕业论文（设计）构成，教师和学生通过云平台开展线上线下混合式论文指导，提高写作效率；专业技能练习即为题库，由剑桥商务英语（BEC）、商务英语专业四、八级考试，英语专业四、八级考试等部分构成，为学生提供各类技能认证练习，满足学生个性化学习需求；课程实践模块设置为模拟公司创业比赛形式，学生团队利用所学商务知识，撰写英文版商业计划书，模拟公司创业，通过展示进行小组评比。实践项目库可以有力保障商务英语专业开展实践性课程，提升学生实际操作技能。

当然基于云平台的商务英语案例资源库建设既需要学校支持，也需要教师和学生共同努力，更需要技术人员和行业专家指导。在具体实施过程中，学校提供校内外优质资源，成立科研攻关小组，以建设商务英语案例资源库为契机，提升科研能力，以科研反哺教学，实现教学改革创新；教师响应学校号召，围绕"指南"规定的10门专业核心课程，编写教学案例，并探索基于云平台的线上线下混合式课堂教学模式；学生在教师的引导下自行组建团队，以任务为驱动，充分利用云平台各项资源学习商务案例的分析方法，在共同讨论的过程中，提高团队协作能力和解决问题的能力；技术人员在商务案例资源库建设中提供技术支持，搭建数据库，设计平台页面和操作程序，优化并维护系统，高校积极开展与企业的合作，探索产学研协同发展的新模式，通过学习企业真实运营中的各种流程，加强创新型人才培养，更符合企业的用人需求。

四、基于课程思政的商务英语教学资源平台建设

随着课程思政建设的进一步推广和发展，各类专业课程与思政理论课程同向同行，形成协同效应的教育理论成为高等教育教学改革发展的重点方向。同时，"大思政""课程思政"等理念逐渐浸润教育工作者的教育过程。商务

英语课程是一门复合型学科，课程学习中会接触到与我国传统文化完全不同的思想，可能会在一定程度上带给大学生思想意识层面的冲击，因此，高校商务英语教学改革一直是高等教育教学改革与发展的重点。教学资源库建设对于高校商务英语教学的重要性不言而喻，贯穿教育教学全过程。如何在课程思政下建设高校商务英语教学资源库，成为各高校在信息化教育时代需要持续推进的新课题。

（一）课程思政下高校商务英语教学资源库建设的必要性

商务英语专业的设置是为了满足中国参与国际贸易对人才的需求。随着中国国际地位的提升，西方国家加大了对中国大学生的文化渗透，并将商务英语作为重要载体之一。因此，基于"课程思政"理念加快建设高质量的商务英语教学资源库成为高校商务英语改革的重要途径之一，不仅有利于提升商务英语专业教学质量、增强商务英语专业教师的综合能力，而且能够满足高校商务英语专业学生的个性化发展需求。

1. 有助于提升商务英语专业的教学质量

高校商务英语教学改革在一定时间内一直面临着教学质量提升困难的问题，这也成为建设教学资源库必须克服的重要难题。基于"课程思政"理念的商务英语教学资源库建设对提升专业教学质量有着非常重要的推动作用。一方面，有助于商务英语专业教学发展的可持续性。时代发展变迁要求高校商务英语专业随之进行变革与发展，基于课程思政的高校商务英语专业发展能够从整体设计的高度把控专业课程教书与育人工作的平衡，为该专业的长远发展提供具有科学性的指导。另一方面，有助于商务英语课程教学资源的共享。当前，教学资源库的建设不再是"足不出户"的，在互联网的支撑下，教学资源的流通更加顺畅，资源的有效利用率更高。特别是在课程思政积极推行的当下，现有教学资源的建设和共享对高校商务英语专业教学改革的积极作用更是不容忽视。

2. 有助于提高商务英语专业教师的能力

少数英语教师在传统教育理念的影响下重视西方文化引入，忽视对本土优秀传统文化的弘扬及对大学生进行思想意识引领的重要育人任务。因而，高校商务英语教师综合素养的提升一直备受高等教育教学改革的关注。"课程思政"理念下高校商务英语教学资源库建设对提升商务英语专业教师教学能力的作用非常显著。一方面，培育新时代教师。"课程思政"理念对教学资源库建设的引领作用能够潜移默化地帮助教师树立思政育人意识，让他们在教学实践过程中逐渐改变过去的错误做法，重新确立教书与育人并重的教育思想，成长为新时代优秀教师。另一方面，提升商务英语教师的课程思政教学水平和教学质量。商务英语教师在开展课程思政教学过程中面临的一大困难就是所参考的资源比较有限，成功案例不具备普适性。"课程思政"理念引导下的专业课程资源库建设为高等教育教学改革提供了可参照信息，对教师课程思政能力和课程教学质量的提升起到促进作用。

3. 有助于满足商务英语专业学生的需求

高校商务英语教学一直存在教师教学与学生需求脱节、专业教学与立德树人脱节的问题，这也是制约商务英语专业转型发展的重要因素。课程思政下的商务英语教学资源库建设能够满足该专业学生发展的实际需求。一方面，可以提升学生的综合素养。社会发展进步对人才提出更高的要求，专业知识不再是衡量人才的唯一指标，具有综合素养的新时代复合型人才是各行业争夺的对象。课程思政下商务英语教学资源库的建设立足"大思政"格局，为高校立德树人根本任务的落实提供了保障，在强调学生专业素养培养的同时对他们的思政素养提出明确的要求。另一方面，满足不同层次学生的个性化学习需求。不同的学生在知识的获取和能力的获得方面有着明显的差异性需求，要想贯彻落实"以生为本"的教学理念，高校资源库建设必须重视所有学生的需求。课程思政下的商务英语专业资源库建设能够最大化满足学生成长的个性化发展需求。

（二）课程思政下高校商务英语教学资源库建设过程中存在的问题

随着课程思政的积极推进和网络信息化教学的不断发展，高校商务英语专业加快自主研发步伐，搭建教学资源库，并取得一定的成效。但就目前来看，部分高校商务英语教学资源库的建设依然面临教学素材选择不当，教学目标设定不科学、教学资源库框架不清晰、教学资源库管理粗放等问题。如何正确认识这些问题，深入分析问题产生的原因，成为克服这些问题、促进资源库建设的重要突破口。

1. 教学素材的选择不益于学生综合素养的培养

首先，过于突出知识性。随着信息资源库建设的快速推行，高校商务英语教学资源库建设取得了新的发展，但是从教学素材的选择上来看，偏重知识积累的传统课程教学问题依然没有得到根本改善，教学资源库中的教学素材依然以商务英语听、说、读、写等基本功为基础框架结构，涉及学生其他能力方面的内容较少。其次，过分推崇西方文化。为更好地培养商务英语专业学生的语感和思维，部分专业课程教师尽最大可能为学生创设贴近西方文化的场景，希望学生在近乎真实的环境下提升英语水平。但是这种方式过分推崇西方文化，不利于大学生综合素养的全面提升。最后，过度强调普适性。虽然目前各高校非常重视商务英语专业教学资源库建设，但是"课程思政"理念指导的教学资源库建设面临着很多难题，对资源建设者的要求更高，资源库中能够集中体现专业学科特色的资源并不多。具备普适性的内容占据重要地位，学习资源重复性建设问题不容忽视。

2. 教学目标的设定在一定程度上忽视了学生职业发展的需求

首先，立德树人育人理念未全面落实。社会发展对人才的定义取得变革性突破，单纯的知识型或者技能型人才无法满足现实需求。要想成为合格的职业人才，首先应该具备的是坚定的理想信念。目前，一些高校商务英语专业资源库建设虽然考虑到立德树人的根本任务，但是并未将其落到实处。其次，"以生为本"的教育理念未落实到位。高等教育的发展追求更加大众化，要看到每个学生的潜能。但是，部分高校商务英语教学目标的设定未充分考虑每个学生的终身发展需求，仅重视知识和技能的传递，教学目标的设定以优秀学生和中等水平学生为重点。最后，复合型人才培养目标不明确。商务英语教育更充分地体现了教育与经济的亲密关系，经济全球化背景下的商务英语更需要复合型人才的支撑。然而，当前商务英语复合型人才的培养与国家的现实需求呈不对称现象，一些学生实战经验缺乏，对职场所需商务能力不了解，与具备英语表达能力、熟悉商务知识、掌握商务英语能力的复合型人才的要求差距较大。

3. 部分教学资源的分类不利于师生学科知识的获取

首先，资源形式单一。虽然高校在商务英语资源库建设中投入了很多精力，也取得了可喜的成绩，但是从教学资源库整体形式来看，依然存在资源形式单一的问题，集中表现为现有教学资源多为素材库的形式，对激发学生自学的积极性、提升教师课程思政教学能力等方面产生消极影响。其次，资源分类不合理。不同学生的学习需求不同，他们所追求的自我发展方向也存在一定差别，但是当前部分高校资源库的搭建采取"一刀切"的方式，甚至盲目照搬其他院校，对本校学生的发展不利，资源库建设效果也不尽如人意。最后，师生共享资源库不合理。教师和学生对于专业教学资源的需求既有相同之处，也存在明显差异。虽然有部分高校注意到这个问题，但是一些高校依然没有对其予以应有的重视。例如，在素材资源库中，教师更希望获取具备课程思政意义的教学案例或者参考资料，而学生往往更看重专业知识的积累，现有教学资源无法充分满足师生的个性化需求。

4. 教学管理存在的问题影响教学资源库建设的质量

首先，缺乏标准化管理体系。商务英语教学资源库的搭建并不是一项简单的工作，涉及多方教学参与者，也涉及教育教学全过程，制定标准化和规范化的管理体系则是不容忽视的重要问题。然而当前，部分高校教学资源库运营尚未形成成熟的管理体系，参与主体各自为政，个别环节甚至成为盲区。其次，资源管理和维护的缺失。商务英语教学资源随着时代的发展和社会的进步不断发展，部分教学内容被淘汰，也有部分新教学内容需要及时增加，资源的管理和维护至关重要。但是就目前来看，部分高校资源管理和整合不到位，资源后期维护工作的开展面临制约，粗放的管理影响资源库建设质量的提升。最后，软硬件维护力度不够。信息时代下的商务英语教学资源库不仅对硬件环境提出一定的要求，如需要稳定的软件环境同时满足大量学习者的搜索和学习，而且要有一定的硬件条件、政策条件和经济方面的支持。然而当前，部分高校在专业资源库建设方面投入的人力、物力和财力有限，不利于后期资源库的拓展。

（三）课程思政下高校商务英语教学资源库建设创新策略

教学资源库的建设并不是将现有商务英语学习资源进行简单堆积，而是要进行深度加工，以构建集教学和管理于一体的综合平台。因此，坚持以问题为导向的原则，站在课程思政建设的高度，提出以教学内容为重点，优化整合现有教学素材；以教学目标为根本，加强学生职业能力锻炼，以教学资源框架为根本，提升教学资源库的科学性；以监督管理为保障，增强教学资源库建设的规范性创新发展策略，以期为高效建设商务英语教学资源库助力。

1. 以教学内容为重点，对现有教学素材进行优化整合

首先，深化思政元素的融入。高校商务英语专业教学资源库建设必须加大思政元素的融入力度，在传授商务英语专业知识的同时关注学生思政素养的提升，在教学内容选择中纳入更多涉及思政教学素材的信息，对过分强调西方文化和价值的内容进行删减，引导大学生自觉抵制西方文化的侵蚀，始终坚持社会主义理想信念。其次，狠抓思政教育契机。高校商务英语教学资源库建设应端正态度，不能搞"一刀切"，应重视对现有教学资源的充分挖掘，寻找更多有利于大学生思政教育的契机，比如在讲授西方文化交际内容时加入与之相对应的中华优秀传统文化，帮助大学生坚定文化自信，不忘实现中华民族伟大复兴的初心和使命。最后，突出校本特色教学内容。各高校的办学方向既有相同的地方，也有各自的特色，建设课程教学资源库应重视办学特色。例如，不同地区的高校教学资源库的建设应融入地区经济发展的方向和规划，并作为具体指导，应用型高校的商务英语专业则可以在资源库建设中关注实践能力方面的内容，让资源库建设更具实效性。

2. 以教学原则为根本，重视学生职业能力的实践锻炼

首先，坚持以学习者为中心。高校商务英语教学资源库的服务对象是学生和教师，资源库的建设必须以服务学生和教师为中心，从资源内容的选择、资源结构的设置与课程资源层次安排等不同层面进行考量，着眼于学习者的现实需求，并以全面满足学习者的需求为目标，为学习者的个性化发展提供多元化支持。其次，推进复合型人才培养。商务英语是一门较为复杂的学科，对学生的应用能力提出较高的要求，因此高校建设商务英语教学资源库不能闭门造车，必须对当前中国对外贸易发展的趋势、引导性政策及地区经济发展导向等方面进行细致了解，建设具有现实意义的课程资源库。最后，重视师生的综合素养提升。要成长为新时代国家所需要的人才，必须全面提升综合素养，无论是教师还是学生，都应该重视自身的思政素养、道德素养、通识教育知识水平及专业实践教学能力等方面的内容。为此，高校应在教学资源库的建设中融入更多思政元素和德育等内容，在帮助高校师生形成正确认知的同时提升其综合素养。

3. 以资源分类为抓手，优化课程资源库建设主题框架

首先，搭建教师教学平台。商务英语教学资源库的搭建应以专业素材库、

专业建设库和专业案例库等与教师课程思政教学息息相关的内容为重,为教师的教学提供更具针对性和开放性的提升资源。其中,素材库的打造必须紧随时代发展,既要包括商务贸易的文本、文化等信息类内容,也应包含动漫、视频等融合现代多媒体的内容,为教师课件的丰富奠定基础。其次,完善学生学习平台。针对商务英语专业学生的具体学情,高校可以从词汇资料库、题库、视频库等资源库的搭建入手,为学生的学习提供更具实效的资源库。当然,无论是词汇资料库还是题库或者视频库的建设,都不能忽视掉趣味性和思想引导性,比如在词汇学习中融合游戏的模式或在词语使用的讲解时挖掘思政元素,以使学生的专业学习不止步于专业。最后,完善资源管理平台。课程思政指导下的商务英语教学资源库建设不可能一蹴而就,更不是一成不变的,所以教学资源库管理显得愈加重要。为此,高校应积极利用大数据信息技术对现有资源和新增资源进行有效归纳,并对学生的学习情况进行实时反馈,加大对数据交互的监督,为后期资源分类和主题框架结构调整做足准备。

4. 以监督管理为保障,规范教学资源库的建设

首先,形成科学的建设规范。商务英语专业资源库的建设应在标准管理方面下大力气,从宏观层面为资源库的规范性打好基础。例如,高校可以从管理和使用流程入手,确定使用对象和使用过程涉及的各种问题,建立健全的规范性制度,确定监督管理的重点,在提升信息资源服务能力的同时,为资源库的安全使用提供保障。其次,加强共享资源库的管理和维护。高校商务英语教学资源库的建设不仅不能忽视课程思政的融入,而且不能忽视信息化网络教学的发展,要重视共享资源平台的打造,加大对自主知识产权的保护力度。当然,信息时代的发展加快了知识的更新换代,共享资源库的管理和维护成为日常工作内容。最后,完善软件硬件的维护管理。针对教学资源平台体系繁杂且对软件和硬件要求高的现实问题,高校应建立专业维护队伍,落实软件和硬件的长期维护与更新工作。同时,高校要重视教学资源持续录入造成的资源重复、无效或者破损等问题的发生。为此,高校应当引入大数据信息技术,并加强对信息引入时的把关,确保资源建设的高效。全方位、立体化教学资源库建设是高校开展课程教学改革、提高课程教学质量的必然选择。近年来,中国连续启动了精品资源共享课程建设,提出了加快专业教

学资源库建设的要求。为此，各高校应在专业教学资源库建设工作中投入大量的人力、物力和财力。高校商务英语专业是一门涉及英语文化和商务知识的复杂学科，面临建设优质教学资源库的重要难题。以网络化、平台化、生态化为基础，以"课程思政"理念为指导推进商务英语教学资源库建设，不仅符合当前高等教育教学改革的方向，而且从办学思想高度保障了商务英语专业立德树人根本任务的实现，对商务英语教学质量的提升具有积极意义。信息时代下教学课程资源库的建设和应用并不是一蹴而就的，需要各教学主体的积极探索和持续研究。

第六章　新时代应用型高校商务英语人才培养教学评价体系建设

在数字化时代，商务英语专业教学评价体系的建设愈加重要。本章旨在构建一套全面、科学、多元、发展的商务英语教学评价体系，并探讨新时代数字化赋能对其产生的深远影响。通过分析国内外高校及企业参与的实践案例，我们可以总结经验、发现问题，并借鉴先进理念，以推动商务英语教学评价体系的不断完善与创新。这对于提升商务英语教学质量、促进学生全面发展具有重要意义。

第一节　商务英语教学评价体系的构建原则

商务英语教学评价体系的构建是提升教育质量的关键环节。为确保评价的全面性、科学性、多元化和发展性，我们必须遵循一定的原则。全面性原则要求评价体系覆盖商务英语教学的所有方面；科学性原则强调评价指标和方法的合理性与准确性；多元化原则体现了商务英语教学的多样性；发展性原则关注学生的持续进步和教学的动态发展。这些原则共同构成了商务英语教学评价体系的基础，为提升教学质量提供了有力保障。

一、全面性原则

全面性原则是商务英语教学评价体系构建的基础，它要求评价体系必须全面地涵盖商务英语教学的各个方面和环节。这一原则的核心思想是确保评价体系的完整性，避免出现遗漏或偏颇的情况。在构建商务英语教学评价体系时，全面性原则起到了至关重要的作用。

（1）评价体系需要考虑到商务英语教学的目标。这包括培养学生的专业知识和技能，以及培养他们的思维能力、创新能力和实践能力等。评价体系应该能够全面地评估学生在这些方面的能力和表现。

（2）评价体系还需要关注商务英语教学的内容。商务英语教学内容涵盖了广泛的学科领域，如经济学、管理学等。评价体系应该能够评估学生在这些学科领域的知识掌握程度和应用能力。

（3）评价体系还应该考虑到商务英语教学的方法。商务英语教学方法注重实践性和创新性，鼓励学生通过实践活动和创新项目来提升自己的能力和素质。评价体系应该能够评估学生在这些方面的能力和表现。

（4）评价体系还需要关注商务英语教学的效果。商务英语教学的目标是培养学生的综合能力，包括学术成绩、实践能力、创新精神和团队合作能力等方面。评价体系应该能够全面地评估学生在这些方面的能力和表现。

全面性原则在商务英语教学评价体系构建中起至关重要的作用。它要求评价体系必须全面地涵盖商务英语教学的各个方面和环节，从教学目标、教学内容、教学方法到教学效果，都应纳入评价范围。评价体系还应确保完整性，避免出现遗漏或偏颇的情况。例如，在评价商务英语学生的综合能力时，不仅要考虑其学术成绩，还要关注其实践能力、创新精神和团队合作能力等方面。例如，在经济学课程中，可以评估学生的经济理论掌握程度和对实际经济问题的分析能力；在管理学课程中，可以评估学生的组织管理能力和团队合作能力；在市场营销课程中，可以评估学生的市场调研和营销策划能力等。

二、科学性原则

科学性原则是评价体系中至关重要的一环，它强调评价体系的科学性和合理性。在构建评价体系时，必须严格遵循教育教学理论，并充分考虑商务英语的特点，以确保评价指标和方法的科学性和准确性。

（1）评价指标应具备可衡量性、可观察性和可解释性。这意味着评价指标应该能够通过具体的数据和观察结果来衡量和评估，而不仅仅是主观臆断。这样的评价指标能够真实反映商务英语教学的实际情况，为教师和学生提供准确的反馈和指导。

（2）评价方法也应采用科学的方法论。定量分析和定性分析相结合是常见的科学评价方法之一。定量分析可以通过统计数据和数值来衡量和评估教学效果，例如学生的考试成绩、作业完成情况等。定性分析则更加注重对教学过程中的各种因素进行深入分析和解释，例如学生的学习态度、教学方法的创新等。

例如，在国际市场营销课程中，评价指标可以包括学生的市场调研能力、营销策划能力等。评价方法可以采用定量分析，如统计学生在市场调研中收集的数据量和质量，以及营销策划方案的实施效果。同时，也可以采用定性分析，如对学生在团队合作中的沟通能力和创新能力进行评估和解释。

三、多元化原则

多元化原则是商务英语教学中不可或缺的一环，它体现了教学的多样性和差异性。在构建评价体系时，我们需要充分考虑到不同教学需求和目标，引入多元评价主体和方式，以更全面地评估学生的学习成果和能力。

（1）可以采用学生自评的方式，让学生对自己的学习进行评价。这种方式可以培养学生的自我反思能力，让他们更好地了解自己的学习情况和不足之处。学生自评也可以激发他们的学习积极性，提高学习效果。

（2）互评也是一种有效的评价方式。通过学生之间的互评，可以促进他们之间的交流和合作，提高他们的团队合作能力和沟通能力。互评还可以帮助学生从他人的角度审视自己的学习，发现自己的优点和不足，从而更好地改进学习方法和提高学习质量。

（3）教师评价也是必不可少的。教师作为教学的主体，对学生的学习成绩和能力有着最直接、最准确的了解。教师评价可以提供专业的、客观的评价意见，帮助学生更好地认识自己的学习水平和潜力。

（4）企业导师评价也是商务英语教学中的一种重要评价方式。通过与企业导师的合作，学生可以获得实际工作经验和职业技能的培训，同时也可以得到企业导师对其实践能力和职业素养的评价。这种评价方式可以更好地将学生与实际工作环境相结合，提高他们的就业竞争力。

（5）应关注商务英语教学的国际化趋势。随着全球化的发展，国际的交流与合作日益频繁，商务英语教学也需要与国际接轨。可以借鉴国际先进理念和做法，拓宽评价体系的国际视野，使学生具备跨文化沟通和国际合作的能力。

多元化原则在商务英语教学中的应用可以采用学生自评、互评、教师评价、企业导师评价等多种评价方式，从多个角度全面评估学生的学习成果和能力。同时，我们还应关注商务英语教学的国际化趋势，借鉴国际先进理念和做法，拓宽评价体系的国际视野。这样的多元化原则将有助于提高商务英语教学的质量和效果，培养具有国际竞争力的商业人才。

四、发展性原则

发展性原则是商务英语教学评价体系中的核心原则之一，它强调对学生的个体发展和进步的关注，体现了商务英语教学的动态性和发展性。在构建评价体系时，我们需要重视学生的个体差异和发展潜力，为学生提供个性化的反馈和指导，以促进学生的全面发展。

（1）个体差异：每个学生都有独特的学习方式和能力，因此在评价中应充分考虑学生的个体差异。可以通过多种评价方法，如观察、测试、作品评价等，来全面了解学生的学习情况，从而为他们提供有针对性的反馈和指导。

（2）发展潜力：评价不仅仅是对学生当前学习成果的衡量，更重要的是发现学生的潜力和发展空间。我们应该关注学生在学习过程中的表现和进步，鼓励他们不断挑战自我，提高自己的学习能力和综合素质。

（3）动态更新：随着商务英语教学的发展，评价体系也需要不断更新和完善，以适应新的教学需求和挑战。我们可以定期修订评价指标和方法，引入新的评价工具和技术，以确保评价体系的时效性和前瞻性。

（4）个性化反馈：评价结果应该为学生提供个性化的反馈和指导，帮助他们了解自己的优势和不足，制订合适的学习计划和目标。教师也可以根据评价结果调整教学策略，以满足学生的不同需求。

例如，在国际市场营销课程中，我们可以采用案例分析、小组讨论等方式来评价学生的实际操作能力和团队合作精神；在财务管理课程中，我们可以设计模拟投资项目，让学生在实际操作中锻炼自己的财务分析和决策能力。通过这些具体的例子，我们可以看到发展性原则在商务英语教学评价中的重要作用和应用价值。

第二节　新时代对商务英语教学评价体系的影响

随着新时代数字化技术的飞速发展，商务英语教学评价体系迎来深刻变革。数字化赋能不仅改变了评价手段，使得数据的收集和处理更加高效和精准，同时也极大地丰富了评价内容，为教学提供了更多元化的选择。数字化技术还支持多种评价方式的灵活实施，进一步增强了评价的多样性和灵活性。这些变革共同推动着商务英语教学评价体系的不断完善和创新，为提升教学质量和效果奠定了坚实基础。

一、评价手段的数字化

随着科技的不断发展，数字化技术已经深入到各个领域，其中包括各门课程的教育评价。在商务英语教学评价中，数字化技术的应用为教师和学生带来了更高效、更准确的评价手段。通过在线平台、学习管理系统等工具，评价者可以轻松收集学生的学习数据、作业完成情况、在线互动等信息。这些数据经过数字化处理后，能够快速生成可视化的评价报告，为教师和学生提供及时反馈。

例如，在语言类课程中，教师可以通过在线平台发布课程任务，学生在完成任务的过程中，系统会自动记录学生的学习轨迹，包括完成任务的时间、正确率等数据。教师还可以通过在线讨论区与学生进行实时互动，了解学生对课程内容的理解和掌握情况。这些数据经过数字化处理后，可以为教师提供全面、客观的评价依据，帮助教师更好地了解学生的学习状况，从而调整教学方法，提高教学质量。

在国际市场营销课程中，教师可以利用数字化技术对学生的实践活动进行评价。学生在完成市场调查、产品策划等实践任务时，可以通过在线平台提交相关材料，教师可以通过系统对材料进行评分，并给出具体的指导意见。此外，教师还可以通过数据分析，了解学生在实践过程中的优势和不足，为学生提供个性化的指导和帮助。

在管理学课程中，数字化技术可以帮助教师更好地评价学生的团队协作能力。通过在线平台，学生可以进行分组讨论、项目合作等活动，系统可以记录每个成员的参与度、贡献度等数据。教师可以根据这些数据，对学生的团队协作能力进行评价，从而更好地培养学生的团队合作精神。

数字化技术在商务英语教学评价中的应用，为教师和学生提供了更高效、更准确的评价手段。例如，某高校利用大数据分析技术，对商务英语学生的学习轨迹进行追踪和评估，从而更准确地掌握学生的学习状况和需求，为个性化教学提供支持。

二、评价内容的丰富化

在数字化资源的支持下，商务英语教学评价的内容得到了极大的丰富。过去，我们主要依赖于传统的笔试和面试等方式来评价学生的学习成果。然而，这些方式往往只能评价学生的知识掌握程度，难以全面反映学生的综合能力。现在，借助数字化技术，我们可以对学生的学习过程、实践能力、创新思维等进行更为全面的评价。

数字化技术为我们提供了更多元的评价方式。例如，利用虚拟现实（VR）技术，我们可以模拟真实的商业环境，让学生在虚拟空间中进行实践操作。从而，评价者可以通过观察学生在虚拟环境中的表现，来评估其实际操作能力和问题解决能力。这种方式不仅能够让学生在安全的环境中进行实践，还能让评价者更直观地了解学生的实际操作水平。

数字化资源使评价者能够接触到更广泛的案例、数据和资料。过去，评价者往往只能依赖于教材和课堂上的讲解来进行评价。现在，通过数字化资源，评价者可以轻松获取大量的实际案例、行业数据和专业资料。这些资源不仅可以帮助评价者更好地了解学生的知识掌握情况，还可以拓展评价的广度和深度，使评价更加全面和客观。以下是一些具体学科的课程，可以作为评价内容的例子：

（1）市场营销课程：评价者可以利用数字化资源，让学生分析实际的市场数据，制定营销策略，并在虚拟环境中进行实践操作。从而，评价者可以更加全面地了解学生的市场营销能力。

（2）商务谈判课程：评价者可以通过数字化资源，让学生分析实际的商务谈判案例，进行谈判案例分析。这种方式可以让评价者更直观地了解学生的商务谈判能力。

（3）语言类课程：评价者可以利用数字化资源，让学生进行情景模拟、线上讨论考核等实践操作。从而，评价者可以更加全面地了解学生的语言运用能力。

（4）创新创业课程：评价者可以通过数字化资源，让学生模拟创业过程，从市场调研、产品设计到团队建设等方面进行全面实践。这种方式可以让评价者更直观地了解学生的创业能力。

三、评价方式的多样化

在数字化技术的支持下，教育评价方式得以实现多样化，从而增强了评价的多样性和灵活性。传统的教师评价方式已经不再是唯一的评价手段，现在我们可以引入学生自评、互评、企业导师评价等多种评价方式。这些评价方式可以相互补充，从多个角度全面反映学生的学习成果和能力。

以某商务英语课程为例，教师利用在线平台发布了一项小组任务，要求学生以小组形式完成并提交报告。在评价环节，除了教师评价外，还要求学生进行互评和自评，以确保评价的公正性和准确性。这种多元化的评价方式有助于提高学生的参与度，增强他们的自主学习能力和团队合作精神。除了商务英语课程，其他学科的课程也可以采用类似的多样化评价方式。例如，在计算机科学课程中，教师可以要求学生完成一个编程项目，并通过同行评审的方式互相评价代码质量。在外语课程中，教师可以要求学生进行口语表达练习，并通过录音的方式自评和互评。这些多样化的评价方式有助于激发学生的学习兴趣，提高他们的实际应用能力和综合素质。

数字化技术还支持对评价数据进行深入挖掘和分析，为教学改进提供有力依据。通过对评价数据的分析，教师可以了解学生的学习状况，发现教学中存在的问题，并针对性地进行教学改进。此外，教师还可以根据评价数据对学生进行个性化指导，帮助他们找到适合自己的学习方法和发展方向。

在数字化技术支持下，评价方式的多样化不仅有助于全面反映学生的学习成果和能力，还能为教学改进提供有力依据。通过引入学生自评、互评、企业导师评价等多种评价方式，我们可以从多个角度全面了解学生的学习状况，为他们提供更加精准的教育和指导。

第三节　商务英语教学评价体系的实践案例分析

商务英语教学评价体系的实践案例为我们提供了宝贵的经验和启示。通过深入分析国内典型高校、国际知名高校以及企业参与的教学评价体系案例，我们可以总结出成功的经验，发现存在的问题，并借鉴先进的理念和做法。这不仅有助于完善商务英语教学评价体系，提升教学质量，还能拓宽我们的国际化视野，深化校企合作，共同应对商务英语教育面临的挑战。

一、国内高校商务英语教学评价体系案例

（一）数字化教学评价的设计思路

数字化教学评价的设计思路在于，以应用型高校为背景，紧密围绕中共中央、国务院《深化新时代教育评价改革总体方案》的指导思想，针对商务英语领域的特点，构建一套综合体现立德树人、职业教育和数字化教学三大核心特征的评价体系。该体系以学生为中心，以教学目标为导向，注重教学过程的持续性改进，旨在全面提升商务英语教学的质量，同时关注师生共同成长以及课程标准的有效达成。通过这种评价方式，不仅能够有效推动商务英语教育的创新与发展，还能够更好地适应数字化时代对人才培养的新要求。

1. 数字化教学评价在商务英语中的应用：从结论性评价向改进性评价的转型

在传统的应用型高校教学评价模式中，年终的总结性评价往往占据主导地位。这种评价方式的主要目的是对授课教师的教学质量进行鉴定，并根据一定的标准给出"优秀""良好""合格""不合格"等结论。然而，在不断深化教育评价改革的背景下，这种评价方式已经难以适应日益复杂和多变的教学需求。

为了适应商务英语教育的发展，数字化教学评价开始逐渐兴起。与传统的评价方式相比，数字化教学评价更加注重教师教学能力的提升和学生成长的获得。它强调即时评价和过程评价，通过实时收集和分析教学数据，为教师和学生提供及时、准确的反馈。

在商务英语的数字化教学评价中，教师和学生可以方便地获取各种教学

信息和学习资源，及时了解自己的学习情况和进步程度。同时，数字化教学评价还可以提供个性化的学习支持和差异化的教学指导，帮助教师更好地针对学生的特点和需求进行教学。

这种改进性评价方式不仅有利于教师和学生及时反思、及时调整教学策略和学习方法，还有利于教师针对学生进行有的放矢的差异性教学。在商务英语教育中，学生的背景、兴趣和能力差异往往较大，因此，差异化的教学显得尤为重要。通过数字化教学评价，教师可以更加全面地了解学生的学习情况，从而制订更加符合学生实际的教学计划和方案。

2. 数字化教学评价在商务英语中的革新：从教师教学能力评价转向学生成长评价

在传统的应用型高校教学评价框架中，评价的重心往往放在教师的教学能力上，体现为一定范围内教师教学质量的横向比较。这种评价方式虽然在一定程度上能够反映教师的教学水平，却忽略了学生的主体地位和成长变化。

随着商务英语教育的快速发展，以教师为中心的教学评价模式已经难以满足日益多样化的人才培养需求。因此，数字化教学评价应运而生，它将评价对象由对教师的评价改为对学生成长的评价，实现了教学评价的重大转变。

在数字化教学评价中，学生的成长成为评价的核心指标。通过收集和分析学生在学习过程中的各种数据，如作业完成情况、在线互动频率、小组讨论贡献等，评价者可以更加全面、客观地了解学生的学习状况和进步程度。这种评价方式不仅关注学生的知识掌握情况，还注重培养学生的创新思维、实践能力和团队合作精神等商务英语所需的关键能力。

数字化教学评价还强调学生的纵向成长比较。通过对比学生在不同学习阶段的表现，评价者可以更加准确地判断学生的进步情况和成长趋势，从而为教师提供有针对性的教学改进建议。这种评价方式不仅能够促进学生的个性化发展，还能够推动教师的教学能力纵向提升，形成教学相长的良性循环。

数字化教学评价在商务英语教育中的革新体现在将评价对象由对教师的评价改为对学生成长的评价。这种评价方式不仅更加符合商务英语教育的人才培养目标，还能够有效激发学生的学习动力和教师的教学热情，为商务英语教育的高质量发展注入新的活力。

3. 数字化教学评价在商务英语中的深化：加强课程标准达成度的多维评价

随着商务英语教育与数字化技术的深度融合，传统的课堂教学模式正在被颠覆，数字化教学以其无时空限制、高度互动和个性化学习的特点，正逐渐成为商务英语教育的主流方式。然而，这种教学模式的转变也给教学效果的评估带来了新的挑战。

课程标准作为课程教学的核心指南，直接关系到人才培养的质量和效果。在数字化教学环境下，如何确保学生的学习效果达到课程标准的要求，成为教学评价中亟待解决的问题。

为了应对这一挑战，数字化教学评价需要加强对课程标准达成度的多维评价。这不仅包括传统的作业成绩、考试分数等量化指标，还要引入更加多元的评价方式，如项目任务完成情况、小组合作评价、学生自我评价等。通过这些评价方式，可以更加全面、客观地了解学生的学习情况和课程标准的达成度。

在商务英语的背景下，数字化教学评价还应注重培养学生的实践能力和创新精神。因此，在评价课程标准达成度时，应更加注重学生在实际项目中的表现，以及他们在解决问题、创新思维等方面的能力。

数字化教学评价还需要充分利用现代信息技术的优势，构建一个能够实时收集、分析和反馈教学数据的评价系统。通过这个系统，教师可以及时了解学生的学习进度和反馈情况，从而调整教学策略，确保学生的学习效果达到课程标准的要求。

4. 数字化教学评价在商务英语中的拓展：针对数字化教学环境增设精细化评价指标

随着商务英语教育与数字化技术的日益融合，教学环境发生了翻天覆地的变化。数字化教学资源的丰富性、学生的高度参与性、教学过程中大量数据的积累以及先进信息技术手段的广泛应用，共同构成了数字化教学的新特点。这些要素不仅显著区别于传统教学模式，更对教学效果产生了深远影响。

在这样的背景下，数字化教学评价也必须与时俱进，针对这一全新教学环境增设更加精细化的评价指标。首先，对于教学资源的种类和丰富程度，评价应关注资源是否与商务英语课程内容紧密相关，是否能够有效支持学生的学习和探究。其次，学生的参与程度也应成为评价的重要指标之一，包括学生在数字化平台上的活跃度、在线讨论的贡献度以及小组合作中的参与度等。最后，信息技术手段的使用也是数字化教学评价不可或缺的一部分，评价应关注教师是否熟练掌握并有效运用了各种信息技术工具来辅助教学，以及这些工具是否真正提升了教学效果。

数字化教学过程中产生的大量数据为教学效果的评估提供了有力支持。评价指标应关注这些数据的有效利用情况，如通过分析学生的学习轨迹和成绩变化来评估教学效果和学生的学习进步。

5. 数字化教学评价在商务英语中的实践创新：利用数字化教学平台数据与分析工具进行精准测评

在商务英语教育的数字化浪潮中，教学评价也逐渐向数据驱动、精准分析的方向发展。数字化教学平台作为这一变革的重要载体，不仅提供了丰富的教学资源和学习工具，更通过自动保存过程数据和集成统计分析工具，为教学评价的即时性、过程性和科学性提供了有力支撑。

传统的教学评价方式往往受到时间、人力和主观因素的影响，难以做到全面、准确和及时。而数字化教学平台的数据和分析工具则能够实时收集、整理和分析教学过程中的各种数据，如学生的学习进度、互动频率、作业完成情况等，从而为教师提供全面、客观的学生学习情况和教学效果反馈。

在商务英语的背景下，这种基于数据和分析工具的教学评价方式显得尤为重要。商务英语教育注重培养学生的创新思维、实践能力和团队合作精神等综合能力，这些能力的培养难以通过传统的考试和作业评价方式进行有效衡量。而数字化教学平台的过程数据和分析工具则能够真实反映学生在这些方面的表现和进步，从而为教师提供更加准确、有针对性的教学改进建议。

利用数字化教学平台数据和分析工具进行测评还可以有效减少测评者的主观影响。传统的教学评价方式往往受教师个人经验、情感等因素的干扰，难以做到完全客观公正。而基于数据和分析工具的测评方式则能够更加科学、客观地评价学生的学习情况和教学效果，使得评价结果更具说服力和公信力。

利用数字化教学平台数据和分析工具进行精准测评是数字化教学评价在商务英语教育中的实践创新。这一评价方式不仅能够优化测评过程、提高评价效率，还能够为教师提供更加全面、准确的学生学习情况和教学效果反馈，推动商务英语教育的高质量发展。

(二) 数字化教学评价体系的构成

1. 构建商务英语背景下应用型高校数字化教学评价指标体系的初探

随着商务英语教育的迅速崛起和数字化技术的广泛应用，应用型高校的教学评价体系正面临着前所未有的机遇与挑战。为了更加精准、科学地评估数字化教学的质量和效果，作者联合课题组进行了深入的调研和分析。

在广泛调研应用型高校数字化教学、教学评价现状及其发展趋势的基础上，我们深入剖析了现有教学评价指标体系的优缺点，并积极征询了高水平应用型高校教学管理领导和专家的宝贵意见。经过多次讨论和修改，我们根据可操作性、可比较性、重要性以及定性与定量相结合等原则，初步构建了应用型高校数字化教学评价指标体系。

该评价体系（表6-1）主要包括三个一级指标："课前""课中"和"课后"。这三个指标的划分是基于教学过程的自然逻辑，旨在全面覆盖数字化教学的各个环节。其中，"教学设计"着重考查教师在课前对教学目标、教学内容和教学策略的规划与设计能力；"教学实施"则关注教师在实际教学过程中对数字化教学资源和工具的运用，以及与学生的互动和引导情况；"教学效果"则是对学生学习成果和教师教学质量的综合评价。

表6-1 数字化教学评价指标体系

一级指标	二级指标	分值
教学设计 （课前）	在线学时安排合理	5
	在线教学资源丰富，满足学习需求	10
	在线教学设计形式多样，有效衔接学生课堂教学	10
教学实施 （课中）	衔接线上教学，对线上学习有评价和反馈	5
	教学目标明确，重难点突出，知识传授有效，能反映最新的学科前沿知识	15
	教学设计新颖，充分运用信息技术，教学思路清晰，教学氛围良好	15
	体现学生价值塑造，注重自主学习能力和协作能力等综合素质的培养	15

续表

一级指标	二级指标	分值
教学效果 （课后）	有作业、测试等，并有反馈和评价	5
	注重学生思维训练和知识应用能力考查，学生知识掌握良好	10
	学生有获得感，对线上教学和课堂教学满意度高	10

在这三个一级指标下，我们进一步细化了 10 项二级指标，这些指标涵盖了教学内容的选择、教学方法的应用、学生参与度、教学资源利用、作业与考试等多个方面。通过这些具体而微观的指标，我们可以更加深入地了解数字化教学的实际效果和存在的问题，从而为教学改进提供有针对性的建议。

在构建这一评价指标体系的过程中，我们特别注重结合商务英语教育的特点。商务英语教育强调线上线下融合、实践导向和创新思维培养，这些要求在评价指标体系中得到了充分体现。例如，在"教学设计"中，我们特别设置了关于线上教学内容整合的指标；在"教学实施"中，我们强调了对学生实践能力和创新思维的培养；在"教学效果"中，我们则更加注重对学生综合素质和社会适应能力的评价。

2. 基于灰色统计法的商务英语应用型高校数字化教学评价关键指标筛选与量化

（1）问卷调查。随着商务英语与应用型教育的深度融合，数字化教学评价体系的完善变得尤为关键。为了筛选出关键的评价指标并量化其重要程度，我们采用了邓聚龙教授的灰色系统理论，设计了一套面向多元评价主体的调查问卷。

在问卷设计中，我们针对初选集中的每个评价指标，设定了"非常重要""重要""基本重要""基本不重要"和"不重要"五个选项，旨在全面、细致地了解各评价主体对每个指标的看法和重视程度。问卷的发放范围广泛，包含近二十所应用型高校的教师和学生，还延伸到企事业单位的专家和代表。

通过广泛的问卷调查，我们共收回了 1012 份有效问卷，为后续的灰色统计法分析提供了坚实的数据基础。灰色统计法作为一种处理不完全信息的有效方法，能够帮助我们从大量的问卷数据中提取出关键信息，进一步筛选出重要的评价指标，并量化其重要程度。

在商务英语的背景下，这种基于灰色统计法的评价指标筛选与量化方法显得尤为重要。商务英语注重培养学生的综合素质和实践能力，这就要求我们在教学评价中更加注重过程性、实践性和创新性的指标。通过灰色统计法的分析，我们可以更加科学地确定这些指标的重要程度，从而为商务英语应用型教育的数字化教学评价提供有力支持。

（2）商务英语背景下应用型高校数字化教学评价关键指标的灰色统计法筛选结果。在数字化教学评价与商务英语教育紧密结合的时代背景下，我们运用灰色统计法对问卷调查的结果进行了深入统计与分析，旨在筛选出与商务英语教育高度契合的数字化教学评价关键指标。

在统计过程中，我们为问卷中的五个选择性答案分别赋予了10、8、6、4、2的数值，以此量化各评价指标的重要程度。通过对大量问卷数据的计算处理，我们得到了每个评价指标的平均得分和易得性，进而构造了白化函数。这个函数揭示了各评价指标在不同重要程度区间内的分布情况，为我们后续的决策分析提供了有力支持。

根据白化函数的计算规律，我们进一步推导出了各评价指标的决策向量（表6-2）。这一向量不仅反映了各指标在总体中的重要程度，还揭示了它们在不同评价主体中的认可度和关注度。通过对比分析决策向量中的决策系数，我们能够清晰地识别出哪些指标在应用型高校数字化教学评价中起到关键作用。

表6-2　各评价指标的重要程度量化表示

指标	教师、学生、企业代表				专家			
	平均得分值	易得性（%）	决策向量 $\{\eta_{低}, \eta_{中}, \eta_{高}\}$	重要性	平均得分值	易得性（%）	决策向量 $\{\eta_{低}, \eta_{中}, \eta_{高}\}$	重要性
教学目标定位	9.36	80.49	{32, 204, 420}	高	8.83	83.33	{0, 3.5, 8.5}	高
学生特征分析	9.02	89.97	{16, 133, 529}	高	9.00	91.67	{0, 3, 9}	高
教学策略设计	8.62	84.15	{22, 174, 435}	高	9.00	91.67	{0, 3, 9}	高
教学资源建设	8.86	88.91	{20, 135, 458}	高	9.64	100.00	{0, 1, 10}	高
考核评价设计	8.70	93.48	{13, 176, 433}	高	8.67	91.67	{0.5, 3, 8.5}	高

续表

指标	教师、学生、企业代表				专家			
	平均得分值	易得性（%）	决策向量 $\{\eta_{低}, \eta_{中}, \eta_{高}\}$	重要性	平均得分值	易得性（%）	决策向量 $\{\eta_{低}, \eta_{中}, \eta_{高}\}$	重要性
教学组织管理	8.68	87.97	{20, 171, 449}	高	8.17	83.33	{0.5, 4.5, 7}	高
教学活动开展	8.58	95.83	{0, 230, 420}	高	8.83	100.00	{0, 3.5, 8.5}	高
学生参与合作	8.96	97.92	{0, 169, 481}	高	9.17	91.67	{0, 2.5, 9.5}	高
教学资源应用	8.07	80.75	{36, 286, 421}	高	8.83	100.00	{0, 3.5, 8.5}	高
考核评价实施	8.32	84.00	{13, 257, 406}	高	8.00	75.00	{0.5, 5, 6.5}	高
与技术的交互	7.07	70.30	{61, 309, 302}	中	—	—	—	—
师生间的交互	7.17	64.02	{80, 346, 291}	中	—	—	—	—
课程目标达成度	8.93	88.54	{19, 139, 505}	高	8.50	91.67	{0.5, 3.5, 8}	高
师生的成长	8.15	82.17	{23, 278, 400}	高	8.50	91.67	{0, 4.5, 7.5}	高
教与学成果	7.85	71.32	{45, 257, 338}	高	7.33	66.67	{1.5, 5, 5.5}	高
特色与创新	8.40	81.38	{30, 195, 414}	高	7.67	75.00	{1, 5, 6}	高

结合商务英语教育的特点和发展趋势，我们特别关注那些在培养学生创新思维、实践能力以及跨学科融合方面具有显著影响的评价指标。这些指标不仅体现了商务英语教育的核心理念，也是推动应用型高校数字化教学改革的重要方向。

（3）商务英语视角下应用型高校数字化教学评价指标的精细化筛选。随着商务英语教育的不断演进和数字化技术的日益渗透，应用型高校的教学评价体系也在经历着深刻的变革。为了确保评价指标的科学性和时代性，我们对初选集中的指标进行了精细化的筛选和调整。

针对初选集中的"与技术的交互""师生间的交互"等评价指标，由于其重要性被评定为"中"，我们决定从初选集中予以剔除。这一决策旨在确保评价指标的聚焦性和针对性，使得最终的评价体系更加符合商务英语教育的发展趋势和实践需求。

为了提升评价指标的综合性和实用性，我们采用了问卷调查的方式，广泛征求了职业教育专家对各项指标重要程度的认可度。在此基础上，我们将"知识的掌握""技能的获得""素养的提升"三项指标进行了有机合并，形成了"课程目标达成度"这一更具包容性和综合性的评价指标。

经过上述筛选和调整，我们最终得到了应用型高校数字化教学评价指标的集合。这个集合包含了一级指标 3 项，二级指标 14 项，涵盖了教学设计、教学实施和教学效果等关键领域，充分体现了商务英语教育对于跨学科融合、实践导向和创新思维培养等方面的要求。

这一评价指标体系的建立，不仅有助于全面、客观地评估应用型高校数字化教学的质量和效果，还能够为商务英语背景下数字化教学改革的深入推进提供有力的支撑和保障。

（三）商务英语背景下应用型高校数字化教学评价指标权重的层次分析法确定

1. 构建递阶层次结构

在构建和完善商务英语应用型高校数字化教学评价体系的过程中，确定各评价指标的权重是至关重要的一步。为此，我们采用了层次分析法（AHP），这是一种能够将复杂问题分解为多个层次、多个因素的方法，有助于我们科学、合理地确定各指标的权重。

基于上述筛选得到的应用型高校数字化教学评价指标，构建了一个递阶层次结构。在这个结构中，首先我们以"应用型高校数字化教学评价指标体系"为最高目标层，它代表着我们进行评价的总体目标和方向。其次，我们将 3 项一级指标，即教学设计、教学实施、教学效果，作为准则中间层。这些准则中间层是对最高目标层的具体化和细化，它们构成了评价体系的主体框架。最后，我们将 14 项二级指标作为方案措施层，这些指标是对准则中间层的进一步细化和补充，它们为我们提供了评价数字化教学的具体标准和依据。

通过构建这样一个三层次的结构模型，我们能够清晰地看到各评价指标之间的层次关系和逻辑关系。这不仅有助于我们更好地理解评价体系的结构和特点，还为后续的权重确定工作奠定了坚实的基础。

在确定各评价指标的权重时，我们将综合考虑多个因素，包括指标的重要性、可操作性、可比较性等。通过对比分析、专家咨询等方法，我们将为每个指标赋予一个合理的权重值,以确保评价结果的客观性和准确性。这样,我们就能够建立起一个科学、完善的商务英语应用型高校数字化教学评价体系,为提升数字化教学质量和效果提供有力的支持。

2. 教学评价指标权重确定的判断矩阵构造与赋值

在确定了应用型高校数字化教学评价指标的递阶层次结构后,为了进一步精细化地确定各指标的权重,我们采用了层次分析法中的判断矩阵构造与赋值步骤。这一步骤旨在通过两两比较的方式,明确各指标间的相对重要性,从而为后续的权重计算提供数据基础。

聚焦于准则中间层和最高目标层,将其作为判断矩阵构造的出发点。具体来说,我们将准则中间层或最高目标层设为矩阵的第一个元素,并将其置于矩阵的左上角位置。随后,将隶属于这些层次的下一级指标按照顺序排列在矩阵的第一行和第一列中。

在构造判断矩阵的过程中,我们特别注重评价指标间的重要程度比较。为了确保比较的准确性和客观性,我们采用了两两比较的方式,并根据指标的重要程度差异,分别赋予了 9、7、5、3、1 的数值。其中,9 表示前一个指标相对于后一个指标极端重要,而 1 则表示两者同等重要。通过这样的赋值方式,我们能够更加直观地反映出各指标在评价体系中的重要地位和作用。

基于上述方法,我们成功构造了 4 个判断矩阵,其中最高目标层的判断矩阵如表 6-3 所示。这些矩阵不仅为我们提供了各指标间相对重要性的量化数据,还为后续的权重计算和一致性检验奠定了基础。

表 6-3　最高目标层的判断矩阵

最高目标层	A	B	C
A	1	3	5
B	1/3	1	1/5
C	1/5	1/3	1

在商务英语的背景下,这种判断矩阵的构造与赋值方法显得尤为重要。商务英语教育注重培养学生的实践能力和创新思维,这就要求我们在教学评价中更加注重过程性、创新性和实践性的指标。通过判断矩阵的构造与赋值,

我们能够更加科学、合理地确定这些指标的权重，从而为商务英语应用型教育的数字化教学评价提供有力支持。

3. 计算判断矩阵的特征向量

在确定应用型高校数字化教学评价指标权重的过程中，我们采用了层次分析法（AHP）中的矩阵计算与一致性检验步骤。这一步骤旨在通过数学运算，科学、准确地计算出各指标的权重，并确保判断矩阵的一致性，从而提高评价结果的可靠性和有效性。

对构造的判断矩阵进行了归一化处理。具体来说，我们将矩阵中的每一列数值分别除以该列数值的总和，得到归一化后的矩阵。这一步骤的目的是消除不同指标间量纲的影响，使得各指标在同一维度上具有可比性。

对归一化后的矩阵按行求和，得到一个新的矩阵。这个新矩阵中的每个元素代表了对应指标在所有指标中的重要程度总和。然后，我们再将这个新矩阵进行归一化处理，得到的即为特征向量的近似值。这个特征向量近似值反映了各指标在评价体系中的相对重要程度，是我们计算权重的重要依据。

为了确保判断矩阵的一致性和权重计算的准确性，我们采用了一致性指标 C. I. 进行判断。如果判断矩阵为一致性矩阵，则其最大特征向量即为该指标相对上一层指标的权重；否则，我们需要对判断矩阵进行修正或重新构造，以确保其满足一致性要求。

经过上述计算和检验，我们成功得到了两级评价指标的权重（表6-4）。这些权重不仅反映了各指标在评价体系中的重要地位和作用，还为我们后续的数字化教学评价提供了有力的数据支持。

表6-4 各关键评价指标在体系中的权重

一级指标		二级指标	
指标名称	权重	指标名称	权重
A 教学设计	0.614	A1 教学目标定位 A2 学生特征分析 A3 教学策略设计 A4 教学资源建设 A5 考核评价设计	0.195 0.232 0.177 0.305 0.091 0.195 0.146

续表

一级指标		二级指标	
指标名称	权重	指标名称	权重
B 教学实施	0.280	B1 教学组织管理 B2 教学活动开展 B3 学生参与合作 B4 教学资源应用 B5 考核评价实施	0.302 0.295 0.062 0.643
C 教学效果	0.106	C1 课程目标达成度 C2 师生的成长 C3 教与学成果 C4 特色与创新	0.247 0.035 0.075

在商务英语的背景下，数字化教学评价更加注重学生的实践能力、创新思维和跨学科融合能力的培养。在计算权重时我们特别关注了这些方面的指标，并赋予了它们较高的权重值。从而更加全面、客观地评价应用型高校的数字化教学效果，推动商务英语教育的持续发展和创新。

4. 商务英语背景下应用型高校数字化教学评价指标三级观测点的设定与实施

在构建应用型高校数字化教学评价体系的过程中，为了确保评价结果的准确性和全面性，我们基于可操作、重过程、优平台的原则，设定了三级观测点。这些观测点是对二级指标的进一步细化和分类，旨在通过直接观察、问卷调查和数据支撑三种途径，全面、客观地反映数字化教学的实际情况。

对每个二级指标的特性进行了深入分析，并根据其特点将其划分为不同的类别。针对每个类别的指标，我们设定了相应的观测点和测评方式。例如，对于教学目标定位、考核评价设计、特色与创新等可直接观察的指标，我们由测评者直接进行测评，通过观察实际教学情况给予相应的评分；对于教学策略设计、教学组织管理、师生的成长等需调查的指标，我们设计了问卷，征询学生的感受和意见，以获取更加真实、客观的评价数据；对于教学资源建设、学生参与合作、教学资源应用等指标，我们根据教学平台的数据及统计分析结果进行测评，确保评价结果的客观性和准确性。

在设定观测点的过程中，我们特别注重分数段的划分。根据每个指标的重要性和难易程度，我们将测评结果划分为 100～80、80～60、60～40、40～

20、20~0 五个分数段。这样的划分方式既能够体现出指标间的差异，又能够方便测评者进行评分和比较。

为了确保三级观测点的科学性和实用性，我们征询了多位专家的意见，并采用了专家排序法进行了筛选和调整。最终得到的三级观测点（表6-5）不仅涵盖了数字化教学的各个方面，还体现了商务英语教育对于实践性、创新性和跨学科性的要求。

表6-5 二级指标及其观测点

指标名称	观测点
教学目标定位	目标清晰、明确、可测，符合课程标准要求，符合学生实际能力，适应学生个体差异
学生特征分析	进行学情分析，明确学生的层次差异和学习需求
教学策略设计	设计学习情境，开展项目任务式教学，充分利用教学平台，教学策略丰富，有效激发学生兴趣
教学资源建设	数字资源丰富，满足不同层次学生的学习需要
考核评价设计	设计了合理有效的评价方法，注重过程性评价、成长性评价
教学组织管理	教学秩序掌控好，教与学交互及时，注重学生自学，注重学习效率
教学活动开展	开展课前、课中、课后三段式教学，形式多样，学生沉浸式学习，有效提升学习效果
学生参与合作	参与教学活动的学生人数多
教学资源应用	教学资源的点击量大、播放时间长
考核评价实施	进行即时考核评价，及时改进
课程目标达成度	完成课程项目任务，达到课程标准
师生的成长	学生有获得，教师有成长
教与学成果	教科研成果、项目成果、荣誉等
特色与创新	教与学的特色、创新等

在商务英语的背景下，数字化教学评价更加注重学生的实践能力和创新思维的培养。我们在设定三级观测点时特别关注了学生在教学过程中的参与度和合作情况，以及教学资源的应用和教学效果的达成情况。这些观测点的设定将有助于我们更加全面、客观地评价应用型高校的数字化教学效果，为

商务英语背景下的数字化教学改革提供有力支持。

（四）商务英语视角下应用型高校数字化教学评价体系的试行效果及展望

随着商务英语教育的蓬勃发展，应用型高校数字化教学评价体系的改革与创新显得尤为重要。本研究构建的应用型高校数字化教学评价体系，在江苏海事职业技术学院机械制造及自动化专业进行了为期两个学期的试行，旨在检验其在实际教学中的应用效果和可行性。

在试行过程中，我们邀请了授课学生、督导/同行、领导和教学管理人员共同参与测评，他们的测评占比分别为 60%、20%、10% 和 10%。这样的测评比例设置旨在确保评价结果的全面性和客观性，同时充分体现了以学生为中心的教学理念。

受测师生普遍反映，相较于传统的教学评价，数字化教学评价体系更加侧重于教学平台的应用、教学过程的评价、数字资源的建设以及学生的参与等方面。这种评价方式不仅能够促进师生及时反思和调整教学策略，还能够有效提升学生的个性化发展，引导应用型高校数字化教学的深入推进。

数字化教学评价体系的应用使教学过程更加透明化和可量化。通过教学平台的数据分析和统计结果，师生可以清晰地了解教学目标的实现情况、教学策略的有效性以及教学资源的应用效果。这种基于数据的评价方式，为师生提供更加客观、准确的反馈，有助于他们及时发现并解决问题，提升教学质量。

数字化教学评价体系的推行也促进了应用型高校数字化教学资源的建设和优化。在评价过程中，数字资源的丰富性、实用性和创新性成为了重要的评价指标。这促使教师更加注重数字资源的收集、整理和应用，从而为学生提供更加多样化、高质量的学习资源。

二、国际高校商务英语教学评价体系案例

（一）国际知名高校的商务英语教学评价体系进行分析

在全球化日益加剧的今天，商务英语教育的重要性日益凸显。作为国际知名高校的代表，哈佛大学商学院在商务英语教学评价体系的构建上，展现了其前瞻性和创新性。该体系不仅关注知识的传授，更强调对学生全球领导

力、综合素质和创新能力的培养，从而为学生未来在商业领域的成功奠定坚实基础。

在课程质量方面，哈佛大学商学院始终保持着对前沿商业理论和实践的关注。学院定期更新课程内容，引入最新的商业案例，确保学生能够接触到最新的商业动态和发展趋势。此外，学院还鼓励学生参与课程设计，通过与教师和同学的互动，共同探讨和解决现实中的商业问题，从而提升学生的实践能力和创新思维。

在师资力量方面，哈佛大学商学院汇聚了一批世界一流的学者和业界精英。他们不仅具备深厚的学术背景，还在各自的领域拥有丰富的实践经验。这样的师资队伍为学生提供了广阔的学术视野和实用的职业指导，有助于培养学生的批判性思维和解决问题的能力。

在学生参与度方面，哈佛大学商学院注重激发学生的学习积极性和主动性。学院通过丰富多样的教学方法，如案例分析、小组讨论、角色扮演等，鼓励学生积极参与课堂活动。这种互动式的学习方式不仅提高了学生的学习兴趣，还有助于培养学生的团队协作和沟通能力。

在国际化程度方面，哈佛大学商学院致力于为学生提供全球化的学习环境。学院与全球众多高校和企业建立了紧密的合作关系，为学生提供了丰富的国际交流和实习机会。这些经历不仅拓宽了学生的国际视野，还增强了他们的跨文化适应能力。

值得一提的是，哈佛大学商学院的商务英语教学评价体系并非一成不变。学院定期对其进行评估和修订，以确保其与时俱进并满足学生的需求。这种持续改进的精神体现了哈佛大学商学院对教育质量的不懈追求。

哈佛大学商学院的商务英语教学评价体系以培养学生的全球领导力为核心，注重课程质量、师资力量、学生参与度和国际化程度等多个维度。该体系不仅为学生提供了全面的商业教育，还注重培养学生的综合素质和创新能力，为商务英语教育的发展树立了典范。

(二) 借鉴其先进理念和做法，拓宽国际化视野

在全球化日益加剧的教育背景下，借鉴国际知名高校的商务英语教学评价体系的先进理念和做法，对我国应用型高校数字化教学评价体系的改革与发展具有重要的启示意义。通过引入国际化元素和标准，加强与国际高校和

企业的合作与交流，以及鼓励师生参与国际竞赛和交流活动，我们可以有效提升应用型高校数字化教学评价体系的国际化水平，培养出更具全球竞争力的人才。

（1）引入国际化元素和标准是提升数字化教学评价体系国际化水平的关键一步。我们可以参考国际认证机构的标准和要求，如国际商务英语教育认证委员会（IACBE）等，将国际化标准融入到数字化教学评价体系中。同时，积极借鉴国际同行的先进经验，如哈佛大学商学院等在商务英语教学评价方面的成功做法，不断完善和更新我们的评价体系。

（2）加强与国际高校和企业的合作与交流是提升数字化教学评价体系国际化水平的重要途径。我们可以通过与国际高校共同开发课程、开展科研项目、举办学术会议等方式，拓宽师生的国际化视野，提升他们的跨文化交流能力。同时，与国际企业的合作也可以为我们提供更多的实践机会和资源，帮助学生更好地了解国际市场和商业环境。

（3）鼓励师生参与国际竞赛和交流活动也是提升数字化教学评价体系国际化水平的有效手段。我们可以积极组织和支持师生参加国际商务英语竞赛、国际学术会议等活动，让他们在国际舞台上展示自己的才华和成果。这不仅可以提升师生的全球竞争力，还可以为他们未来的职业发展打下坚实的基础。

例如，某应用型高校在数字化教学评价体系的改革过程中，积极借鉴了哈佛大学商学院的先进理念和做法。他们引入了国际认证机构的标准和要求，加强了与国际高校和企业的合作与交流，同时鼓励师生参与国际竞赛和交流活动。这些举措不仅提升了该院校数字化教学评价体系的国际化水平，还培养出了一批具有全球视野和竞争力的优秀人才。

借鉴国际知名高校的商务英语教学评价体系的先进理念和做法，对于提升我国应用型高校数字化教学评价体系的国际化水平具有重要意义。我们应该积极引入国际化元素和标准，加强与国际高校和企业的合作与交流，鼓励师生参与国际竞赛和交流活动，为培养出更多具有全球竞争力的人才贡献力量。

三、企业参与的商务英语教学评价体系案例

（一）企业参与商务英语教学评价体系的典型案例进行分析

在商务英语教育领域，企业参与教学评价体系正成为一种创新趋势。近

年来，亚马逊公司与多所高校的合作案例，为这一趋势提供了有力的证明。该公司与高校共同构建的商务英语教学评价体系，不仅注重理论知识的传授，更强调实践能力和创新精神的培养，展现了企业与教育界的深度合作与共赢。

在课程设置方面，亚马逊公司与高校紧密合作，引入了大量与亚马逊业务相关的实战案例和项目。这些案例和项目涵盖了市场营销、供应链管理、电子商务等多个领域，确保了学生能够接触到最前沿的商业实践。通过分析这些实际案例，学生不仅能够深入理解商业运作的各个环节，还能在实践中掌握和运用所学知识，从而有效提升其实践能力。

亚马逊公司还派遣资深员工担任兼职教师或导师，为学生提供专业的指导和建议。这些员工具有丰富的行业经验和实战技能，他们的加入为高校注入了新的活力。通过与学生的互动交流，他们不仅能够传授实用的商业技巧，还能帮助学生建立正确的职业观念和价值观，从而提升学生的综合素质。

该教学评价体系还建立了完善的评价机制。除传统的笔试和面试外，还引入了项目评估、团队合作评价等多种评价方式。这些评价方式能够全面、客观地反映学生的实践成果和综合能力，为高校和教师提供有价值的反馈。根据评价结果，高校和教师能够及时调整教学策略和方法，确保教学与实践的紧密结合。

亚马逊公司与高校的合作并非单向输出。高校也为亚马逊提供了人才储备和研发支持。通过合作，高校能够更好地了解市场需求和行业趋势，从而调整专业设置和课程内容。高校的研究成果也为亚马逊的业务发展提供了有力支持。例如，在某所高校与亚马逊的合作中，双方共同开设了一门电子商务课程。该课程引入了亚马逊的实际业务案例，并邀请了亚马逊的资深员工担任兼职教师。学生在学习过程中，不仅了解了电子商务的基本理论和知识，还通过实际项目掌握了运营和推广等实用技能。课程结束后，学生的作品得到了亚马逊的高度评价，部分优秀作品还被采纳并应用于实际业务中。

亚马逊公司与高校合作构建的商务英语教学评价体系是一种创新的尝试。该体系注重实践能力和创新精神的培养，建立了完善的评价机制，实现了教育与市场的紧密结合。这种合作模式不仅有利于提升学生的综合素质和就业竞争力，还有助于推动商务英语教育的改革与发展。

（二）校企合作在教学评价体系中的优势和挑战

随着商务英语教育的快速发展，校企合作已成为提升教学质量、培养学生实践能力的重要途径。在商务英语教学评价体系中，校企合作的优势逐渐凸显，但同时也面临着一些挑战。

1. 优势

（1）提供实战平台，对接市场需求：企业能够实时掌握市场动态和行业趋势，为高校提供最新的商业实践案例和项目。通过引入这些实际案例和项目，高校能够及时调整课程内容，确保教学与市场需求的紧密对接。学生也能在实战中学习和运用所学知识，提升其实践能力和解决问题的能力。

（2）拓展实践机会，提升职业素养：企业不仅能够为学生提供实习和就业机会，还能为他们提供与业界精英交流的平台。通过在企业中的实践，学生能够更好地了解职业环境和职业要求，提升自己的职业素养和团队协作能力。同时，与业界精英的交流也能帮助学生建立正确的职业观念和价值观。

（3）增强社会联系，扩大高校影响：校企合作能够促进高校与社会的紧密联系，增强高校的社会服务功能和影响力。通过与企业的合作，高校能够更好地了解社会的需求和期望，从而调整自己的教学策略和研究方向。同时，企业的参与也能为高校带来更多的资源和支持，推动高校的发展。

例如，某高校与一家知名电商企业合作，共同开设了一门电子商务课程。该课程引入了企业的实际业务案例，并邀请了企业的资深员工担任兼职教师。学生在学习过程中，不仅了解了电子商务的基本理论和知识，还通过实际项目掌握了运营和推广等实用技能。这种合作模式不仅提升了学生的实践能力，还增强了高校与社会的联系。

2. 挑战

（1）教学理念差异，需沟通协调：企业与高校在教学理念和方法上可能存在差异。企业需要高效、快速地培养人才以适应市场需求，而高校则更注重学生的全面发展和综合素质的提升。这种差异可能导致双方在合作过程中产生摩擦和冲突，需要双方进行有效的沟通和协调。

（2）利益诉求不同，需平衡考量：企业在参与教学评价时过于注重自身的利益和需求，如希望高校能够为企业提供更多的人才支持和技术研发等。而高校则更注重学生的全面发展和教学质量的提升。这种利益诉求的差异可能导致双方在合作过程中出现分歧和矛盾，需要双方进行平衡考量。

（3）资源投入需求，需共同承担：校企合作需要投入大量的人力和物力资源，如共同开发课程、建设实训基地、派遣教师等。这些资源投入对于一些规模较小或资源有限的高校来说可能存在一定的困难。因此，在推进校企合作时，需要充分考虑双方的实际情况和需求，共同承担资源投入的责任。

校企合作在商务英语教学评价体系中具有显著的优势，但同时也面临着一些挑战。为了充分发挥校企合作的优势并应对挑战，高校和企业需要建立平等、互利、共赢的合作关系，加强沟通和协调，共同投入资源，确保合作的顺利进行和教学质量的提升。

第七章　新时代应用型高校商务英语人才培养未来展望

当今时代，国际商务活动日益频繁，而英语作为国际商务、经济、文化的沟通桥梁也会变得越来越重要。近年来，商务英语，即应用于商务环境中的英语，已逐渐成为人们关注的研究对象，但其商务英语未来发展的方向一直是学术界争论的焦点，至今尚未达成共识。为此，十分有必要对商务英语进行系统、科学的研究，从而对其进行科学定位，进而促进商务英语人才培养发展。

第一节　新时代应用型高校商务英语的学科专业定位

随着我国改革开放的不断深入。商务英语作为专门用途英语的一种，在人们的日常生活中起着越来越重要的作用。英国剑桥大学在全世界举办商务英语证书考试。英语国家开设了许多教授商务英语的语言学校。据 *Teaching Business English* 的作者 Mark Elis 和 Christinme Jahnson 介绍。仅英国就有此类学校 100 多所。例如。英国的中央兰开夏大学专门开设商务英语专业。并与我们国家的几个主要城市，如上海、广州、深圳等地的高校联合开设商务英语专业。为我国培养了一批又一批的商务英语的专业人才。商务英语已经深入我们的生活当中。在我国，商务英语的教学始于 20 世纪 50 年代初期。我国第一所贸易专业高等院校——北京对外经贸学院（现为对外经济贸易大学）就是在 50 年代初期创建的。商务英语的教学也从此正式开始。从 20 世纪 50 年代起，这门课程沿袭至今，一直是外贸院校、外贸专业的主干课程。最近几年，商务英语教学与科研在国内获得飞速发展。全国各高校开设正式的商务英语专业或方向。进行正规的商务英语教学的院校已近 400 所。广东外语外贸大学的国际商务英语学院是在 90 年代末期创建的，由该校各学院的英语系，如经贸学院的经贸英语系、法学院的法律英语系等合并而成。现已发展成有商务英语、经贸英语、法律英语、国际商务等四个专业且颇具规模的大学院。随着社会对商务英语的需求与日俱增，各种培训班比比皆是。各种商务英语证书考试名目繁多，其中影响较大的有：由中华人民共和国对外贸易经济合作部举办的全国外销员资格考试、由中华人民共和国人事部和商务部联合举办的国际商务师资格证书考试、由中华人民共和国教育部和英国剑桥大学联合举办的剑桥商务英语证书考试。在商务英语教学蓬勃发展的同时，商务英语的学科体系也在逐步形成。其研究内涵丰富，涉及学科建设、课程设置、教学方法到师资队伍建设等方面的问题。由上海交通大学出版社出版的《商务英语教学探索》和厦门大学出版社出版的《国际商务英语研究在中国》论文专集，在国际商务英语界产生极大的影响，为商务英语学科的确立提供了理论依据。各类有关商务英语论文、专著、辞书和教材相继问世，如高等教育出版社 2002 年后陆续出版的"十五"国家级规划教材之商务英语系列教材等。这无疑为商务英语学科建设奠定了基础。

作为一门学科，商务英语尽管近几年有了长足的发展，但其人才培养定位问题仍然模期不清，因此必须要解决其人才培养定位的问题，否则就会对其本身学科专业体系的完善和发展产生极大的影响。Flisandbhen 认为：商务英语属于专门用途英语的范畴。理由是，它含有其他专门用途英语所必须包含的一切主要因素，也包含了特殊语言主体的界定，以及特殊语境中特定交际方式的选择。然而，商务英语又有别于其他专门用途英语，因为它既包含了特殊性内容，又包含了普遍性内容。其特殊性主要是指，它总是与某一具体职业或行业相关联；其普遍性则是指，虽然处于商务情境中，但它同样需要具有与提高信息交流的效率相关联的普遍性能力。可见，商务英语虽然属于专门用途英语的范畴。但要对其概念做出清晰的界定，还须做进一步的探讨。

专门用途英语起源于 20 世纪 60 年代后期。随着第二次世界大战结束后以美国为首的西方国家科学技术及经济的迅猛发展，英语在世界各国日益频繁的交往中，成为最普及的交流工具。人们学习英语的目的由单一性向多样性发展。学习英语不再被看成仅是获得一种良好的教育，而是逐渐与职业、学业和就业相关的多种需求联系起来。正是为满足不同学习者的多种学习需求，专门用途英语就应运而生。关于专门用途英语的分类主要有两种：三分法和二分法。根据 Hutchingen 和 Waters 的观点，专门用途英语可分为科技英语（EST）、商贸英语（EBE）和社科英语（ESS），每个分支又可再次分为职业和学术英语两个次分支。

Jarden 则将专门用途英语分为职业和学术英语两个大分支。而学术英语又再次分为专门类学术英语（ESAP）和一般类学术英语（EAP）。三分法的划分主要以学科门类为主线；二分法划分主要以学习者的最终语言使用目的和语言环境为主线。不管是二分法还是三分法，它们都将商务英语划入专门用途英语，但商务英语不可能完全脱离普通英语。它必须与普通英语联系在一起。这就意味着，研究商务英语应该和研究普通英语相结合。在论述专门用途英语和普通英语的性质时，Hutchingen 和 Waters 提出两个重要的观点：一是专门用途英语不是一种"特殊种类"的英语。虽然专门用途英语有其特殊的语言特性，但并不存在某种特殊的语言种类。换言之，不应该认为专门用途英语是有别于普通英语的特种语言；两者之间的共性大于特殊性。二是从教学基本原则上讲，专门用途英语教学与普通英语教学没有本质的区别。前者在教学内容上与后者虽然有差异，即专门用途英语的教学内容与专业和职业更为相关，但教学的过程是相同的，原则上是并不应该存在专门用途英语教学法的。两者之间的不同在于，语言学习者对语言学习的需求有所不同。如此，我们就可以在上述两种分类法的基础上做进一步的调整和补充。

通过上述讨论使我们对商务英语这一学科有了一个基本的了解。然而，在过去很长的一段时间里，人们对商务英语学科的定位问题一直持不同的观点。一种说法认为，商务英语实际上就是在商务环境中应用的英语。它是专门用途英语（ESP）的一种变体（variety），是与某种特定专业或目的相关联的英语。它至少有两个特点：一是有明确的目的，应用于特定的职业领域；二是有特殊的内容（与该职业领域相关的专门化内容）。因此，商务英语就是指从事商务行业的专业人员所学习或应用于某种专门用途的英语，在词汇、用语、结构、文体风格等方面与一般的英语有所不同。这类语言学习者也需要经过专门的训练才能掌握这些独特的语言知识。另一种说法则认为，商务英语属外国语言学和应用语言学理论指导下研究国际商务中英语的应用。因此，把商务英语看作是文学和经济学、管理学交叉的学科应当比较合适。在我国 1997 年硕士生的专业目录中，专门用途外语（ESP）被划进了外国语言学和应用语言学。这说明研究生层次的教育也开始重视对语言，特别是对某种语言中十分令人注意的语言现象的研究。这类研究应该有语言学和应用语言学理论作为其依据。上述两种说法互为补充。但是作者认为，把商务英语看作是文学和经济学、管理学交叉的学科的说法有待于进一步探讨。首先，这里面存在一个隶属的问题。商务英语研究隶属于语言学及应用语言学；而语言学及应用语言学是与文学、经济学、管理学同属于一个层次的。其次，任何一种语言研究都必须有一定的理论作为指导，商务英语也不例外。因此，商务英语学科应定位为语言学与应用语言学学科下的一个分支研究领域，以语言学与应用语言学的理论为指导，涉及多学科研究领域。商务英语是英语的一种重要功能变体，亦是专门用途英语的一个重要分支。其内容除了包括对语言本身的研究外，还涉及文化、经济、贸易、管理和法律等诸多学科的交叉研究。这种"交叉性"的综合体，只分别涉及上述各种有关学科的部分内容，而并不包括这些学科的全部内容。换言之，它只是上述学科部分内容的综合，而不是这些学科全部内容的总和。这种"交叉性"的综合体，既表明它的独立性，即它是一种新的独立的学科；也表明它的综合性，即它与相关门类有多方面的错综和交叉。由于这种特性的存在，商务英语的生命力和发展潜力也就有了可靠的保证。

近几年来，我国的商务英语学科建设有了明显的发展。突出的表现是，越来越多的高校开设了商务英语课程，并已建立了结构合理、充满活力的商务英语专业教师队伍；至今我国乃至各省市均成立了商务英语研究会并已经召开了多次全国性、地区性的商务英语研讨会，而且研讨会的水平不断提高；有关商务英语的教材、论文、专著、辞书大量出版；商务英语的全国性研究机构——中国国际贸易学会商务英语研究委员会已经成立，并已开始工作；省市级的商务英语等级考试已开始实施等。这些充分说明，我国的商务英语学科建设处于发展的最好时期。所以，商务英语研究的发展趋势应该是朝着科学性、前瞻性、实用性和通用性的方向发展。全球经济一体化趋势的发展，应该形成一个全球性、开放型、大商务的经济贸易格局。因此，从商务、经贸高等教育的角度来讲，当前的任务就是由原来只能培养从事进出口贸易的外销员，转变为培养能够参与全球经贸竞争的国际商务人才。从市场需求的角度来说，自从我国实施"一带一路"倡议，我国对外贸易步伐进一步加快，根据当前对外贸易形势预测可见，未来的国际贸易活动将呈现出国际多层面、多目标、多方面的交流特征。在不同政治、经济、文化背景的交融下，各国越来越认识到国际的贸易合作不是简单的征服，而是深层次的互利互惠和共同发展。在这一系列的信息沟通过程中，英语作为主要的语言交流形式和信息传递工具，将发挥着越来越重要的作用，而商务英语作为国际交流和沟通的"通用语"，无疑在未来具有广阔的发展前景。尤其是在现代通过网络电商平台进行商品交易盛行的今天，以商务英语为表现形式的贸易资源将在整个全球网络贸易资源中占据绝大部分。随着国家对国际商务人才的需求日益增长，有几类行业或公司机构所需要的人才将会逐渐增多，如跨国公司、外国独资企业（包括外资金融机构、会计事务所、律师事务所）：一是自己在国内或国外创办企业的人才；二是到国外就读研究生（主要是工商管理、国际商务、财务管理、市场营销、法律、金融、会计等）。这又从另一种角度为研究商务英语的发展趋势提供了线索，也无疑对商务英语的教学和进一步研究提出了更高的要求。

作为新兴事物的商务英语未来将具有强大的生命力，这是未来商务英语发展的重要趋势。然而，任何一种新兴事物在发展过程中必然存在多方面的矛盾。看到商务英语广阔发展前景和强大发展生命力的同时，商务英语也必须实现由量变向质变的积累和转变。随着国际化进程的加快以及科技的快速发展，全球经济将面临着更多的问题，国际贸易、活动更加复杂化，多边谈判将会成为主流，因此，国际商务贸易活动将会越来越频繁，商务英语的应用将会越来越普遍，而在发展过程中，对高素质商务英语能力人才的需求量将会越来越大，高水平的商务英语人才不足也成为制约我国对外贸易发展的重要因素，可见，全球化发展背景对商务英语发展既带来了机遇，也带来了挑战。

当前，我国商务英语课程体系还不完善，传统教学方式限制了学生能力的提升，商务英语课程设置还不健全等问题突出。未来在商务英语学科的强烈需求下，战略性、技术性的商务人才培育将成为主要目标，改革现有商务英语课程体系，改进教学手段和方法，加强培养目的及课程设置的合理性是形势所需。尽管商务英语发展困难重重，但是具有浓厚历史文化的商务英语最终会发展成为一门规范的独立学科，在全球商务贸易中发挥重要作用。

第二节　新时代应用型高校商务英语人才培养的政策建议

一、新商科背景下的应用型高校商务英语人才培养模式的探索

新商科作为商务英语教育的新范式，注重培养具备跨学科知识和创新思维的商业人才，强调实际应用和行业需求。应用型高校商务英语专业在商务英语时代面临着机遇和挑战，需要重新审视培养模式，以适应不断变化的商业环境。笔者通过文献综述、案例分析等，研究在商务英语框架下，商务英语专业的课程设计、教学方法、实践体验和职业发展支持等方面的创新。本研究发现，成功的商务英语专业人才培养模式需要综合利用实践导向教学、跨学科合作、实习机会和行业合作等要素。笔者认为在新商科背景下商务英语专业人才培养模式，旨在培养具备商务专业知识和英语沟通能力的创新型商业人才，以满足商务英语时代商业领域的需求。在全球商业环境的快速变化和数字化浪潮的推动下，商业领域对高素质、具备多维能力的商业人才的需求越发迫切。传统的商务英语专业在为学生提供英语语言技能方面表现出色，但在满足新商科时代的要求上亟待创新和改进。商务英语作为一种创新的商务英语教育范式，强调跨学科知识、实际应用和创新思维，致力于培养具备广泛商业知识和能力的商业人才，其能够适应复杂的商业环境。通过文献综述和案例分析，我们可以看到传统的商务英语专业在许多方面已经开始进行调整和创新，以适应新商科时代。然而，其发展仍然存在挑战，包括如何更好地整合跨学科知识、提供实践导向教学、增加实习机会、促进行业合作等。

（一）新商科时代的商业教育

新商科强调跨学科知识的重要性，商业领域不再是孤立的学科，而是与其他领域，如科技、社会科学、人文等相互交织。这反映了现实商业环境的多样性和复杂性。新商科强调将理论与实践相结合，培养具备实际问题解决能力的商业人才。学生需要在真实商业环境中应用他们所学的知识和技能。商务英语注重培养创新思维和创业能力，商业人才需要具备创造性思维、问题解决能力和适应变化的能力，以适应快速变化的商业环境。数据科学和分

析成为商务英语的核心，商业人才需要收集、分析和利用数据来做出明智的决策，而不是仅依赖直觉。商务英语将伦理和社会责任纳入商业教育的核心，培养学生认识到商业决策的社会和环境影响，并推动社会和环境的可持续发展。新商科强调全球视野，商业人才需要能够理解和适应全球商业环境，与不同文化和国家的合作伙伴进行跨文化沟通和合作。由于商业领域的不断演进，商务英语注重培养学生终身学习的习惯，商业人才需要不断更新知识和技能，以适应未来挑战。新商科时代的商业教育强调综合性、实践性和创新性，旨在培养适应多样性和不断变化的商业环境的商业人才。这一新范式的兴起反映了商业教育领域的不断演变和对时代的适应，以满足全球商业需求的要求。商业教育将不再仅关注传统的商业学科知识，而会更加全面地培养学生，使其具备未来成功所需的多维能力。

（二）商务英语专业的传统培养模式

在传统模式下，商务英语专业主要侧重于培养学生的英语语言技能。这包括语法、词汇、听力、口语和写作等方面的训练。传统模式也强调使用英语国家的文化和习惯，以便学生在国际商务环境中更好地理解和适应。传统商务英语专业通常提供有限的商业知识，主要侧重于商业英语词汇和沟通技巧，而不是深入的商业概念和实践。传统培养模式通常以传统课堂教学为主，学生在教室里接受语言培训，与实际商业环境的联系较少。传统商务英语专业培养模式不太强调实践性和实际应用，学生通常没有机会在真实商业场景中应用他们的语言技能和商业知识。传统模式下，商务英语专业通常没有提供充分的职业发展支持，如实习机会、就业指导等。传统模式较少整合信息技术和数字化教育工具，未能充分利用现代技术来提高教育质量。尽管传统商务英语专业培养模式在英语语言技能方面表现出色，但它有时无法满足商务英语时代商业领域对人才多维能力和实际应用技能的需求。因此，许多商务英语专业正在寻求创新，以适应商务英语时代的要求。

（三）商务英语专业人才培养模式的创新

1. 实践导向教学方法

在新商科时代，商务英语专业人才培养模式的创新之一是以实践为导向的教学方法。这种方法旨在通过将理论与实践相结合，使学生能够在真实商业环境中应用他们所学的知识和技能。实践导向的教学方法侧重于解决实际商业问题。学生通过独立或团队项目来解决具体挑战，培养问题解决和决策能力。学生研究和分析真实商业案例，从中汲取经验教训，了解商业决策的复杂性，并提出解决方案。学生参与商业模拟情境，例如，模拟市场营销活动、商业谈判、国际贸易交易等，以锻炼实际操作和实践技能。学生有机会进行实地考察，参观企业，或参加实习，亲身体验商业运作和实践。实践导向的教学方法鼓励跨学科合作，学生与不同背景和专业领域的同学合作，模拟真实商业团队的工作。课程设计强调学生完成实际项目或任务，如市场调查、商业计划、模拟商业竞赛等。课程使用真实商业案例，鼓励学生开展案例分析，提出解决方案，并进行讨论和辩论。利用商业模拟游戏，让学生在虚拟商业环境中制定策略，做决策，以体验商业挑战。与企业建立合作关系，为学生提供实习机会或合作项目，使他们能够在实际工作中应用所学。邀请业界专家和成功商业人士举办讲座和访谈，与学生分享实际经验和见解。实践导向的教学方法使商务英语专业的学生能够更好地理解和应对商业挑战，培养和积累实际问题解决能力和实践经验，使学生更具竞争力，并为未来的职业生涯做好准备。这种方法有助于将学术知识与实际应用相结合，增强学生的职业发展潜力。

2. 跨学科合作和跨领域知识

跨学科合作和跨领域知识在商务英语专业人才培养模式的创新中扮演重要角色。这一创新意味着将商务英语专业与其他学科和领域相结合，以培养具备多维能力的商业人才。跨学科合作鼓励商务英语专业与其他学科（如市场营销、金融、管理、信息技术等）紧密合作，以提供更全面的商业教育。学生有机会接触和学习来自不同领域的知识，从而打下更广泛的知识基础，有助于培养学生综合解决实际问题的能力。学生在实际项目和任务中需要运用跨领域知识，以解决复杂的商业挑战，培养综合问题解决能力。跨学科合作有助于培养学生的创新思维，他们能够将来自不同领域的思想和方法结合起来，提出新的创意解决方案。设计跨学科课程，将商务英语与其他学科内容相结合，以提供综合教育。开展跨学科合作项目，邀请不同专业的学生一起解决复杂问题，从而促进合作和知识分享。提供学生选择双学位或辅修课程的机会，使他们能够深入学习其他领域的知识。与行业合作伙伴合作，共同开发项目和实践机会，使学生接触不同领域的专业知识。组织跨学科讲座和研讨会，邀请不同领域的专家来分享知识和见解。跨学科合作和跨领域知识的整合能够为商务英语专业的学生开阔国际视野，使学生更好地理解复杂的商业问题，并提供全面的解决方案，并具备更广泛的职业选择。这种创新方法使学生更具竞争力，能够适应多元化的商业环境，并促进其终身学习和职业发展。

3. 行业合作和合作项目

行业合作和合作项目是商务英语专业人才培养模式的另一个重要创新方面。这种创新模式通过与行业合作伙伴建立紧密关系，提供实际项目和实践机会，使学生能在真实商业环境中应用所学的知识和技能。行业合作和合作项目侧重于将学生的知识和技能应用于实际商业问题，使他们能够实际参与并解决挑战。学校与行业合作伙伴建立紧密关系，合作伙伴提供项目，实习机会和资源，以支持学生的学习和职业发展。合作项目通常与学生的职业发展目标相关，为学生提供与潜在雇主接触的机会，并增强学生的就业竞争力。学生通过与合作伙伴互动，获得实际反馈，了解业界需求和标准。学校与企业合作，给学生提供实习机会，使学生在实际工作环境中应用商务英语技能和商业知识。学生参与和行业合作伙伴共同开发的项目，如市场调查、广告活动、营销策略制定等。行业专家或从业者担任学生的导师，给学生提供指导和建议，分享实际经验。学校与企业建立战略合作关系，共同开发课程、项目和活动，以满足行业需求。学生通过与合作伙伴一起解决实际问题，培养问题解决和决策能力。合作项目为学生提供与潜在雇主建立联系的机会，有助于他们顺利进入职业生涯。行业合作和合作项目的实施，有助于商务英语专业的学生更好地了解商业实践，获得实际经验，增强就业竞争力，建立职业关系，并为未来的职业生涯做好准备。这种创新方法使学生能够在实际工作中应用他们的知识和技能，培养实际问题解决和决策能力，以适应不断变化的商业环境。

4. 科技和数字技术

科技和数字技术在商务英语专业人才培养模式的创新中扮演着重要角色。这一创新强调将现代技术与商务英语教育相结合，以提高学生的数字素养和技术能力。数字化学习资源，包括在线教材、电子书、多媒体资料和虚拟学习平台，以提供更多学习资源。在线教育工具，如视频会议、在线课堂、协作平台等，支持远程学习和虚拟团队合作。通过电子邮件、在线讨论论坛和即时通信工具，促进师生之间的沟通和互动。利用商业模拟软件和应用程序，使学生能够模拟商业场景，练习做决策和解决问题。学生学习如何使用数据分析工具和软件，以了解商业数据和趋势。

（四）新商科下的应用型商务英语专业人才培养模式

1. 培养目标和学习成果

培养学生具备跨学科知识，使其能够融合商务英语与其他学科，如市场营销、金融、管理等，以解决复杂的商业问题。培养学生能够在实际商业环境中应用所学的商务英语技能能力，包括商业沟通、谈判、市场分析等。培养学生的创新思维，使其能够提出新颖的商业解决方案，以适应快速变化的商业环境。培养学生熟练掌握数字技术能力，包括数据分析、在线工具使用和数字沟通，以支持商务英语实践。培养学生的全球化视野，使其能够理解和适应国际商业环境，与跨文化团队合作。培养学生关注伦理和社会责任的意识，使其了解商业决策的社会环境影响，并提倡可持续经营。学生能够流利准确地使用商务英语进行口头和书面沟通，包括商业报告、邮件、演讲和会议。学生能够分析和解决商业问题，运用商务英语技能和跨学科知识提出解决方案。学生能够开展创新项目，包括市场调查、广告策划、产品开发等，以培养创新思维。学生能够使用数字技术和工具，分析商业数据、制定数字化营销策略和进行在线协作。学生具备国际化能力，能够理解全球商业趋势，开展跨文化沟通和国际贸易。学生了解商业决策的伦理和社会影响，能够提出可持续经营建议。这些培养目标和学习成果反映了商务英语专业的全面性和实际性，以适应商务英语时代的商业需求。学生将在各个方面得到培养，以提高他们的多维能力和适应不断变化的商业环境。

2. 课程设计和课程内容

在新商科时代，商务英语专业的课程设计和课程内容需要更加综合化和实际化，以满足多元化的商业需求。设计跨学科课程，将商务英语与其他学科如市场营销、金融。管理等整合，以提供更全面的商业教育。强调项目驱动的课程设计，使学生能够在真实商业环境中应用所学的知识和技能，解决实际问题。利用商业模拟情境，让学生在虚拟商业环境中制定策略，做决策，以练习实际技能。提供在线学习选项，以支持远程学习和开展虚拟团队合作，使学生能够更灵活地学习。提供实习和实地考察机会，使学生能够亲身体验商业运作，学习实际应用技能，包括商业沟通、商业写作、商业演讲、商务谈判等核心技能课程。学生需要了解市场营销策略、品牌管理、销售技巧等内容，以促进商业发展。课程应包括财务管理、投资分析、风险管理等内容，以培养学生的财务决策能力。学生需要学习管理原则、领导技能、团队协作等内容，以适应领导职位的需求。学生应学习如何使用数据分析工具和数字技术，分析商业数据并制定数字化营销策略。课程内容应涵盖国际贸易、跨文化沟通、全球市场分析等内容，以提高学生的国际化能力。学生需要了解商业决策的伦理和社会影响，以培养可持续经营观念。课程应鼓励创新思维和创业精神，使学生可以学习创业策略和企业创新，包括真实商业案例分析，以帮助学生了解实际商业挑战和解决方案。提供就业指导、职业发展支持和实习机会，以帮助学生为职业生涯做好准备。这些课程设计和内容建议有助于为商务英语专业的学生提供综合的商业教育，使他们具备多维能力和实际应用技能，以应对新商科时代的商业挑战。课程的综合性和实际性将有助于培养具备广泛知识和能力的商业人才。

3. 教学方法和教育技术的应用

在新商科时代，商务英语专业的教学方法和教育技术的应用至关重要，能给学生提供更综合、实际和创新的教育体验。传统的教学方法强调学生语言技能的培养，如听、说、读、写，以及翻译和口译技巧。然而，在新商科时代，商务英语专业的教学方法需要更加多元化，以满足多样化的商业需求。实践导向的教学方法强调通过项目、案例研究和模拟情境来培养学生的实际应用技能。学生通过解决真实商业问题，锻炼问题解决和决策能力，以适应不断变化的商业环境。教育需要将商务英语与其他学科和领域相结合，培养具备多维能力的商业人才。跨学科合作和跨领域知识整合有助于学生更好地理解和应对复杂的商业问题，并提供全面的解决方案。与行业合作伙伴建立紧密关系，提供实际项目和实践机会，使学生在真实商业环境中应用所学的知识和技能。这有助于学生建立职业关系和增强自身就业竞争力。教育需要整合现代科技和数字技术，以提高学生的数字素养和技术能力。

二、新文科背景下的应用型高校商务英语人才培养模式的探索

新文科教育背景下，高校商务英语专业核心素养培育是学科育人价值的

集中体现，更是大学生通过课程学习与实践而逐步形成正确价值观、必备品格与关键能力的基础。高校商务英语教学的目的，是为了培养兼具职场涉外沟通多元文化交流、自主学习完善与语言思维能力的英语专业人才。然而，当下的高校商务英语专业教学仍存在一些问题，如课程设计与职业需求相偏离、职业英语技能教育与新时代发展脱节等，这对现代社会创新创业人才缺口的补充较为不利。鉴于此，笔者基于新文科背景，对高校商务英语人才培养体系建构策略进行了探究，以期为相关人员提供参考。

（一）新文科背景下高校商务英语人才培养工作的意义

新文科概念是美国希拉姆学院为促进"新技术""老文科"更好融合而提出的新概念，是基于现有的传统文科教育基础，重组学科专业课程而建构的文理交叉教学模式。在哲学、语言、文学等课程中融入现代信息技术，让学生接受综合性跨学科资源，可以拓宽其知识视野，有助于培养其创新思维。基于中国高等教育中商务英语专业改革现状，新文科建设的意义主要体现在三个方面：一是为现代高校文科教育理论体系创新速度加快提供动力。二是针对高校专业改革做进一步深化支持，梳理现代社会发展新需求，掌握学科交叉教育新趋势，为高校传统文科专业内涵建设强化创造条件。三是围绕现有高校课堂教育模式做改革，将"水课"淘汰，让"金课"上位。结合新文科建设背景，以高校传统商务英语专业教学为例，本研究分别从课程设置实践教学、保障措施、评价体系几个方面，对推进全新创新创业人才体系建设进行了探索，阐述全新课程设置 C（curriculum system）、实践教学体系 P（practical teaching system）、保障机制 G（guarantee mechanism）、评估系统 E（evaluation system）人才培养模式，助力应用型高校培养更多高品质商务英语专业人才。

（二）基于新文科背景的高校商务英语人才培养体系建构的策略

1. 基于"C"的商务英语创新创业人才培养课程体系建构

高校人才培养离不开有效的课程载体支持，同时课程落实也是人才培养目标实现的重要教育工具。基于此，高校商务英语专业课程体系的建构，需在融合办学定位与特色基础上，坚持以人才为核心的知识输出，在职业需求导向指引下，因材施教地配置双创课程内容，以培养大学生创新创业精神与素质。为此，结合"C"去打造新文科背景下高校商务英语双创人才培养体系，应从以下两个层面推进。

一是针对商务英语专业基础课程做创新。专业基础课程是主要面向大学生的学科基础教育课程，让学生意识到专业基础能力培养的重要性，有利于激发其创新学习兴趣，开发其创新思维。完善通识课程时，需结合线上、线下互补模式展开。我国多所高校在健全商务英语通识课程时，积极引进了学堂在线、慕课MOOC等线上教育平台，线下则开发了精品校本专业基础课程，为本校师生创建修读环境，进一步面向商务英语专业师生推广和普及专业基础课程教育模式。

二是针对专业选修课程做创新。首先，结合商务英语专业方向设计专属双创课程。以专业学院为主体，辅以创新创业学院校企合作单位共同参与双创人才培养，解决传统双创单门课程教育游离在学院专业课程教育框架外的尴尬境地，确保学生接受更专业且与就业方向关联度更高的商务英语双创技能教育。例如，在跨境电商、国际贸易课程建设中，设计必修课"生涯发展之跨境电商人才实训"，选修课"创新管理与新产品开发"等，目的是让大学生深度学习双创知识、技能，促进其创业思维与专业教育的高度融合。其次，跨学科教学也不可忽视，可将商务英语分别与计算机、法律、物流等课程相结合，实施跨学科教育，培养高质量跨专业人才，强化大学生双创内驱力，让其在多维知识体系建构下，提升跨学科解决问题的能力。

2. 基于"P"的商务英语人才培养教学体系建构

实践教学对大学生创新实践能力和思维能力的提升颇有助益，也有利于高校落实创新教育。商务英语教学的核心目标，是让实践教育围绕商务英语创新型人才培育展开，集合学校、企业、社会三方教育资源，在课程共建、资源共享、评价共构的前提下，打造更为实用的创新创业实践教学体系，拓展教育广度，创建充裕的教育时空条件，促进教育水平提升。具体的教学体系建构重点如下。

一是以课堂为教学主阵地搭建课外实践平台，打造商务英语专业人才专业能力培养"金课"。首先，结合"金课"教育特征，按照创新性、高阶性、挑战度标准，把好专业课程质量关。赋予学生课堂主体地位，将创新思维渗透授课过程，挖掘并引导学生在课堂上去思考、探索、创造。例如，进行商务英语专业基础课程实践教学时，可将成果导向教育理念融入"写作""口译"等基础教育课堂，依托案例法、探究法、项目授课法等教学手段，利用校企合作项目组织具有挑战性的教学活动，让大学生在合作学习氛围下，发挥个人特长，形成发散思维，达成高阶教育目标。其次，结合课内实践过程，培养大学生自主学习能力，帮助其深化探究与合作精神，提升其专业能力，如在"国际市场营销"专业课上，可利用院内综合实训室仿真模拟软件，设计仿真模拟项目教学，按照"角色分工—任务布置—仿真演练—总结评价"步骤，促使大学生将课本所学知识转化落实到真实项目中，强化其实践技能，提升其专业能力。

二是搭建校企合作平台，联合企业共建人才培养合作机制，打造高校商务英语人才的"一站式"育人服务体系。集中利用校企双方资源，建设协同育人实践基地，为大学生创建真实工作场景，提供"真枪实弹上战场"的机会和平台，为新文科背景下商务英语创新人才培养提供保障。学院与企业间，应建立长效合作机制，组织暑期社会实践、顶岗实习、岗前集中培训等实践活动，满足高校学生校园求学阶段多样化实践需求。大一新生入学即可了解基地企业，可自主进行专业实习，自主联系相关企业。实习中选择适合自己的学习方法，让毕业设计做到"真题真做"。这不仅有利于学生深入了解商务英语专业职业岗位，对学生本专业发展前景认知、专业水平提升、综合素质培养也颇有助益。其次，与行业、企业合作，集中资源为商务英语专业人才能力培养开发针对性课程内容，设立专项专业人才培养基金，为学科竞赛举办，服务平台搭建、活动组织提供经费，借此深度开发大学生专业潜能。

3. 基于"G"的商务英语创新创业人才培养保障机制建构

要确保课程体系安排更科学、实践教学体系架构设定更合理，就需要建立健全保障机制。在新文科背景下，构建商务英语专业双创人才培养模式，要着重做好校内外多部门间统筹规划，细分各部门人员工作职责，规范指导管理，有利于创建融洽的双创氛围。具体需做好以下工作。

一是针对教育资源做好统筹配置，为大学生参与实践提供保障。首先，教育资源建设应重点关注场地、器材与设施方面，提升校内专业训练室与创新创业孵化基地等资源的利用率，将校内实训、校外实习基地的教育作用发挥出来。其次，依托互联网，利用跨境电商实习基地为商务英语专业人才创建模拟实践环境，如借助虚拟现实技术，为学生虚拟创建出商务英语实训室，锻炼学生利用英语语言的商务对话、翻译、跨文化交流等能力；还可将外贸单证训练室利用起来，促进学生理解外贸单证的格式、内容及作用，强化专业人才动手实践技能。

二是明确校企各部门人才培养工作职责，将教育任务落实到个人。双方分工协作，达成育人目标。首先，商务英语专业教师应做好自我提升，从传统的英语语言教师角色升级为兼具双语教学能力和国际商务实践能力的"双能型"育人角色，将课堂教学主阵地作用发挥出来，让学生在多元化教学模式加持下，提升专业水平。其次，与校外企业指导教师深度合作，及时更新课堂教学案例，也可邀请行业导师创建双师课堂，为课堂实践提供可靠指导。此外，需将辅导员等行政管理层的作用发挥出来，可利用课后时间带领学生组织多元化双创主题活动，让专业教育自第一课堂顺利延展至第二、三课堂。

4. 基于"E"的商务英语创新创业人才培养评价体系建构

高校培养商务英语专业双创人才，应建立完整的评价体系，以便实时检验双创教学成果，确保双创教学质量。构建人才培养检验体系时，应严格遵守全方位、全过程、全员参与原则，具体的评价体系构建如下。

（1）确立评价主体与客体。一是确立评价主体。确认专业教育评价主体，即考量"谁评"的问题。保障主体的科学确立，是提升评价效度、信度的前提。结合评价主体在人才培养系统中的地位，可将其划分为管理、实施、受教与社会四类评价主体。管理主体为双创主管部门，包括二级学院、高校教务处等，负责指导、监督、检查商务英语专业双创教育现状、执行政策、落实措施，为建设实践确立提供指导方向。实施主体为商务英语专业教师，扮演专业教育主体与评价主体双重角色，负责完成教育评价、课程实施评价、学生评价工作。课程实施评价分为自评与同行评价。作为受教主体的学生，直接感受专业教育实施过程，其出具的评价结果更真实。专业教育社会主体以实训、实习单位为主，基于用人单位视角评价专业人才培育成效。

二是确立评价客体。针对高校商务英语专业人才评价客体分析，核心在于解决"评价什么"的问题，需要围绕专业、课程、学生三方展开。专业层面需从专业建设与专业教育融合的角度，考查人才培养体系建构的可行性与科学性。课程层面需考查教师是否合理挖掘教育资源，是否具备积极态度，教学设计是否契合专业育人理念等。学生层面需考查学生是否认同专业育人模式，是否掌握基础知识，是否形成创新意识，是否产生就业创业意愿等。

（2）确立评价指标。评价指标体系的确立，是新文科背景下高校商务英语专业人才培养的关键点，可以使教学过程具体化，为教师、学生、学院、企业教学活动展开、教学成效提升设立标准，让评价成为人才培养的"游标卡尺"。

综上所述，在新文科背景下，想要进一步提升商务英语专业人才能力，建构高质量人才培养体系，首先，要打造专业课程体系，进行商务英语专业通识课程与专业选修课程创新。其次，要围绕商务英语专业人才培养需求，构建实践教学体系，以课堂为教学主阵地，搭建课外实践平台，校企合作共建双创人才培育合作机制。再次，要结合教育资源做好统筹配置，明确校企各部门人才培养工作职责，为商务英语人才培养提供保障。最后，构建人才培养评价机制，确立评价主体与客体，设计具体评价指标，实现培育高质量商务英语专业人才目标，为市场经济建设注入新的活力。

三、产教融合背景下的应用型高校商务英语人才培养模式的探索

在当今经济全球化的背景下，商务英语作为一门重要的语言技能，成为与国际交流和商业合作紧密相关的能力，因此产教融合下的高校商务英语课程教学改革具有迫切的必要性。首先，经济全球化的发展对商务英语教育提出了更高的要求，随着世界各国之间联系的不断增强，商务交流已经超越了国界和地域的限制，学生需要具备良好的商务英语能力，才能更好地适应跨国企业、国际市场和跨文化交际的需求。其次，经济全球化带来了商务领域的快速变化和创新，商业领域的技术进步和市场竞争的加剧使得商务活动日新月异，需要从业人员具备商务英语知识和实践能力。因此，高校商务英语课程需要及时调整和更新教学内容，以此培养学生的适应和应对能力。

在产教融合背景下的高校商务英语课程教学改革中，重要目标是提高学生商务英语实践能力。商务英语实践能力的培养可以帮助学生更好地应对实际商务环境中的挑战和问题。首先，提高学生商务英语实践能力能够增强学生的口语表达能力。通过实践活动，如商务会议模拟、商业谈判模拟等，学生可以锻炼自己的口语能力，提高语言流利度和准确性。其次，商务英语实践能力的培养可以加强学生的写作能力，商务信函、商业报告、市场调研报

告等写作任务能够使学生在实践中学习正确的商务写作技巧，培养他们的文书写作能力和逻辑思维能力。

在产教融合背景下的高校商务英语课程教学改革中，关键方向是加强与商业企业的合作与交流。这样的合作与交流可以帮助学生更好地了解实际商务运作，加强他们对商业环境和行业需求的理解。首先，与商业企业的合作可以提供实践机会，让学生在真实的商业环境中亲身体验商务活动的全过程，了解商业运作的方方面面，如市场调研、销售推广、客户管理等，并将所学知识应用于实际情境中。其次，与商业企业的合作与交流有助于学生建立业界人脉和职业关系，学生可以与商业企业的代表进行互动和交流，了解行业的最新趋势和需求，从而更好地规划自己的职业发展路径，商业企业的专业人士也可以给学生提供实际经验和指导，帮助学生提升商务英语实践能力。

在产教融合背景下的高校商务英语课程教学改革中，核心目标是增进学生就业竞争力与职业发展机会。为学生提供与实际商务环境相关的课程内容和实践机会，可以使他们具备更强大的竞争力和更广阔的职业发展前景。首先，改革后的商务英语课程强调学生实践能力的培养，使学生能够在毕业后立即适应职场需求。学生通过与商业企业的合作和实践，获得的实际经验能够有效地提升自己的职业竞争力，同时能够展示自己熟练掌握商务沟通技巧、跨文化合作能力以及解决实际商务问题的能力。其次，与商业企业的合作能够为学生提供更多的就业机会和职业发展资源。通过与企业建立联系，学生可以获得实习和实训的机会，拓宽自己的职业网络，并了解行业最新的就业趋势和需求，这将有助于学生更好地适应求职市场，增加他们的就业机会。

（一）产教融合背景下的高校商务英语人才培养改革的原则

1. 明确课程的目标

在产教融合背景下的高校商务英语课程教学改革中，关键是明确课程目标。从学科教学角度来看，课程的目标应该以培养学生的英语语言能力和丰富学生的商务知识为基础，使其能够流利地运用商务英语进行交流和沟通，并具备掌握相关商务知识的能力。这意味着课程需要注重培养学生的听、说、读、写能力，使其在商务环境下能够准确、流畅地使用英语进行商务活动。从实践应用角度来看，课程的目标是培养学生的实践能力和解决问题的能力，这要求课程设计要贴近实际商务场景，引导学生进行实际案例分析和解决方案设计，培养学生的创新思维和团队合作能力。课程还应鼓励学生参与实践项目，通过实践提升学生的职业素养和应用能力。

2. 融合知识与实践

在产教融合背景下的高校商务英语课程教学改革中，知识与实践的融合十分必要。首先，在课程教学中要丰富实践教学的内容和方法。商务英语是应用性较强的学科，需要学生通过实践来巩固和运用所学知识。因此，教师应当通过实践教学为学生提供实际商务场景的模拟和真实商务案例的分析，使学生能够将知识应用到实践中，并培养学生解决实际问题的能力。其次，要增加与企业合作的机会和实践。与企业合作可以使学生接触真实的商务环境和商务实践，了解企业的经营管理和国际商务的运作。在与企业合作的过程中，学生可以与企业的专业人员进行交流和合作，从而提高自己的职业素养和实践能力。

3. 培养学生的职业素养

在产教融合背景下的高校商务英语课程教学改革中，培养学生的职业素养非常重要。培养学生职业素养可以从两个方面进行考虑：一方面，要注重培养学生的专业知识和技能。商务英语课程的教学应当注重让学生掌握与商务相关的专业知识和技能，包括商务英语的语言技能和商务知识。这些专业知识和技能是学生在未来工作中所需要的基础。通过课程教学的培养，学生能够更好地应对商务工作的挑战。另一方面，要注重培养学生的职业道德和职业素质。商务英语课程的教学不仅要注重学科内容的传授，更要注重培养学生的职业道德和职业素质。这包括培养学生的诚信意识和责任感，培养学生的沟通能力和团队合作精神，培养学生的创新能力和问题解决能力以及学生的自我管理和职业发展能力。培养学生职业素养有助于提高学生的综合素质和就业能力，使其能够更好地适应商务领域的工作要求，因此教师要注重培养学生的职业素养，为学生的职业发展奠定良好的基础。

4. 整合优化教学资源

在产教融合背景下的高校商务英语课程教学改革中，整合优化教学资源十分重要。首先，要整合优化师资资源。高校要通过整合学校内外的师资资源，配置合适的教师团队，为学生提供高质量的教学服务，如邀请企业的专业人员和相关领域的专家参与教学，以此丰富教学内容和方法，提高教学的实效性。其次，要整合优化教学设施和教学资源。高校要通过整合和更新教学设施，为学生提供现代化的教学环境，要整合相关学科和资源，开展跨学科的教学合作，丰富教学内容和方法，为学生提供多元化的学习体验。

(二) 产教融合背景下的高校商务英语课程教学改革的有效路径

1. 加强校企合作

（1）校企合作的模式与方法。在产教融合背景下的高校商务英语课程教学改革中，加强校企合作是实现有效教学的重要路径。校企合作可以采用多种模式和方法。首先，可以开展实践项目合作。高校与企业可以合作开展商务实践项目，如调研、咨询或市场营销等实践活动。通过与企业的合作，学生可以参与真实的商务项目，锻炼实践能力和解决问题的能力，为企业提供解决方案并提高创新能力。可以开展导师指导活动和实习交流，高校可以邀请企业专业人士作为导师，为学生提供指导和实践机会，还可以建立实习交流平台，帮助学生了解企业的实际运作和商务流程，提升学生的职业素养和实践能力。

（2）校企合作的资源共享与互利共赢。校企合作应该以资源共享和互利共赢为基础，实现学校和企业的双赢。首先，实现资源共享，学校可以分享优质的教学资源和师资力量，为企业提供专业知识和培训服务，而企业则可以提供实际商务案例和真实的商务环境，为学生提供实践机会和就业渠道。通过共享资源，学校和企业可以相互补充，实现知识与实践的有机结合。其次，建立长期的合作机制。合作不应该只是一次性的，而应该是持续、稳定的关系，学校和企业可以制订合作共同发展的长期规划，定期评估和改进合作成果，实现持续的互利共赢。

（3）校企合作的成果评估与持续改进。校企合作的成果评估与持续改进是确保合作有效性的重要环节。首先，建立科学的评估体系。评估体系应该包括多个维度，如学生的实际就业率和企业对合作效果的评价等，可以通过问卷调查、实习报告和就业跟踪等方式收集学生和企业的反馈意见来对合作成果进行评估和分析。其次，评估结果应该用于持续改进。根据评估结果，学校和企业应该共同研究和分析问题，并制定改进措施，可以通过教学方法的调整、课程内容的优化、实践机会的增加等方式不断改善校企合作的效果，提升教学质量和学生的就业能力。通过成果评估与持续改进，校企合作可以保持良好的运行状态，实现有效的教学、促进学生的职业发展。

2. 创新教学模式

（1）以问题为导向的教学模式。以问题为导向的教学模式是一种能够激发学生学习兴趣和积极性的教学方法。在高校商务英语课程中，我们可以通过引入真实的商务问题和挑战，激发学生的学习动力和解决问题的能力。首先确定学习目标。教师根据课程要求和学生需求，确定学习目标，并提出一个真实的商务问题或挑战，要求学生在课程学习中解决或回答这个问题。其次，组织学习活动。教师可以通过案例分析小组讨论、团队合作等形式引导学生深入学习相关知识和技能，并结合问题进行学习和讨论，培养学生分析解决问题的能力。最后，积极实践和反思。需要结合实际情境进行实践活动，如模拟商务谈判、撰写商务报告等，锻炼实践操作能力。完成实践后，学生需要对自己的表现进行反思和总结，从中获取经验和教训。以问题为导向的教学模式能够激发学生的主动性和实践能力，培养学生解决实际问题的能力，提高课程的实效性和学习效果。

（2）项目驱动的教学模式。项目驱动的教学模式是一种能够将理论与实践相结合的教学方法。在高校商务英语课程中，我们可以通过具体的项目来帮助学生学习并应用所学知识和技能。首先，确定项目范围和目标。教师与学生一起确定一个具体的商务项目，明确项目的范围、目标和要求，以及需要学生完成的任务和成果。其次，组织学生活动。教师可以通过案例分析小组合作、实践操作等方式引导学生进行项目的探索。教师可以充当项目的导师指导学生在项目中掌握所需的知识和技能，并提供必要的支持和指导。最后，完成任务和展示结果。学生根据项目需求完成任务，如商务报告的撰写、商务谈判的模拟、市场调研的实施等。完成任务后，学生需要将项目的结果进行展示或呈现，并与教师和其他的学生进行交流和讨论。项目驱动的教学模式能够将课程内容与实践操作相结合，提供真实的学习体验和应用场景，培养学生的实践能力和团队协作精神，从而提高课程的实效性和学习效果。

（3）社区实践的教学模式。社区实践的教学模式是一种能够将学生学习与社区服务相结合的教学法。在高校商务英语课程中，我们可以通过组织学生参与社区活动，将所学知识和技能应用于实际环境中。首先，确定社区实践的主题和目标。教师与学生一起确定一个与商务英语相关的社区实践主题，明确实际的目标和预期成果，以及学生在实践中需要完成的任务和角色，其次，组织学生参与社区实践活动。学生可以参与社区内的商务活动、商业组织的志愿服务等，通过与实际商务活动的接触了解实际工作环境和商务实践，同时运用所学的商务英语知识与技能。最后，进行评价和反馈。教师对学生的社区实践活动进行评价，肯定他们在实践中的表现并提出改进建议，学生也可以通过自我评价和同行评价的方式对自己和同学的实践成果进行评价，促进学习的互动和交流。社区实践的教学模式能够促使学生将所学的商务英语知识与实际情境相结合，培养学生的社会责任感和服务意识，提高课程的实效性和学习效果。

3. 建设教师团队

（1）教师培训与发展。在产教融合背景下的高校商务英语课程教学改革中，教师培训与发展是确保教师专业素养和教学质量的重要环节。首先，要为教师提供专业培训。高校可以组织商务英语教师参加相关的培训和研讨活动，如教学方法研讨会、行业研究会等，提升教师的学科知识水平和教学能力。高校也可以邀请行业专家和企业人员进行专业讲座和交流，加强教师与实际工作的联系和了解。其次，要建立教师发展的支持机制。高校可以设立教师发展基金，鼓励教师参与学术研究和教学改革项目，提升其教学水平，以丰富研究成果。高校还可以组织教师互助小组或教学研讨，以促进教师之间的交流与合作。

（2）教师评价与激励机制。教师评价与激励机制是建设优秀教师团队的重要保障，能够激发教师的积极性和创造力，提高教学质量和教学效果。首先，要建立科学的教师评价体系。评价体系应包括多个维度，如教学能力、学术研究、师德师风等，以此全面评估教师的综合素质和工作表现。评价指标可以包括学生评价、同行评价、教学观摩评价等多种方式，客观反映教师的教学水平和教学效果。其次，要建立激励性的教师评价体系。评价结果应作为教师晋级、奖励和职称评定的重要依据，激励教师积极提高教学水平，学校可以制订教学优秀奖励计划、提供教学创新项目资助，以及嘉奖优秀教师的相关措施，激励教师参与教学改革与创新。

（3）教师团队合作与交流。教师团队合作与交流是促进教师专业发展和提高教学质量的重要途径。首先，可组建教师团队。学校可以根据课程教学需要组织教师团队，将相关专业背景和教学经验的教师集结起来。教师团队可以共同制定教学目标，分享教学资源和教学经验，促进教学的一体化和协同发展。其次，建立交流平台。学校可以建立教师交流平台，提供交流和分享的机会，可以定期组织教研讨论会、教学观摩活动、教学讲座等，让教师之间进行互动交流，相互学习和借鉴，提高教学水平和教学效果。加强教师团队合作与交流，可以形成良好的教学氛围和互动机制，促进教师之间的相互学习和共同发展，提高教学质量和教学效果。

4. 整合与使化课程资源

（1）多媒体教学资源的利用。在产教融合下的高校商务英语课程教学改革中，利用多媒体教学资源是一种有效的方式，可以提升教学质量和学习效果。首先，教师可以利用多媒体教学资源丰富课堂教学内容，通过使用图像、音频、视频等多媒体元素向学生展示真实的商务英语环境和实际案例，提高学生的学习兴趣和理解效果。例如，教师可以使用商务演示视频来展示商务谈判的实景或通过多媒体案例分析呈现国际市场的实际情况。其次，学校可以建设多媒体教室和实验室等教学场所，提供先进的多媒体设备和软件工具。学生在教师的指导下，利用这些设备和工具进行学习和实践，如语音实验室的语音训练和对话模拟，或者利用商务英语学习平台进行在线学习。

（2）在线学习平台的建设。在线学习平台的建设是有效整合和优化课程资源的一种方式，在高校商务英语课程教学改革中起到重要作用。首先，学校可以建立统一的在线学习平台，该平台应具有课程资源的存储和分享功能。学生可以通过平台访问各类学习资料和教学资源，如课件、录像、电子图书等，方便学生随时随地获取学习资料。其次，该平台应提供在线学习和交流的功能，学生可以在平台上参与在线学习活动，如在线讨论、实时问答等，与教师和同学进行互动和交流；教师可以利用在线平台布置作业、组织在线测试和测评等，进行反馈和监督。通过建设在线学习平台，学校能够整合和优化课程资源，提供便利的学习环境和学习工具，提高课程的灵活性和学生的积极性。

（3）实践基地的建设与利用。实践基地的建设与利用是有效整合和优化课程资源的一种方式，在高校商务英语课程教学改革中具有重要意义。首先，学校可以与企业合作，建立商务实践基地。该基地可以是企业的实际工作场所，或者学校内部模拟的商务实践环境。学生可以在实践基地中进行实际商务活动的实践和观察，如参与商务会议、模拟商务谈判等，锻炼实际操作能力和解决问题的能力。其次，实践基地可以提供真实的商务案例和资源。学生可以通过参观、调研、实习等方式了解和分析真实的商务案例，并将其与课程内容相结合；教师可以将这些案例作为教学材料或教学项目，引导学生进行案例分析和解决问题，培养学生的实践能力和综合素质。通过建设和利用实践基地，学校能够为学生提供真实的学习体验和实践机会，将课程与实际商务活动相结合，丰富学生的学习资源和教学内容，提高课程的实效性和学习效果。

第八章　新时代应用型高校商务英语人才培养的策略与改革

在数字化时代，商务英语人才培养面临着前所未有的机遇与挑战。实践教学作为商务英语教育的重要环节，对于培养学生的实际操作能力、问题解决能力以及团队协作能力至关重要。数字化技术的快速发展为实践教学提供了新的手段和工具，如虚拟现实、模拟仿真等，使得教学更加生动、高效。

第一节　实践教学在商务英语人才培养中的地位与作用

在商务英语教育中，实践教学占据着举足轻重的地位。它不仅是理论知识的有力补充，更是培养学生实际操作能力、团队协作精神和创新思维的重要途径。通过实践教学，学生可以将所学知识与实际应用紧密结合，锻炼解决问题的能力，为未来的职业生涯奠定坚实的基础。

一、商务英语实践教学中的技能训练强化与创新路径

在商务英语教育中，实践教学的重要性不言而喻，而其中最为关键的一环便是技能训练的强化。与高等教育偏重于理论传授不同，职业教育更加注重实践技能的培养。对于商务英语而言，这不仅仅意味着掌握一系列显性的操作技能，如软件平台的使用等，更包含着对学生商务英语系统思维的隐性培养。这种思维的培养无法通过传统的课堂讲授来实现，而是需要借助现代化的教学工具、虚拟仿真实践活动以及深入企业的真实运营项目来逐步锤炼和提升。

正因如此，商务英语的实践教学必须走出一条创新之路。这不仅需要应用型院校加大实践教学的比重，更需要教师团队不断探索新的教学方法和手段。例如，通过案例分析、角色扮演、小组讨论等多样化的教学方式，激发学生的学习兴趣和主动性；利用大数据、人工智能等先进技术，构建虚拟仿

真商业环境，让学生在模拟实战中锻炼商务英语思维和解决问题的能力；还应积极与企业合作，开展校企合作项目，让学生在真实的企业环境中感受商务英语的魅力，提升实践技能水平。

二、深化产教融合，构建商务英语实践教学的校企协同育人机制

在商务英语教育中，实践教学的有效性直接关系到人才培养的质量。然而，当前应用型院校的课堂教学中仍然存在"重理论、轻实践"的倾向，这不仅影响了学生技术实践能力的提升，也制约了其职业发展的潜力。为了打破这一僵局，深化产教融合成为关键所在。

产教融合意味着将产业界的需求和教育界的培养目标紧密结合，共同构建一种新型的育人机制。在这种机制下，应用型院校需要积极与企业合作，引入更多真实的商业案例和实践项目，学生在完成这些任务的过程中，不仅能掌握相关的理论知识，更能锻炼实际操作能力，培养解决问题的能力和团队协作精神。

为了避免校企合作项目流于形式或单一化，应用型院校还需要与企业共同制订人才培养方案和教学计划，确保实践教学的内容与企业的实际需求相契合。此外，还可以通过建立校企协同育人生态体系，整合双方的优势资源，共同开展科研攻关、技术创新等活动，推动产教融合向更深层次发展。

在实践教学中，应用型院校还应注重利用现代科技手段，如移动新技术、跨境贸易服务、新媒体营销等，丰富教学内容和手段，提高实践教学的效果。通过构建跨专业综合实践中心，可以为学生提供更加广阔的实践平台，让其在实践中不断学习和成长。

三、强化师资培育，提升商务英语实践教学的质量与水平

在商务英语教育的浪潮中，应用型院校作为培养高素质商务英语人才的重要基地，其实践教学的质量与水平直接关系到人才培养的成效。然而，当前应用型院校商务英语师资方面存在的问题不容忽视，如重学术轻职业、重科研轻教学、职业精神和实践能力不足等，这些问题严重制约了商务英语实践教学的发展。

为了打破这一瓶颈，强化师资培育成为当务之急。应用型院校应该注重

引进和培养具备"双师"素质的商务英语教师，他们不仅要具备扎实的理论知识，还应拥有丰富的实践经验和行业背景。同时，应该打破传统单一的师资来源渠道，积极从企业、行业等引进优秀人才，充实商务英语师资队伍。

在师资培育方面，应用型院校还应该注重提升教师的实践能力和职业精神。可以通过校企合作、产学研结合等方式，让教师深入企业一线，了解行业最新动态和技术发展趋势，积累实践经验和行业资源。同时，应该鼓励教师积极参与实践教学改革和创新，提升其实践教学能力和水平。

在商务英语实践教学中，项目化运作是一种有效的教学模式。应用型院校应该积极引进校企合作项目，让教师和学生共同参与其中，提升其实践技能和行业经验。在项目化运作过程中，教师应该注重总结提炼项目化课程，加快教材改革与创新，达到行业技术技能积累和转换的目的。

强化师资培育是提升商务英语实践教学质量与水平的关键所在。只有通过引进和培养具备"双师"素质的商务英语教师、打破传统单一的师资来源渠道、提升教师的实践能力和职业精神以及积极推进项目化运作等举措，才能解决当前商务英语核心能力和综合能力不足的问题，培养出更多符合市场需求的高素质商务英语人才。

四、商务英语人才培养实践教学体系建设

随着新时代的到来，特色行业对商务英语人才的需求愈加精准与多元化。为深入了解这一需求，我们进行了科学的需求调研，倾听了用人单位与高校的声音，以揭示新时代商务英语人才应具备的特质与要求。基于此，我们致力于构筑一个多维度协同的商务英语人才培养实践新体系，旨在通过目标、内容和模式的协同，培养全面发展的商务英语人才，满足新时代特色行业的迫切需求。

（一）优化实践教学内容：与时俱进，培养市场所需人才

在商务英语教育中，优化实践教学内容是确保学生掌握最新商业知识和技能的关键。为了满足不断变化的市场需求和行业发展趋势，我们必须对实践教学内容进行持续更新和优化。

要密切关注市场动态和行业前沿，及时捕捉新兴商业模式、技术创新和市场热点。通过与行业企业保持紧密合作，引入真实的商业案例和项目，让

学生在实践中接触到最新的商业实践和挑战。这些案例和项目可以涵盖市场营销、财务管理、供应链管理、创新创业等多个领域，帮助学生全面了解商业运作的各个环节。

要注重实践教学内容的系统性和连贯性。在设计实践教学内容时，要确保各个实践环节之间相互衔接、层层递进，形成一个完整的实践教学体系。这样可以让学生在实践中逐步掌握商业知识和技能，提高他们的综合应用能力和解决问题的能力。

要注重实践教学内容的创新性和趣味性。通过引入新颖的实践教学方式和手段，如模拟商业环境、角色扮演、商业竞赛等，激发学生的学习兴趣，提升其参与度。同时，还可以鼓励学生自主设计实践项目，培养他们的创新思维和创业精神。

要建立完善的实践教学评价体系。通过对学生实践成果的展示、评价和反馈，及时了解学生的学习情况和问题，对实践教学内容进行动态调整和优化。这样可以确保实践教学内容始终与市场需求和行业发展趋势保持同步，从而培养出真正符合市场所需的高素质商务英语人才。

（二）强化实践教学与理论教学的结合：双轨并行，深化理解与应用

在商务英语教育中，实践教学与理论教学是相辅相成的两个重要环节。为了培养既具备理论知识又拥有实践经验的高素质人才，我们必须强化实践教学与理论教学的结合，实现两者的相互补充和融合。

理论教学应为实践教学提供必要的理论支撑和指导。通过系统讲授商务英语领域的基本概念、原理和方法，使学生建立起扎实的理论基础。在此基础上，实践教学可以引导学生将所学理论知识应用于实际商业环境中，解决真实的商业问题。这种理论与实践的结合，有助于学生加深对理论知识的理解和掌握，同时提高他们的实际应用能力。

实践教学应成为理论教学的延伸和拓展。通过设计丰富多样的实践教学活动，如案例分析、企业调研、商业模拟等，让学生在实践中亲身体验商业运作的各个环节。这些实践活动不仅可以帮助学生巩固所学理论知识，还能激发他们的学习兴趣和动力，培养他们的团队协作和沟通能力。

为了实现实践教学与理论教学的有效结合，还可以采取一些具体的措施。例如，可以在理论教学过程中穿插实践教学环节，让学生边学边做，及时将

所学理论知识应用于实践；还可以邀请企业界人士进入课堂，分享他们的实践经验和商业智慧，为学生提供更广阔的视野和更真实的商业环境；也可以鼓励学生将实践成果转化为理论研究成果，如撰写案例分析报告、商业策划书等，培养他们的研究能力和创新精神。

（三）拓展实践教学平台：校企合作，产学研融合，共筑商务英语人才实践之路

在商务英语教育中，拓展实践教学平台对于培养学生的实践能力和职业素养至关重要。为了实现这一目标，我们积极与企业、行业协会等合作，建立稳定的实践教学基地，并通过校企合作、产学研结合等方式，为学生提供更加广阔的实践平台和就业机会。

与各大企业建立紧密的合作关系。通过签订校企合作协议，与企业共同制订实践教学计划，明确实践教学目标和要求。企业不仅为学生提供实习岗位，还派遣经验丰富的业务骨干担任实习导师，指导学生在实际工作中掌握专业知识和技能。此外，邀请企业高管和专家来校举办讲座、研讨会等活动，让学生了解行业前沿动态和企业经营管理模式。

与行业协会保持密切联系。通过加入行业协会并参与其组织的各类活动，与行业内其他企业和专家建立广泛的联系为开展实践教学提供丰富的资源和便利条件。可以组织学生参加行业协会举办的各类比赛、论坛等活动，让学生在实践中锻炼自己的团队协作能力、沟通能力和创新精神。行业协会还可提供行业报告、市场数据等宝贵资料，帮助学生及时了解行业发展趋势和市场需求。

积极推进产学研结合。通过与科研机构合作开展科研项目，将最新的科研成果引入实践教学，让学生在实践中接触到最新的技术和理念。鼓励学生参与科研项目，培养他们的科研能力和创新精神。这种产学研结合的模式不仅提高了实践教学的质量，还为学生的职业发展奠定了坚实的基础。

注重拓展学生的就业机会。通过与企业和行业协会的合作，建立广泛的就业网络。在实践教学过程中，注重培养学生的职业素养和就业能力，帮助他们顺利完成从学校到职场的过渡。积极组织招聘会、企业宣讲会等活动，为学生提供更多的就业机会和选择。

（四）提升学生的综合素质：培养全方位能力，为未来职业生涯打下坚实基础

在商务英语教育中，提升学生的综合素质是实践教学的核心目标之一。为了实现这一目标，我们注重在实践教学中培养学生的团队协作精神、沟通能力、创新能力和解决问题的能力等多方面的综合素质。

团队协作精神是现代商业环境中不可或缺的重要素质。在实践教学中，通过组织小组合作项目、团队竞赛等活动，鼓励学生积极参与团队工作，培养他们的团队协作意识和能力。学生在团队工作中发挥自己的专长，与队友共同协作，解决问题，完成任务。这样的经历不仅有助于培养学生的团队协作精神，还能提升他们的领导力和组织协调能力。

沟通能力对于商务英语学生来说至关重要。在实践教学中，应注重培养学生的口头和书面沟通能力。通过组织商业演讲、商务谈判、报告撰写等实践活动，让学生学会清晰、准确地表达自己的观点，并学会倾听他人的意见，进行有效的沟通。这有助于学生在未来的职业生涯中更好地与同事、客户和合作伙伴进行交流和合作。

创新能力是市场竞争中的关键优势。在实践教学中，应鼓励学生敢于尝试新的想法和方法，培养他们的创新思维和创业精神。通过引入创新项目、创业比赛等实践活动，激发学生的创造力和创新意识，让他们学会在变化的市场环境中寻找新的商机和解决方案。

解决问题的能力是商务英语学生必备的综合素质之一。在实践教学中，应注重培养学生分析问题和解决问题的能力。通过模拟商业案例、解决复杂问题等实践训练，让学生学会运用所学知识和技能，对实际问题进行深入分析，并提出切实可行的解决方案。这有助于学生在未来的职业生涯中更好地应对各种挑战和问题。

第二节　探索"赛教融合"下的商务英语人才培养模式

在快速变化的商业环境中，传统商务英语人才培养模式已难以满足市场需求，商务英语人才培养正经历从知识型向复合型的转变，课程体系也日趋交叉融合。然而，在学科竞赛中，仍面临管理不规范、与教学脱节及激励不

足等挑战。因此，应探索"赛教融合"下的商务英语人才培养模式，旨在通过构建一体化的学科竞赛管理体系、实现课堂教学与竞赛的深度融合，以及建立科学有效的激励机制，为商务英语教育注入新活力，培养更多适应未来商业环境的复合型人才。

一、商务英语人才培养在学科竞赛中的挑战

学科竞赛作为商务英语人才培养的重要环节，本应助力学生将理论与实践相结合，然而在现实中却面临多重挑战：管理不规范导致竞赛出现异化，背离了其初衷；教学与竞赛脱节，使得"赛教融合"成为空谈；激励机制的缺失，更让竞赛效果大打折扣。这些问题不仅影响了学科竞赛的健康发展，也制约了商务英语人才培养质量的提升。因此，急需对商务英语人才培养在学科竞赛中的挑战进行深入剖析，寻求破解之道。

（一）管理失范与竞赛异化：学科竞赛的隐忧

自 1989 年首届"挑战杯"全国大学生课外学术科技作品竞赛在清华大学成功拉开帷幕以来，学科竞赛便成为高校创新人才培养的重要工具并逐渐受到广泛关注。这类竞赛旨在为学生提供一个展示才华、锻炼能力的平台，同时强化课堂教学效果，激发学生的学习兴趣和探索精神。

近年来，随着学科竞赛种类的不断增多和商业化趋势的加剧，一些竞赛出现了明显的异化倾向。这些竞赛背离了"以赛促学"的初衷，转而追求商业利益，导致竞赛质量严重下滑。目前，我国高校学生参加的学科竞赛种类繁多，主办单位也各不相同，除了政府相关部门、国家级和省级学会、协会等权威机构主办的竞赛外，还有许多由企业主办或协办的比赛。这些比赛在名称上往往给人以正规、专业的印象，但实际上却存在诸多问题。

（二）比赛组织失范：缺乏规范管理与有效监督导致的混乱无序

在比赛组织方面，一些学科竞赛显现出明显的规范性缺失与有效监督机制的匮乏，直接导致比赛过程陷入混乱无序的状态。具体而言，这些竞赛在选题、评审等关键环节上表现出显著的随意性和不公平性，严重损害了竞赛结果的公信力和权威性。由于缺乏统一、明确的竞赛标准和规范化的管理流程，选题环节往往缺乏严谨性和科学性，评审过程也时常受到主观因素和不正当干预的影响。这种无序状态不仅让参赛者感到困惑和不满，也严重损害

了学科竞赛的声誉和价值。

（三）参赛体验堪忧：形式重于实质与高额费用下的价值失衡

在参赛体验方面，部分学科竞赛呈现出过于注重表面形式而严重忽视其实质内容的倾向，直接导致学生参赛过程中产生不良体验。这类比赛通常伴随着高昂的参赛费用，然而，这些费用往往并未能带来与之相匹配的价值回报。更为严重的是，在某些竞赛中金钱交易成为获得奖项的潜在手段，这一做法无疑是对竞赛公平性和学生权益的极大损害。这种情况不仅挫伤了学生的参赛积极性，也引发了对于学科竞赛整体价值的质疑。

（四）竞赛内容同质化严重：高度重复与雷同性下的创新挑战缺失

在审视学科竞赛的现状时不难发现，有相当一部分竞赛在内容设计上呈现高度的重复性和雷同性。这些竞赛缺乏创新性和挑战性，往往只是在不同名义下重复着相似的赛题、要求和评审流程。这种情况不仅导致了资源的浪费，更为严重的是，它无法有效地激发学生的学习兴趣和探索精神。

对于渴望在竞赛中锻炼自己、挑战自我的学生而言，他们期待通过参与竞赛接触到前沿的知识、技能和实践机会，从而在解决问题的过程中培养创新思维和实践能力。然而，当面对大量内容雷同、缺乏新意的竞赛时，他们不仅会感到疲劳，更容易产生厌倦情绪，甚至会对学科竞赛的价值和意义产生怀疑。

因此，竞赛组织者需要深刻反思这一现象，努力在竞赛内容设计上寻求突破和创新。应该关注学科发展的前沿动态，结合社会需求和行业趋势设计出具有挑战性、创新性和实用性的赛题。只有这样，才能真正吸引和激发学生的参与热情，使学科竞赛成为推动人才培养和创新发展的重要力量。

二、教学与竞赛的鸿沟："赛教融合"尚未实现

赛教融合，作为一种创新的教学模式，旨在打破传统的"填鸭式"教学方法，追求课堂教学与学科竞赛的深度融合。其核心理念是通过学科竞赛这一平台，激发师生的创新意识，推动教学方式的革新，进而转变学生传统的学习观念，最终实现人才培养质量的全面提升。然而，在实际执行过程中，这一理念往往遭遇多重挑战，教学与竞赛之间存在明显的脱节现象。

(一) 大学生学科竞赛泛滥现象剖析

在当下的高等教育环境中，大学生的学科竞赛呈现出前所未有的繁荣景象。然而，这种繁荣背后却隐藏着一些深层次的问题，如学科竞赛的数量之多、种类之杂，已经超出想象。从校级到国家级，从单一学科到跨学科综合，各种类型的竞赛层出不穷，令人眼花缭乱。

但在这繁多的竞赛中，不难发现一些低水平、低质量的赛事混迹其中。这些赛事往往缺乏明确的目标和定位，仅仅是为了响应某种号召或迎合某种需求而匆匆上马。它们没有为学生提供真正有价值的实践机会，反而可能对学生的学业造成不良影响。一些学生在参与这些竞赛时，不仅无法获得预期的知识和技能提升，还可能因为过度投入而影响正常的学习进度和计划。

更为严重的是，一些赛事组织对参赛作品的筛选和评审机制存在严重缺陷。它们往往只看重报名费和参赛人数，而对参赛作品的质量和内容却缺乏严格的把关。只要缴纳了报名费，就能轻易获得奖项，这使得一些投机取巧的学生看到了"捷径"。他们不再关注竞赛本身的意义和价值，只是追求能够快速获得奖项和荣誉。这种投机心理不仅助长了不良风气的蔓延，也严重扭曲了学科竞赛的初衷和目的。

因此，必须对当前大学生学科竞赛的泛滥现象进行深刻反思和有效治理。一方面，要严格控制竞赛的数量和种类，避免过度泛滥和重复建设；另一方面，要提高竞赛的质量和水平，确保能够为学生提供真正有价值的实践机会和知识技能提升。同时，还要加强对赛事组织的监管和评审机制的完善，杜绝一切形式的投机取巧和不良风气。只有这样，才能使大学生学科竞赛真正回归其本质和初衷，为人才培养和创新发展发挥积极作用。

(二) 赛教融合实践的困境

赛教融合，作为一种先进的教育理念，旨在通过竞赛与教学的深度融合，提升教学质量，培养学生的创新能力和实践能力。然而，在现实中，这一理念往往难以得到充分体现。尽管高校教师普遍参与各类教学竞赛和学科竞赛，但这些竞赛中所展现的优秀教学态度、精心的教学设计、高效的教学技能和创新的教学方法，并未被有效地移植到日常课堂教学中。

在教学竞赛中，一些教师可能将比赛视为一次性的展示机会，而非持续性的教学实践。他们为了在比赛中获得好成绩，可能会进行大量的准备和演练，但这些努力往往只局限于比赛本身，并没有将竞赛中的创新理念和教学方法真正应用到日常教学中。这种"赛教二元分离"的现象，使得教学竞赛的成果无法惠及更多的学生，也无法推动整体教学水平的提升。

另外，在学科竞赛中，一些教师过于强调比赛结果和成绩，往往忽视了对学生探索精神和创新能力的培养。他们可能会对学生的比赛进程进行过多的干预和指导，限制了学生自由发挥和主动探索的空间。这种做法不仅违背了赛教融合的初衷，也剥夺了学生通过竞赛锻炼自身能力的机会。

要实现真正的赛教融合，教师需要转变观念，将竞赛视为一种持续性的教学实践和创新平台。他们应该将在竞赛中获得的经验和成果有效地应用到日常教学中，推动教学方法的改进和教学质量的提升。同时，在学科竞赛中，教师应该给予学生更多的自主权和探索空间，鼓励他们发挥想象力和创造力，培养他们的创新能力和实践能力。只有这样，才能真正实现赛教融合的目标，为人才培养和教育创新注入新的活力。

（三）高校学科竞赛与课程教学衔接的缺失

在高等教育体系中，学科竞赛本应与课程教学形成紧密的互补关系，共同促进学生的全面发展。然而，现实情况却并非如此。从教师的视角来看，可以明显观察到学科竞赛在很多时候仅仅被视作一种"锦上添花"的额外活动，而非人才培养方案中不可或缺的一部分。这意味着，竞赛内容往往没有与课程教学内容体系进行深入的融合和对接，导致两者之间存在明显的鸿沟。

这种鸿沟的产生，部分原因在于教师对学科竞赛的认知和定位存在偏差。他们可能更倾向于将竞赛视为一种展示学生才华和能力的平台，而非一种提升学生学业水平和综合素质的教学手段。因此，在日常的课程教学中，教师往往不会主动将竞赛的相关内容、方法和考核标准融入其中，这导致学生在课堂上难以接触到与竞赛相关的知识和技能。

从学生的角度来看，他们普遍反映在课堂学习与竞赛参与之间存在着明显的脱节现象。在课堂上，学生主要接触的是书本上的理论知识和基本概念，而很少有机会接触到与竞赛相关的实践性和创新性内容。这使得他们在面对竞赛时往往感到手足无措，无法将课堂上学到的知识和技能有效地应用到竞赛中。

学生在竞赛中也往往只是机械地按照比赛规则和要求进行操作，缺乏对竞赛背后原理和方法的深入理解。这不仅限制了他们在竞赛中的表现，也影响了他们将竞赛经验反哺到日常学习中的能力。这种脱节现象不仅严重影响了学生的学习效果，也制约了人才培养质量的提升。

为了打破这种困境，高校和教师需要重新审视学科竞赛在人才培养中的地位和作用，将其纳入人才培养方案中，并与课程教学内容体系进行深度融合。同时，还应鼓励学生将课堂学习与竞赛参与相结合，通过竞赛实践来检验和巩固课堂上学到的知识和技能。只有这样，才能实现学科竞赛与课程教学的良性互动，共同推动学生的全面发展和人才培养质量的提升。

三、激励不足与效果打折：学科竞赛的激励机制待完善

在高等教育体系中，学科竞赛被视为培养学生创新能力和实践精神的重要途径。然而，近年来，许多高校在竞赛激励机制方面存在明显的不健全现象，这直接导致了学科竞赛效果的降低。

（一）激励不足：影响学科竞赛参与热情的普遍问题

在高等教育环境中，学科竞赛被视为锻炼学生实践能力和创新精神的重要平台。然而，激励不足的问题却常常制约学生参与和教师指导的积极性。

对于学生而言，参加学科竞赛不仅仅是一次简单的比赛参与，更是一次全方位的能力提升过程。在选题论证阶段，学生需要深入挖掘问题，提出有创新性和可行性的研究主题；在资料整理分析环节，他们需要熟练掌握各种文献检索工具，从海量信息中提炼出有价值的内容；计划书撰写、答辩准备和 PPT 制作等环节更是对学生逻辑思维、语言表达和团队协作能力的全面考验。这一系列过程无疑需要学生投入大量的时间和精力。

然而，如果高校未能提供足够的激励措施来支持学生的这种投入，学生的参赛热情很容易受到打击。例如，一些高校在经费保障方面表现不足，这导致学生在筹备比赛过程中时常面临资金短缺的问题；在综合测评加分方面，如果高校未能给予足够的认可，学生可能会觉得自己的付出没有得到应有的回报，从而失去继续参与的动力。

对于指导教师来说，他们面临的情境同样严峻。在已经承担繁重的教学和科研任务的情况下，指导学科竞赛无疑需要他们额外投入大量的时间和精力。从选题指导到答辩辅导，每一个环节都需要教师的精心指导和耐心陪伴。

然而，如果高校在激励方面表现不足，比如未能将竞赛指导成果与教师绩效评价等挂钩，那么教师主动参与辅导的积极性也会受到影响。他们可能会觉得自己的付出没有得到应有的认可，从而选择将精力更多地投入其他更容易获得回报的工作中。

高校需要充分认识到激励不足对学科竞赛参与热情的负面影响，并采取有效措施加以改进。通过提供充足的经费保障、给予足够的综合测评加分、将竞赛指导成果与教师绩效评价等挂钩等方式，激发学生的参赛热情，提高教师的指导积极性，从而推动学科竞赛的健康发展。

（二）激励过高：背离学科竞赛初衷与引发不良竞争的隐患

在高等教育的竞赛舞台上，与激励不足形成鲜明对比的是激励过高所带来的一系列问题。这些问题不仅扭曲了学科竞赛的本质，更在无形中削弱了其应有的教育价值。

为了追求更高的竞赛成绩和在学校甚至全国排名中的更好名次，一些高校不惜采取过高的激励措施。这些措施往往以高额的奖金、学分加成、保研资格等为诱饵，吸引学生和教师投身竞赛。然而，这种过于功利化的做法很容易导致"为了比赛而比赛"的现象。在这种情况下，比赛的过程变得不再重要，重要的是能否获得好的成绩和名次。

更为严重的是，过高的激励还催生了一种"竞赛作品循环利用"的现象。特别是在商务英语领域，一些学生团队会拿着同一个主题作品反复参加多项比赛，甚至在毕业后将其传给低年级学生继续参赛。这种做法不仅违背了学科竞赛鼓励学生创新、实践的初衷，也大大降低了竞赛的效果和价值。因为在这个过程中，学生并没有真正得到新的知识和技能的提升，反而陷入了一种机械化的重复中。

过高的激励还可能引发指导教师之间的不良竞争。为了争夺竞赛能力强的学生，一些教师可能会采取不正当的手段，如夸大自己的指导经验、承诺给予更多的奖励等。这不仅损害了教师之间的合作关系和学术氛围，也对学生的选择和未来发展造成了误导。同时，一些从未受过竞赛培训、缺乏指导经验的教师也可能因为高额的激励而仓促上阵。这不仅难以保证指导质量，还可能对学生的竞赛表现和成长造成负面影响。

高校在设计竞赛激励机制时，必须把握好度。既要确保激励措施足够吸引学生和教师参与，又要避免过高的激励引发功利化倾向和不良竞争。只有这样，才能真正发挥学科竞赛在培养学生创新能力和实践精神方面的积极作用。

四、优化路径——以"赛教融合"引领商务英语人才培养

随着商务英语时代的来临，传统的人才培养模式已难以满足社会的多元化需求。为此，高校亟须探索"赛教融合"的新路径，以推动商务英语教育的创新与发展。通过构建与人才培养方案一体化的学科竞赛管理体系，实现课堂教学与学科竞赛的深度融合，不仅能有效提升学生的实践能力和创新意识，还能促进教师教学方法的革新。而建立科学有效的学科竞赛激励机制，是激发师生参与热情、提升竞赛效果的关键。

（一）构建与人才培养方案相衔接的多元化、层次化学科竞赛管理体系

在高等教育日益重视实践与创新能力的背景下，学科竞赛作为连接理论与实践的桥梁，其重要性不言而喻。为了更有效地实现"赛教融合"，提升商务英语学生的综合素质和就业竞争力，高校必须构建一套与人才培养方案相衔接的，多元化、层次化的学科竞赛管理体系。

为了更有效地推动学科竞赛的发展，高校必须从学校层面出发，制定出一套全面而系统的学科竞赛政策。这些政策是学科竞赛工作的指导性文件，对于规范竞赛管理、提高竞赛质量具有重要意义。

（1）学科竞赛政策要明确竞赛的目标。高校开展学科竞赛的目的是提高学生的实践能力和创新能力，培养学生的团队合作精神和解决问题的能力。因此，政策中要明确提出这些目标，并将其贯穿于整个竞赛过程中。

（2）政策要确立学科竞赛的原则。这些原则包括公平性、公正性、公开性等，确保每个学生都有平等的机会参与竞赛，竞赛结果客观公正，竞赛过程公开透明。同时，还要强调学科竞赛的学术性和专业性，确保竞赛内容与学科专业紧密相关，能够真正检验学生的专业知识和技能。

（3）政策要规定学科竞赛的管理流程。这包括竞赛的策划、组织、实施、监督和评估等各个环节。高校要设立专门的竞赛管理机构或指定专人负责竞赛管理工作，确保整个竞赛过程有序进行。同时，还要建立完善的竞赛监督

机制，对竞赛过程进行全程监督，确保竞赛的公正性和公平性。

（4）针对繁多的学科竞赛，政策还要进行差异化管理。高校可以根据竞赛的级别、影响力以及与学科专业的相关性等因素，将竞赛分为不同的类别和层次。例如，可以分为国际级、国家级、省级和校级等不同级别的竞赛；也可以分为综合性竞赛、专业性竞赛、创新性竞赛等不同类型的竞赛。然后，针对不同类别的竞赛，制定不同的管理策略和支持措施。对于高级别、高影响力的竞赛，高校可以给予更多的资金和资源支持，配备更优秀的指导教师队伍；对于与学科专业紧密相关的竞赛，高校可以将其纳入课程体系中，给予相应的学分认定和奖励措施。

学校层面制定全面而系统的学科竞赛政策是推动学科竞赛发展的重要保障。通过这些政策，可以规范竞赛管理、提高竞赛质量、激发学生的参与热情和创新精神，为培养高素质人才做出积极贡献。

（二）深度融合学科竞赛与人才培养方案

在推动高等教育创新与实践能力培养的过程中，将学科竞赛系统地融入人才培养方案中显得尤为关键。人才培养方案作为高校教育教学的核心指导文件，详尽地阐述了高校在培育学生方面的根本目标、具体要求、教育过程以及所采取的方式方法。将学科竞赛明确纳入这一方案中，意味着竞赛不再是一个孤立的活动或单纯的课外拓展，而是成为整个人才培养体系中的一个有机组成部分。这样做的好处是多方面的。

（1）它强化了学科竞赛在教育教学中的地位，使其成为与课堂教学、实践教学等环节并列的重要教育环节。这种地位的提升，有助于确保竞赛得到足够的重视和资源支持。

（2）通过将竞赛内容与课程内容、实践教学相结合，可以实现赛教之间的深度融合。这种融合不仅有助于学生在实践中深化对理论知识的理解和掌握，还能反过来促进课堂教学和实践教学的改革和创新。例如，教师可以根据竞赛中暴露出的问题和不足，及时调整教学内容和方法，使教学更加贴近实际需求。

（3）学科竞赛的融入还有助于培养学生的创新精神和实践能力。竞赛通常要求学生运用所学知识解决实际问题或进行创新设计，这对学生来说是一种很好的锻炼机会。通过参与竞赛，学生可以更加深入地了解行业需求和发展趋势，增强自己的就业竞争力。

（4）将学科竞赛纳入人才培养方案还有助于构建更加完善的人才培养体系。在这个体系中，各个教学环节相互补充、相互促进，共同为实现人才培养目标服务。这种体系化的培养模式有助于提高学生的综合素质和能力水平，为社会培养出更多优秀的人才。

（三）高校应基于自身办学特色与人才培养目标，精选并融入核心课程的学科竞赛

在推动高等教育与实践相结合的过程中，高校必须紧密结合自身的办学定位和人才培养目标，审慎选择与人才培养方案核心课程紧密相关的学科竞赛。这样的选择不仅确保了竞赛活动的针对性，更保证了其与高校教育体系的和谐统一。

高校要对自身的办学特色有清晰的认识。每所高校都有其独特的学科优势、教育理念和培养重点，这些都是在选择学科竞赛时需要考量的因素。通过筛选那些与本校特色相契合、能够突显学科优势的竞赛，高校可以更有效地利用有限的教育资源，达到最佳的培养效果。

高校应以高质量的学科竞赛为导向，对实践教学课程进行相应的设置和调整。这意味着，不仅要将竞赛内容有机地融入日常教学中，还要确保这种融合是有深度、有广度的。通过将竞赛所涵盖的知识点、技能要求和行业标准与课程内容相结合，高校可以为学生提供一个更加真实、更贴近实际的学习环境。

在这样的环境下，学生不再是被动地接受知识，而是能够主动地参与到知识的探索和实践中。他们可以通过参加学科竞赛，将在课堂上学到的理论知识应用于实际问题的解决中，从而加深对知识的理解和掌握。这种"以赛促学、以学促赛"的良性循环，不仅能够提高学生的实践能力，还能够培养他们的创新思维和团队合作精神。

因此，高校在设计和实施人才培养方案时，应充分考虑学科竞赛的重要性和作用，将其作为一个不可或缺的组成部分来加以规划和落实。

（四）高校应主动对接数字经济时代的社会需求，实现人才培养与社会需求的无缝衔接

随着数字经济时代的快速发展，社会对人才的需求也在不断地发生转变。

为了更好地适应这种转变，高校必须主动出击，积极调整和优化人才培养方案，确保所培养的人才能够紧跟时代的步伐，满足社会的实际需求。

为了实现这一目标，高校在修订人才培养方案时，应积极邀请行业企业共同参与。这些行业企业不仅了解市场的最新动态和行业的发展趋势，还拥有丰富的实践经验和资源。通过与他们的紧密合作，高校可以更加准确地把握社会对人才的需求，从而制定出更加符合实际的培养目标。

高校还应与行业企业共同进行课程设置。这意味着，课程的设置不再仅仅依赖于高校内部的教师和专家，而是充分考虑了行业企业的意见和建议。通过这种方式，可以将行业的最新知识、技能和要求引入课程中，使课程内容更加贴近实际，更加具有针对性和实用性。

高校还应注重与行业企业的长期合作和交流。这不仅可以为学生提供更多的实习和就业机会，还可以为教师提供更多的科研和合作机会。通过这种深度的合作和交流，高校可以不断地更新和完善人才培养方案，确保所培养的人才始终与社会的需求保持同步。

（五）构建多元化的学科竞赛指导团队，积极吸纳实业界专家

在推动学科竞赛与人才培养深度融合的过程中，建立一支高素质、多元化的指导团队至关重要。高校在组建这样的团队时，应积极考虑将实业界那些富有实践经验的专家纳入其中。

这些来自实业界的专家，他们不仅拥有深厚的行业背景，还对市场的需求和变化有着敏锐的洞察力。他们的加入，可以为学科竞赛注入更加贴近实际、更加前沿的指导理念。对于学生而言，这意味着他们能够获得更加实用、更加有针对性的建议和指导，从而更好地将理论知识转化为实践能力。

这些实业界专家还能够为学生提供丰富的实践机会和就业资源。他们可以利用自己在行业内的影响力和资源，为学生搭建与企业沟通的桥梁，让学生有机会亲身参与到真实的项目中，感受行业的魅力和挑战。这种实践经验，无疑会极大地提升学生的职业竞争力和就业能力。

高校与实业界专家的合作和交流，还能够为人才培养带来更加深远的影响。通过定期的交流和研讨，高校可以及时了解行业的最新动态和发展趋势，从而及时调整人才培养方案和目标，确保培养的人才始终与市场需求保持同步。这种紧密的产学合作，不仅能够提升高校的办学水平和影响力，还能够

为社会的进步和发展贡献更多的智慧和力量。

五、深度融合：课堂教学与学科竞赛的无缝对接

在新时代背景下，高等教育正面临前所未有的挑战和机遇，其中最为核心的任务便是如何更加高效地培养出符合社会需求的高素质人才。课堂教学与学科竞赛的深度融合，作为创新教育模式的一种尝试，正逐渐受到各大高校的青睐（图 8-1）。

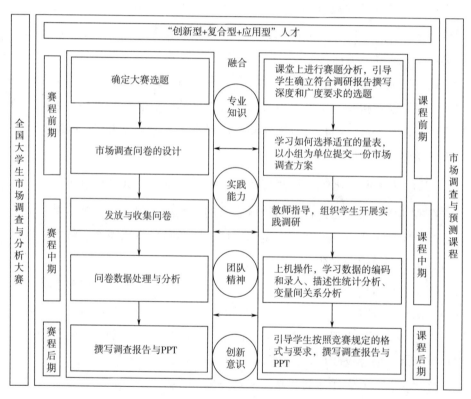

图 8-1　赛教融合教学模式示例

学科竞赛，作为高校人才培养体系的重要组成部分，其意义不仅仅在于为学生提供一个展示才能的平台，更在于通过竞赛的形式，激发学生的创新精神，提升学生的实践能力，促进学生全面发展。而课堂教学，作为高校教育的主阵地，其重要性不言而喻。如何将这两者有效融合，发挥出"1+1>2"的效果，是当前高校教育改革的重要课题。

（一）从教师端实现课堂教学与学科竞赛的深度融合

课堂教学与学科竞赛的深度融合，对于高校教师而言，不仅是对传统教学方法的挑战，更是提升教学质量、培养学生综合素质的重要途径。要实现这一深度融合，教师需从多个维度入手，确保教学资源与竞赛资源的相互融合，以及教学过程与竞赛过程的和谐统一。

在教学资源的整合方面，教师需要深入挖掘课程内容与学科竞赛的内在联系。备课过程中，不仅要确保课程内容的系统性和完整性，还要有针对性地融入相关学科竞赛的要求和标准。这意味着，教师要对竞赛的内容、形式、评分标准等有深入的了解，并将其巧妙地融入课堂教学计划中。例如，可以将竞赛案例作为教学案例，引导学生分析、讨论，增强课程的实践性和应用性。

教师要善于利用丰富的竞赛资源，为课堂教学注入新的活力。历届竞赛的优秀作品是宝贵的教学资源，它们不仅展示了学生的创意和才华，还反映了行业的前沿动态和实际需求。将这些作品引入课堂，不仅可以激发学生的学习兴趣和创作灵感，还可以帮助学生了解行业标准和市场需求。此外，邀请行业专家进校园举办讲座、参与课堂教学，也是拓宽学生视野、增强教学与实际联系的有效途径。

在教学过程与竞赛过程的融合方面，教师需要精心设计教学任务和项目，使其既符合课程教学目标，又能够体现竞赛的特点和要求。这些任务和项目应具有一定的挑战性和实践性，能够引导学生在解决问题的过程中掌握课程知识，提升实际操作能力。例如，可以模拟竞赛场景，让学生以小组形式完成某个实际项目的设计、实施和展示，体验竞赛的紧张与乐趣。

将竞赛的评审标准和反馈机制引入课堂教学也是深度融合的重要体现。教师可以借鉴竞赛的评审标准，制定课堂作业的评分细则，使学生在学习过程中能够明确目标、自我评估。同时，及时给予学生反馈和建议，帮助学生了解自己的不足和进步方向，从而调整学习策略、提高学习效果。

总之，从教师端来看，实现课堂教学与学科竞赛的深度融合需要教师在教学资源整合、教学过程设计以及评审反馈机制等方面做出全面的努力和创新。通过深入挖掘课程内容与竞赛的内在联系、利用丰富的竞赛资源、精心设计教学任务和项目以及引入竞赛的评审标准和反馈机制等措施的实施，教师可以有效地提升课堂教学的质量和效果，培养出更多具有创新精神和实践能力的高素质人才。

（二）从学生视角分析学科竞赛与课堂教学深度融合的重要性及高校制度保障

学科竞赛作为高校教育中的一大亮点，为学生提供了一个展示自我、锻炼能力的平台。更为重要的是，参加学科竞赛对于提升学生自身的专业知识和实践技能具有不可估量的价值。

在竞赛的过程中，学生有机会将课堂上学到的抽象理论知识与实际问题相结合。这种结合不仅仅是对知识的简单应用，更是对知识的深度理解和再创造。通过竞赛，学生可以更加清晰地认识到所学知识的实际应用场景，从而加深对专业知识的理解和掌握。这种从理论到实践的转变，对于学生的专业成长至关重要。

学科竞赛还为学生提供了一个难得的实践机会。在传统的课堂教学中，学生往往只能接触到书本上的知识，而缺乏实际操作的机会。而竞赛则不同，它要求学生亲自动手，解决实际问题。在这个过程中，学生不仅可以检验所学知识的正确性，还可以发现自己的不足之处，从而有针对性地进行改进和提升。要实现课堂教学与学科竞赛的深度融合，仅仅依靠学生和教师的努力是不够的。高校作为教育的主体，需要在制度层面给予充分的保障和支持。

（1）高校可以设立专门的竞赛管理机构或指定专人负责竞赛的组织和管理工作。这样可以确保竞赛顺利进行，避免出现混乱和无序的情况。

（2）高校应该建立完善的竞赛激励机制和评价体系。对于在竞赛中取得优异成绩的学生和教师，高校应该给予相应的奖励和认可，以此来鼓励更多的师生参与竞赛。这种激励机制不仅可以提高学生的参与热情，还可以提升教师的教学质量，从而形成良性循环。

（3）高校还应该加强与企业和行业的合作，为学生提供更多的实践机会和就业资源。通过与企业和行业的合作，高校可以及时了解行业的最新动态和发展趋势，从而调整人才培养方案和目标，确保所培养的人才始终与市场需求保持同步。这种紧密的产学合作，对于提升学生的实践能力和就业竞争力具有重要意义。

六、激励与创新：建立科学有效的学科竞赛激励机制

在商务英语视域下，高校教育正面临着前所未有的挑战与机遇。为了培养既掌握扎实商务英语理论知识，又具备卓越实践能力和创新精神的一流人才，高校必须不断创新人才培养模式。其中，赛教融合作为一种新兴的教学模式，正受到越来越多的关注。而要实现赛教融合，建立科学合理的学科竞赛激励机制是至关重要的。

科学合理的学科竞赛绩效考核激励机制，是调动师生参与学科竞赛积极性的重要先决条件。只有当师生的努力得到应有的回报和认可，他们才会更加积极地投入到学科竞赛中去，进而推动赛教融合的深入实施。这也是决定赛教融合人才培养模式实施效果的影响因素。一个成熟、完善的激励体系，能够确保学科竞赛的顺利进行，促进赛教融合模式的不断优化和完善。为了建立科学合理的学科竞赛激励机制，高校需要从三个层面进行考虑。

（一）关于参赛学生的奖励与认可机制

在推动学科竞赛与课堂教学深度融合的过程中，对于参赛学生的奖励与认可是一个不可或缺的重要环节。高校应当构建一套多元化、全方位的奖励体系，充分激发学生的参与热情和创新潜能。

"第二课堂"学分认证是一种有效的奖励方式。通过将学科竞赛纳入"第二课堂"教学体系，并赋予相应的学分，高校正式认可学生在竞赛中所付出的努力和时间。这种学分认证不仅能够丰富学生的课程履历，还有助于提升他们的综合素质和竞争力。

物质与精神奖励同样重要。对于在学科竞赛中取得优异成绩的学生，高校应给予一定的物质奖励，如奖学金、助学金等，以资鼓励。同时，精神奖励也必不可少，如颁发荣誉证书、举行表彰大会等，让学生感受到来自学校和师生的认可与尊重。

对优秀成果和作品的表彰及宣传也是激励学生积极参与学科竞赛的重要手段。高校可以通过举办展览、发布会等形式，将学生的优秀作品展示给更多人观看，让学生感受到自己的成果得到了广泛的认可和传播。这种表彰和宣传不仅能够提升学生的自信心和成就感，还有助于激发他们的创新精神和团队合作意识。

将学科竞赛成绩作为课程和实践教学的考核依据，也是一种有效的激励机制。高校可以将竞赛成绩与课程成绩挂钩，或者将竞赛经历作为实践教学的重要一环，鼓励学生更加积极地参与学科竞赛。这种做法不仅能够提升学生的实践能力和创新能力，还有助于培养他们的综合素质和未来发展所需的各项能力。

（二）关于指导教师的奖励与激励机制

在推动学科竞赛与课堂教学深度融合的过程中，对于指导教师的奖励与激励同样至关重要。高校应当建立一套科学合理的奖励机制，以充分激发教师的指导热情，提高指导质量，推动学科竞赛的良性发展。

高校应当依据指导竞赛的类别和等级给予教师一定的奖金奖励。这种奖励不仅是对教师辛勤付出的肯定，更是一种有效的激励手段。通过设立不同等级的奖金，高校可以鼓励教师积极指导更高级别、更具挑战性的学科竞赛，从而提升教师的指导水平和学生的竞赛成绩。

高校应当将教师的指导业绩纳入绩效考核、职称评聘及教学质量评价中。这种做法可以确保教师的指导工作在评价体系中得到应有的认可和重视。高校通过将指导业绩与教师的职业发展紧密挂钩，激励教师更加积极地投入到学科竞赛的指导工作中，不断提升自身的专业素养和指导能力。

（三）学校层面的基础保障工作

为了确保学科竞赛的顺利进行并为师生提供优质的参赛环境，学校层面在基础保障工作上的投入和规划显得尤为关键。除构建激励机制外，学校还需在多个方面提供坚实的支撑。

设立专项活动经费是保障学科竞赛顺利进行的物质基础。学校应根据每年的学科竞赛计划和预算，划拨专门的经费用于支持各类学科竞赛的开展。这些经费可以覆盖课题交流研讨的费用，确保师生能够参与到各种学术交流和研讨活动中，拓宽视野、汲取新知。材料打印支出也是不可或缺的一部分，用来保证参赛作品的完善呈现。师生参赛的交通和食宿支出也应该得到合理安排，以减轻师生的经济负担，使他们能够专心投入到竞赛中去。

学校还应加强学科竞赛相关的设施建设。这包括提供充足的场地和先进的设备，以满足学科竞赛的需求。例如，为竞赛设立专门的实验室、工作室或创新实践基地，配备先进的仪器设备和软件工具，为师生的科研和创新活动提供便利条件。

学校还应注重营造浓厚的学科竞赛氛围。通过举办竞赛宣讲会、经验交流会等活动，增强学生的竞赛意识和参与热情。积极邀请行业专家、企业代表等参与学科竞赛的评审和指导工作，加强学校和外部社会的联系与合作，为学生提供更加广阔的实践平台和就业机会。

值得一提的是，《中国教育现代化 2035》明确提出了注重知行合一、融合发展的教育基本理念。这一理念与赛教融合视角的商务英语人才培养模式不谋而合。通过将善于捕捉时代主题的学科竞赛与课堂教学相融合，使二者的知识模块相匹配，既能通过学科竞赛开拓学生商业视野、锻炼学生实践能力和创新创业能力，又能有效消化理论知识。这种融合不仅有助于提升学生的综合素质和能力水平，还有助于推动高校教育的现代化进程。

在实践应用中，赛教融合视角的商务英语人才培养模式需要在学科竞赛管理体系、课堂教学与学科竞赛融合、建立有效的学科竞赛激励机制等三方面进行系统设计。只有这样，才能确保赛教融合模式的顺利实施和取得良好的效果。在商业环境巨变时代，关于高校商务英语人才培养模式的研究正成为各类教学改革会议的关注热点。而赛教融合无疑提供了一个很好的视角，为高校教育的改革和发展注入了新的活力。

参考文献

［1］ Bargiela-Chiappini F, Nickerson C, Planken B. Business Discourse ［M］. 2nded. Houndmills：Palgrave Macmillan, 2013.

［2］ Bhatia V K. Genre analysis, ESP and professional practice ［J］. English for Specific Purposes, 2008, 27（2）：161-174.

［3］ Daniushina Y V. Business linguistics and business discourse ［J］. Kalaedoscope, 2010, 8（3）：241-247.

［4］ Varner I I. The theoretical foundation for intercultural business communication：A conceptual model ［J］. International Journal of Business Communication, 2000, 37（1）：39-57.

［5］ 莫再树. 基于语言经济学的商务英语教育研究 ［M］. 长沙：湖南大学出版社, 2014.

［6］ 王克非, 韩宝成. 许国璋文集（外语教育卷）［M］. 北京：外语教学与研究出版社, 2015.

［7］ 王立非. 论商务外语学科及学术研究的再定位 ［J］. 中国外语, 2012, 9（3）：4-9.

［8］ 王立非. 国家标准指导下的商务英语专业建设的核心问题 ［J］. 中国外语教育, 2015, 8（1）：3-8.

［9］ 王立非, 陈香兰, 葛海玲. 论商务英语语言学的理论体系 ［J］. 当代外语研究, 2013（5）：25-31.

［10］ 王立非, 葛海玲. 我国英语类专业的素质、知识、能力共核及差异：国家标准解读 ［J］. 外语界, 2015（5）：2-9.

［11］ 王立非, 葛海玲. 论"国家标准"指导下的商务英语教师专业能力发展 ［J］. 外语界, 2016（6）：16-22.

［12］ 王立非, 葛海玲, 王清然. 论商务话语语言学的理论体系构建 ［J］. 外国语文, 2016, 32（4）：46-53.

［13］ 王立非, 李琳. 商务外语的学科内涵与发展路径分析 ［J］. 外语界, 2011（6）：6-14.

［14］ 王立非, 李琳. 我国商务英语研究十年现状分析（2002—2011）［J］. 外语界, 2013（4）：2-10.

［15］ 王立非, 李琳. 国际商务会话研究现状的计算机可视化分析 ［J］. 外语电化教学, 2014（1）：21-26.

［16］王立非，许德金，江进林．全国商务英语专业四级考试的测试学分析［J］．广东外语外贸大学学报，2015（1）：5-11.

［17］王立非，叶兴国，严明，等．商务英语专业本科教学质量国家标准要点解读［J］．外语教学与研究，2015，47（2）：297-302.

［18］王立非，张斐瑞．国际商务谈判的互动话语理论基础与研究现状［J］．山东外语教学，2015，36（6）：11-20.

［19］文秋芳，苏静，监艳红．国家外语能力的理论构建与应用尝试［J］．中国外语，2011，8（3）：4-10.

［20］习近平．提高我国参与全球治理的能力［M］//习近平谈治国理政（第二卷）．北京：外文出版社，2017.

［21］许国璋．论外语教学的方针与任务［J］．外语教学与研究，1978（2）：6-15.

［22］梁婷婷，周新云．新职改背景下高职商务英语专业"三双"人才培养模式的实践路径探析［J］．江西电力职业技术学院学报，2021，34（10）：62-63，65.

［23］曲晨晖．基于行业就业双元驱动下的高职商务英语人才培养研究［J］．中国商论，2021（8）：184-186.

［24］彭枚芳．基于校企命运共同体的高职院校商务英语专业人才培养模式改革研究［J］．职业，2021（4）：46-48.

［25］袁芝妹，周新云．跨境电商新业态下高职商务英语专业人才培养模式创新研究［J］．太原城市职业技术学院学报，2020（11）：102-104.

［26］朱杨琼．数字经济背景下高职数字贸易英语人才的培养机制研究［J］．浙江工贸职业技术学院学报，2019，19（1）：5-8.

［27］陈阁．"做应用型大学的引领者"—访南京工程学院院长陈小虎［N］．江苏经济报，2010-01-08（A01）.

［28］张楠．简明北京联合大学校史读本［M］．北京：知识产权出版社，2017.

［29］李煌果．从首都实际需要出发办出北京联合大学的特色［J］．北京联合大学学报，1993（2）：1-7.

［30］张妙弟．关于北京联合大学办学思路的新探索［J］．北京联合大学学报（自然科学版），2003（4）：25-27.

［31］柳贡慧，徐静姝，鲍洁，等．应用型大学建设发展之实践［J］．北京联合大学学报（人文社会科学版），2008（2）：109-113.

［32］张爱红，臧慧．带薪实习　定向培养　充分就业［J］．河南教育，2011（3）：38-39.

［33］刘振天．我国新一轮高校本科教学评估总体设计与制度创新［J］．高等教育研究，

2012（3）：23-28.

［34］刘博智 . 深化产教融合推动转型发展［N］. 中国教育报，2014-04-28（3）.

［35］苏志刚，周军，尹辉 . 应用型高校转型与发展：本质、动力与路径［J］. 高等工程教育研究，2016（6）：175-179.

［36］赵新亮，张彦通 . 地方本科高校向应用技术大学转型的动力机制与战略［J］. 高校教育管理，2015（2）：38-42.

［37］刘国瑞，高树仁 . 高等教育发展方式转变的历史逻辑与现实选择［J］. 高等教育研究，2015（10）：1-7.

［38］薛晓萍，刘玉菡，刘兴国 . 德国应用科技大学创建发展、办学特色及其启示［J］. 河北师范大学学报（教育科学版），2017（2）：50-55.

［39］吴岩 . 历史性成就 格局性变化—高等教育十年改革发展成效［J］. 中国高等教育，2022（11）：8-10.

［40］徐善文 . 新文科建设背景下的商务英语课程新范式构建［J］. 安阳工学院学报，2022，21（1）：123-125.

［41］叶春波 . 课程思政视域下大学英语第二课堂建设的动因与思路［J］. 英语广场，2022（12）：93-95.

［42］谢同祥，李艺 . 过程性评价：关于学习过程价值的构建过程［J］. 电化教育研究，2009（6）：17-20.

［43］韦杏雨 . 商务英语教师专业发展现状与路径探究［J］. 山西能源学院学报，2019，32（3）：70-73.

［44］边立志，陈先奎 . 对我国培养复合型高级外语人才战略的反思与展望—兼议商务英语专业人才培养的目标与模式［J］. 中国外语教育，2017（8）：17-24，94-95.

［45］洪贞银 . 高等职业教育校企深度合作的若干问题及其思考［J］. 高等教育研究，2010（3）：58-63.

［46］黄福荣 . 商务英语专业人才培养探析［J］. 科技信息，2012（34）：96.

［47］王艳艳，王光林，郑丽娜 . 商务英语专业人才需求和培养模式调查与启示［J］. 外语界，2014（2）：34-41.

［48］翁凤翔 . 论商务英语的"双轨"发展模式［J］. 外语界，2014（2）：10-17.

［49］邹琳琳 . 基于语言经济学视角的商务英语人才培养模式研究［J］. 湖北经济学院学报（人文社会科学版），2018（8）：137-140.

附录 商务英语本科学生学习需求问卷调查

亲爱的同学：

你好！本问卷旨在了解你的专业学习需求以及你对本校目前商务英语专业设置的看法，衷心希望你能给予协助，请根据自己的实际情况客观回答，非常感谢你的配合！

我是商务英语（大三、大四）学生

1. 你未来的就业目标是什么？（   ）（可多选）

A. 外贸/外企公司职员　　　　　　　B. 政府/事业单位相关商务工作

C. 学校　　　　　　　　　　　　　　D. 商务英语口/笔译人员

E. 管理人员　　　　　　　　　　　　F. 秘书

G. 金融业务人员　　　　　　　　　　H. 会计业务人员

I. 其他（请写出）

2. 你选择商务英语专业的目的是什么？（   ）

A. 从事商务相关的工作

B. 考研

C. 出国留学

D. 考取商务英语相关证书获得工作优势

E. 个人兴趣

3. 你有过与商务英语专业相关的实习经历吗？（   ）

A. 经常有，实习经历丰富　　　　　　B. 有过，但次数不多

C. 从未有过

4. 你认为下列哪项商务英语技能最重要？（   ）

A. 听力和口语（如电话交流，产品介绍）

B. 阅读（如各类商务文件）

C. 写作（如合同，信函，报告等）

D. 翻译（能在各类商务环境中进行口/笔译）

E. 商务技能（有关商务操作的实际技能如报价、谈判等）

5. 你认为在商务英语学习过程中哪些方面更具有挑战性？（　　）（可多选）

A. 掌握管理、金融、法律等商务专业知识

B. 用英语来学习商务专业知识的语言障碍

C. 理论与实际的结合，对商务英语实践能力的培养

D. 其他（请写出）：

6. 你认为获得下列哪些证书对未来就业帮助最大？请对其有用程度作出评价（5=非常有用，4=比较有用，3=一般有用，2=不太有用，1=没有用）

证书名称	有用程度				
剑桥商务英语证书	5	4	3	2	1
专业英语四级证书	5	4	3	2	1
专业英语八级证书	5	4	3	2	1
商务英语专业四级证书	5	4	3	2	1
商务英语专业八级证书	5	4	3	2	1
英语口译/笔译证书	5	4	3	2	1
计算机证书	5	4	3	2	1

7. 你希望在商务英语专业课程中掌握哪些能力？（　　）（多选）

A. 商务英语语言应用能力（听、说、读、写、译）

B. 商务专业知识（如营销学、国际贸易、国际金融、国际商法等）

C. 人际沟通能力（如商务沟通、商务礼仪）

D. 商务操作技能（报价、还价、索赔等）

E. 跨文化商务交际能力

8. 你认为目前最为欠缺的知识、技能或素质是什么？（　　）

A. 语言知识与技能（英语听说读写译）

B. 商务专业知识

C. 商务实践技能

D. 人文素养（如中外文化知识、法律政治知识）

E. 跨文化交际能力

9. 你希望学校提供怎样的实习形式来提高学生的商务实践能力？（　　　）（多选）

A. 企业观摩实习

B. 请企业相关人士培训

C. 校内实训，如模拟谈判、模拟交易会等

D. 企业顶岗实习

E. 通过交易会或展会实习

10. 你对本专业的课程设置和人才培养方案还有哪些具体的意见或建议？

_____

_____

_____

_____

_____

_____

_____

备注：该问卷是根据 Hutchinson 和 Waters 的需求分析模型（1987）设计的，旨在调查 BE 本科生的目标需求和学习需求。目标需求和学习需求之间存在区别。目标需求是指"学习者在目标情境中需要做什么"，从必需品、缺乏和想要的角度来看目标情境。学习需求是指"学习者为了学习需要做什么"，也就是说，学习者也有自己的需求。问卷由 10 个问题组成。具体来说，问题 1、3、4、6、8 和 9 属于"目标需求"的范畴，其中问题 1、3、4 和 6 是调查商务英语本科生学习的"必要性"，问题 8 是调查商务英语本科生当下最"缺乏"什么，问题 9 是调查商务英语本科生想要什么；问题 2、5、7 和 10 属于"学习需求"的范畴，其中问题 2 是调查商务英语本科生的"学习动机"，问题 5 调查商务英语大学生的"学习挑战"，问题 7、10 调查商务英语本科生的"学习偏好"。